U0544923

金尉出版　Money錢

金尉出版　**Money**錢

權證小哥 短線終極戰法

4大策略 × 6種工具 × 68個實戰案例

手把手教你賺

K 金尉出版　Money錢

推薦序1	亦師、亦友，我見證最熱愛交易的籌碼高手／李兆華	004
推薦序2	務實取勝的交易實戰心法／楊雲翔	006
作者序	投資要獲利得用對方法／權證小哥	008

第1章
有勇有謀 小資快速翻身

- ▶ 1-1　短線交易該敬而遠之？ 014
- ▶ 1-2　短線交易勝出的關鍵核心 018
- ▶ 1-3　短線交易獲利 4 大交易手法 028
- ▶ 1-4　為什麼短線交易一定要懂權證？ 046
- ▶ 1-5　大賺小賠 5 大原則 051

第2章
掌握籌碼 抓住獲利關鍵

- ▶ 2-1　用籌碼鎖定會賺錢的股票 061
- ▶ 2-2　如何找出關鍵分點？ 074
- ▶ 2-3　如何找出剽悍的高手分點？ 096
- ▶ 2-4　現股隔日沖大戶 108
- ▶ 2-5　權證波段單分點 143

第3章
短線交易贏家策略❶：當沖、隔日沖

- ▶ 3-1　當沖做多？放空？放空比做多好賺？ 164
- ▶ 3-2　用 4 個指標 找出弱勢做空股 167
- ▶ 3-3　提高當沖獲利的關鍵小訣竅 170
- ▶ 3-4　用 2 個訊號 抓住當沖進出場點 178
- ▶ 3-5　當沖的資金控管和停利停損 216
- ▶ 3-6　跟著權證主力搭上獲利列車（隔日沖） 219

第 4 章
短線交易贏家策略❷：短線、波段操作

- ▶ 4-1 利用權證大單 抓住短線獲利標的 249
- ▶ 4-2 利用價差比進行套利 268
- ▶ 4-3 地板股進出場 SOP 280
- ▶ 4-4 地板股進出場案例 288

第 5 章
短線交易盤後功課：研究籌碼制定交易策略

- ▶ 5-1 籌碼研究觀察重點 311
- ▶ 5-2 投資策略制定方向 322
- ▶ 5-3 從「違約交割」事件觀察股市風險 336

第 6 章
權證小哥致勝百寶箱大公開

- ▶ 6-1 籌碼 K 線 355
- ▶ 6-2 全方位獨門監控 357
- ▶ 6-3 全方位獨門監控之「大戶搜密」 367
- ▶ 6-4 全方位獨門監控之「分點探索」 371
- ▶ 6-5 盤中當沖神器 374
- ▶ 6-6 地板天花板反轉價位監控表 381
- ▶ 6-7 挑選權證小幫手 383
- ▶ 6-8 個股事件獲利王 386

結語

不斷精進的投資之路 392

推薦序1

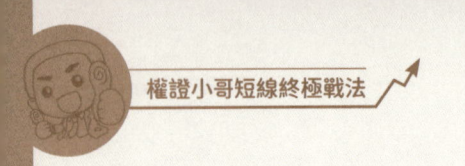

亦師、亦友，
我見證最熱愛交易的籌碼高手

小哥給我印象很深的一句話，是「很多教學的人沒在交易，很多交易的人不想教學。」

而小哥，就是我心目中認證，非常熱衷交易、非常擅長交易，又不吝惜教學股民的人。

有段時間我們在聊減肥，還設定目標看誰先達成，小哥說，其實頻繁交易帶來的壓力不小，這是他減肥不容易成功的原因，所以他也要多往存股靠攏。

幾年的時間過去了……我忍不住對他說，「哥，你現在更瘋狂在交易耶？手速已經快像程式交易了！」小哥說沒辦法，股市就是這麼有趣，他太熱愛。

我曾和小哥合作過知名的教學單元「哥有籌必爆」，後來發現小哥的交易模式真是如此，「哥，有仇必報」。以籌碼抓到的股票，如果做一次失敗，會繼續觀察再做第二次，勢必要贏回來，也勢必要證明，善用籌碼操作的高勝率。

| 推薦序 1 | 亦師、亦友，我見證最熱愛交易的籌碼高手

　　要下訂新房子的時候，我拿著資料，第一個就是找小哥討論，他花了許多時間幫我分析還款計畫、還款的投資工具，還幫忙看房。小哥亦師、亦友，是我人生中很幸運遇到的貴人，而股民們也很幸運，因為小哥要出書了。

　　小哥出書真的是做功德，希望大家能從這本書中，得到籌碼操作的寶貴知識，我也獻上最真誠的推薦和祝福！

李兆華

推薦序 2

務實取勝的交易實戰心法

記得初識權證小哥是在一個攝影棚，當時我正要錄影，小哥路過進來打招呼，沒想初次見面就開心聊起各自的交易經歷和趣事，兩人一拍即合、聊了許久，還被旁邊製作單位直接錄製成一集 YT 影片。由於雙方做法差異性頗大，後面更因此開啟了一個雙神 PK 課程。

我自己對交易的看法一直是方法沒有對錯，能讓績效較穩定並創造收益就是好的策略，與其說雙神講座是交易方式 PK，實際上因權證小哥和我在相同商品或策略上的不同見解，也讓我得到了一些新的腦力激盪，在原有的交易領域多了不少新的思考和方向。如同這本新書上提到的，若能善用股票權證在低成本、高槓桿、隱波率、差槓比等的一些策略優勢，我想對我日後的交易也能有些新的突破。

另外在短沖的交易上，權證小哥也善用了一些公開資訊的整合，像三大法人、主力分點籌碼分析、大戶散戶籌碼，隔日沖籌碼等來進行當沖多空進出場時機的判斷，對於短線交易者而言，知己

知彼是提高勝率的重要關鍵。

　　年前跟小哥一起出遊日本，見識到小哥「夾娃娃達人」稱號果然名不虛傳，我跟著學了幾招，夾到把行李箱都塞爆，有些還差點帶不回來。小哥在我眼裡是個做什麼都很認真的人，像他面對不同機器、不同娃娃大小，會用他自己過去經驗中勝率較高的方式去操作，正如同我們在不同市場或運用在不同商品上的交易，也會選用較有把握的策略方法來提升勝率，達到穩定收益的可行性。

　　最後很榮幸受邀為權證小哥新書寫序，本書絕非單純依據理論撰寫，實則富含許多實戰技巧，希望讀者看完皆能收穫滿滿、績效長紅。

楊雲翔

作者序
投資要獲利得用對方法

成功的投資，不在於你擁有多少資金，而在於你如何運用這些資金。

　　成功的投資不僅需要勇氣，更需要智慧和策略。保持靈活彈性，以應對市場快速變化並調整決策，學習善用槓桿，在控制風險的同時放大收益，這正是短線交易中獲勝的關鍵因素。

　　這本書中將深入探討短線交易的多個面向，從基本概念到進階策略，再到實用工具的運用。除此之外，更深入探討了籌碼分析的重要性，學習如何解讀各種籌碼指標，這些指標就像是市場的脈搏，能夠幫助我們預判投資行情的走向，並將籌碼分析與技術分析和基本面相結合，以更全面的思維來進行對投資交易的判斷。

　　短線交易的關鍵在於：
1. 具備快速的反應能力和精準的市場判斷力。具備洞察力往往就是獲利的關鍵。
2. 掌握籌碼動向，幫助我們理解市場趨勢，從而做出更明智的交易決策。

3. 短線交易中高獲利也伴有高風險，要做好資金配置與風險管控，並根據市場環境變化適時調整策略
4. 根據自身的風險承受能力和交易技巧來制定交易策略，是很重要的一環。
5. 掌握最佳的交易時機比頻繁交易更為重要，利用關鍵指標來確定入出場時機。

　　成功的短線交易，盤後功課也非常重要。我們利用盤後功課與盤前分析來制定當日的交易計畫，在交易過程中，保持靈活，應對市場變化，並學習有效管控風險。利用盤後時間研究籌碼來提升自己的交易技能。並回顧交易成效，分析成功和失敗的原因，再優化，制定下一個交易日的策略。

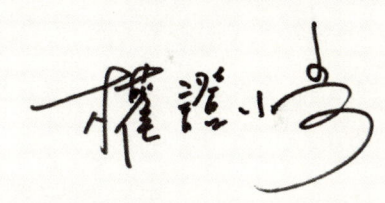

第 1 章
有勇有謀
小資快速翻身

- 1-1 短線交易該敬而遠之？
- 1-2 短線交易勝出的關鍵核心
- 1-3 短線交易獲利 4 大交易手法
- 1-4 為什麼短線交易一定要懂權證？
- 1-5 大賺小賠 5 大原則

想要讓生活富足，財務自由，是人人都期待的目標。而累積財富的途徑多元，因人而異，有人偏好長期投資策略，如：持續投資股票、債券，持有房地產，著眼於長遠發展；也有人善於把握市場波動，透過短線交易來增加收益，累積財富。無論選擇哪種投資方式，關鍵在於找到適合自己的投資方式，並在過程中不斷精進、累積經驗，適時調整策略。只要方法用得好，並且持之以恆，每種投資策略都有可能帶來可觀的回報，加速財富的累積。

以股票市場來說，投資人操作股票有長期投資與短線交易兩種。

長期投資與短線交易，特性與差異比較如下：

圖表1-0-1 長期投資與短線交易比較

	長期投資	短線交易
型態	價值型投資	價差型交易
時間	以「月」、「年」計 以長時間換取價值	以「秒」、「分」、「小時」、「天」計 在短時間內，因股價波動而獲利
目的	長期效益	看重短期收益
標的選擇	深入研究公司的基本面、財務狀況、產業趨勢、競爭優勢，看好長期發展標的	從籌碼面及技術面研究，挑選股性活潑標的
風險	較小	較大
收益	收益平穩	不穩定
報酬率	波動性較小，損失較低	波動幅度比較大，獲利快
適合對象	●看好股市長期發展趨勢 ●有耐心的投資人 ●沒時間看盤的投資人	●有投資經驗的投資人 ●對於股市波動有高敏銳度的投資人 ●風險承受力高的投資人

長期投資要深入研究公司的基本面、財務狀況、產業趨勢、競爭優勢等資訊。當公司基本面具優勢且價格被低估時，就進場逢低買進、長期持有，以賺取股利及價差。持有股票的時間會以「年」為單位，通常看好的股票都是固定配息，穩定成長的好公司，價格相較穩定，投資風險相對來得低。

　　而短線交易是投資人想賺取短線上波動所造成的價差，挑選標的就很重要了，要選擇股性活潑的標的。可從籌碼面及技術面研究，找出操作的優勢，從中獲取賺錢的機會。通常短線交易的交易週期很短，有的會在一天（當沖）、兩天（隔日沖）就結束，再換檔操作。操作短線選股，通常波動度是重要的參考因素。而當股票價格波動較大時，一天的振幅常常超過5%，這時投資風險相對較高，所以慎選投資標的及了解操作眉角，是很重要的根基。

　　這本書要帶著投資朋友們來學習研究短線交易策略，從最基本的觀念到操作策略以及案例分享，循序漸進，讓投資朋友們奠定基礎，累積實力，利用短線交易來快速累積財富。

1-1
短線交易該敬而遠之？

常會聽到短線交易＝投機，最好敬而遠之的話語。很多人認為短線交易就是投機行為，容易賠錢，最好不要進行操作。其實這只是交易手法的不同，每種交易手法都有不同的投資操作屬性。

短線交易是在極短暫的時間內（通常為幾小時或幾天）買賣投資標的（股票、期貨、權證），以實現快速賺錢的交易策略。投資人只要先了解自己的「**特質**」、「**投資習慣**」，再挑選「**適合自己的投資操作手法**」，並熟悉「**交易手法及獲勝祕訣**」，就能穩健獲利。

在股市中，依「投資操作特質」有3種類型的投資人：

- **「有勇無謀」**的投資人：看電視、聽明牌來買股票，盲目聽信他人之言來買賣股票，這類投資人最容易衝動行事，市場上常賠光錢財的就屬這類人。
- **「無勇有謀」**的投資人：挑選標的，有自己的想法，但害怕風險，僅遵循著保守的策略，賺取波動小的收益。
- **「有勇有謀」**的投資人：懂得研究市場利基，分析籌碼，管控風險，制定合適策略，能夠冷靜地應對市場中的波動，也知道如何把握住機會，在市場洪流之中迅速反應，抓住時機，實現最佳收益。

想要進行短線交易、快速獲利，最需要具備「有勇有謀」的真功夫。「有勇」是擁有「冷靜而自信的勇氣」，有助於適時抓住市場上最好的機會；「有謀」是具有「謀略」，投資操作有邏輯，可以更有效地控制風險。

投資朋友想要練就自己「有勇有謀」，可以從 5 個面向著手，分別是：擁有良好的**心理素質**、培養自己的**投資思維**、**投資分析力**、**穩健具風險管控的投資策略**，以及**行動力**。

1. **擁有良好的心理素質**：建立穩健的心理基礎，掌握情緒管理技巧。面對股市的起起伏伏，保持平和冷靜，不受波動影響判斷，投資時審慎評估，有能力且願意承擔相應風險，以沉著理性的態度來應對股市變化，做出明智的決策。
2. **培養自己的投資思維**：不是靠電視、聽明牌買股票，而是有自

己的投資思考邏輯，進行投資買賣時，有明確的邏輯依據和策略方向，掌握自己進出場的理由。

3. **投資分析力**：培養自己擁有以下能力，可以更全面的評估，以制定明智的投資決策。

   - 基本面的分析：培養對投資標的公司的深入理解。包括：解讀財務報表、洞察市場環境變化、評估行業績效。透過這些數據進行觀察與分析，可以更明智地做出投資決策。
   - 技術分析：運用各種技術指標和圖表模式來分析股價變動，有助於預測短線價格變化趨勢以及掌握進出場時機。
   - 籌碼解讀力：透過解讀籌碼掌握主力大戶的持股動向，評估籌碼對股價的影響及預估股價未來的走勢變化。

4. **穩健具風險管控的投資策略**：在進行交易前做足功課，進行全面的市場分析，深入了解投資標的的籌碼結構和市場的趨勢變化。仔細評估可能影響投資標的的各種變化因素後，制定有把握的操作策略，同時建立嚴謹的風險管理機制，包括設定適當的停損點，以確保投資安全。經過深思熟慮的方法，能提高投資成功的機率，有效控制潛在風險。

5. **行動力**：有足夠的認知和判斷力後，還要有行動力。唯有結合果斷的行動力，方能在瞬息萬變的投資市場中脫穎而出。面對市場變化，投資者需具備敏銳的洞察力和迅速的執行能力，方可把握稍縱即逝的機會，適時進出場。掌握關鍵時機行動，才能實現理想的獲利目標。

短線交易的投資人想要穩健獲利，要先懂得自我要求，讓自己具備「有勇有謀」的特質。擁有良好的心理素質、培養自己的投資思維、投資分析力、穩健具風險管控的投資策略，以及行動力，就可以做好投資策略來多空布局。此外還需擁有高度的敏銳度，對市場變化能迅速行動，能夠適時調整交易策略，並控制交易風險降到最低。

除此之外，要提醒短線投資人交易時要記得：

- 選擇有把握的機會，來進行投資操作。切勿貪心，不過度交易，過度交易會增加風險和交易成本。
- 明白短線交易只是一種快速獲利的方法。進行短線交易，當市場波動大時，每一分鐘都可能是關鍵時刻。因此投資者需要隨時保持警惕，當標的股票價格走勢不再符合期望時，需要立即採取出場停損行動，防止虧損進一步擴大。
- 進行交易後也要記得回顧檢討，分析勝敗原因，可以提升下次投資的準確度。
- 不要只在意輸贏的數字，要記取失敗的經驗。每次交易後仔細檢討自己的看法是否經得起投資市場的考驗，適時地修訂投資策略，建立專屬於自己的投資系統，有助於未來績效驗證，累積財富。

1-2
短線交易勝出的關鍵核心

想要在瞬息萬變的股市中脫穎而出,需要掌握以下幾個核心的要點:

1. **深入了解股票特性、掌握市場脈動:**
   - 辨識股票的活躍度:有些股票溫吞,有些股性活潑易成為飆股。
   - 評估公司規模:公司的股本大小,也容易影響股票的漲跌幅度。
   - 關注產業景氣循環對股價的影響。
   - 密切關注公司重大訊息。
   - 留意股市行事曆中的相關大事件:法說會、股東會日期以及除權息資訊,以調整交易策略和投資方向。

2. **精準的籌碼分析與資金管理:**要研究籌碼,了解主力資金流向,

靈活調整資金配置，記得「風險永遠擺在獲利前面」。
3. **心態準備，培養紀律及風險意識：**
   - 保持冷靜，不盲目跟隨市場情緒波動。
   - 在交易前設好風險控管，設立停損（利）點並嚴格執行。記住：投資不怕虧損，只有跟小賠當朋友，即時停損，才不會造成更大的傷害，投資路上最怕不敢認賠，一直貼錢，容易賠大錢。

成功的短線交易者不僅善於捕捉機會，更懂得有效管理風險。我們可以藉由掌握勝出的關鍵核心，來提升短線交易勝率，做出更精準的決策。

關鍵 1 ▷ 分析股價波動要因 用統計助攻交易

股價波動受多重因素影響，包括產業特性、公司屬性、財務表現以及重大事件。透過統計分析，我們可以找出這些因素對股價的影響程度，從而在短線投資決策中提高勝率。以下是主要關注要點：

1. **產業及股票屬性數據分析：**
   ① 以歷史股價和成交量來統計回測，分析股票的漲跌趨勢、波動幅度，找出投資標的股票的屬性是活潑還是大牛股。
   ② 各行各業皆有淡旺季之分，股市也有其季節效應，觀察不同標的在不同季節的表現，選擇對應的投資策略。
2. **財務報告：** 透過財報分析和深入解讀財務報告、洞悉企業實力、

預測發展前景，投資者能夠：評估公司體質和經濟實力，預測企業未來發展潛力，以及比對關鍵財務指標。長線投資者可藉財務報告，篩選出具投資價值的優質股票，而短線交易者則能把握財報公告前後的股價波動機會。

財報公布時間如下：

① 年報：每會計年度終了後75日內。

【上市櫃公司自民國113年起，全體上市櫃公司應於會計年度終了後75日內申報年度自結財務資訊或財務報告。亦即每年3月16日（如2月為28天）或3月15日（如2月為29天）前完成上傳申報】

② 季報：一般公司（含投控公司）每會計年度的第1季、第2季以及第3季終了後45日內（5月15日、8月14日、11月14日前）。

③ 月報：每月10日前月報公布。

④ 每年1、4、7、10月的第2週開始，有許多美國重量級的大公司發布財報，這也要留意，預期會帶動台股相關供應鏈。

3. 會影響股價的「大事件」：

① 法說會：法說會是上市櫃公司對投資大眾說明公司目前營運狀況及未來獲利展望，以利大家了解公司經營與獲利狀況。法說會資訊相當重要，會影響法人未來動向，也會影響股價發展，特別是1、4、7、10月的法說會。通常法人說明會是在盤後，隔天法人會對持股做大幅度的加減碼，因而會導致現股有比較巨幅的波動。投資人可以利用權證來參與波動行情。短線投資

朋友也可以利用法說會進場去賺取短線波動價差。

② 董監改選：上市櫃公司每3年改選一次董監事，股價偏低時會吸引有心人士想介入經營，因此董監持股比例偏低者，必須在停止過戶前買進股票，才可鞏固公司股權或經營權，造成股價上漲，產生董監改選行情。**每年12月至隔年3月是董監改選的高峰期。**具有董監改選行情的個股，通常有下列5個特色：(1)董監持股偏低或質押比過高；(2)股價淨值比（PB）偏低；(3)股本較低的中小型股；(4)公司有資產題材（例如：土地）、豐厚的轉投資收入；(5)公司經營績效不佳。

③ 除權息：每年上市櫃公司會根據去年財報中的獲利績效，透過董事會決議，股東會通過，將所賺的盈餘分配給股東，分配的方式有兩種：現金股利和股票股利。分配就是我們說的除權息。除權息行情就是因股利分配而帶動股價，會有一波上漲行情。要參與除權息行情要留意：想取得現金股利、股票股利，要在除權息日前一天前買進股票。在除權息日時，股價會因股票、股利的配發，股票市值就會調降，而影響股價。除權息日後的股價，如順利回到除權息日的前一天收盤價時，就是完成填權息。**每年的6～8月是台股的除權息旺季**，這段期間要密集留意相關訊息。參與除權息前要評估是否為高殖利率股，配股、配息是否夠誘人，以及留意填權息的平均天數。很多人會參考以往幾年除權息當天的漲跌幅，來作為參與除權息的參考。

4. **ETF成分股變更以及相關指數調整**：例如MSCI調整及富時指

數調整：MSCI在每年2、5、8、11月會定期進行指數審核，主要是調整各國、各成分股占指數的權重，審核的結果跟生效日期會在MSCI的公司網站上公布。當MSCI調整各國的權重時，就會影響國際資金的進出。而證交所與富時國際合編的台灣指數系列則於3、6、9、12月進行季度審核。任何成分股的變動將在審核月份的第3個星期五收盤後生效，此時要留意相關個股的股價波動，被納入的個股，代表國際法人看好，通常都會有一大波漲幅；而被剔除的個股則容易引發賣壓，造成股價下跌。

　　掌握市場脈動，運用歷史數據進行統計分析，投資者應深入了解影響股價波動的關鍵因素，並善用統計分析工具，以發掘投資良機，掌握最佳進出場時機。可藉助專業軟體進行量化分析，為投資策略提供客觀依據。例如：某些股票在除權息期間會有特定行情，有些甚至在除權息後的次日常見股價上漲。若要掌握「除權息行情」帶來的投資機會，就可使用「**權證小哥 - 個股事件獲利王**」軟體來輔助。這套軟體工具統計歷史數據來預測未來表現，提供統計分析出來的：開盤上漲機率，以及當日開高、收高的統計資訊，有助於制定精準的策略。

　　同時投資者務必持續關注市場環境、政策變化和突發事件等外部因素，這些都可能對股價走勢產生重大影響。謹慎評估風險，綜合多方面的考量因素，做出審慎的投資決策。

關鍵 2 ▷ 追蹤籌碼 破解主力操作手法

　　短線交易成功的關鍵在於深入解析市場動向，密切追蹤主力籌碼變化、洞悉其操作策略，以及掌握整體布局。結合多面向的分析，有助於交易時面對複雜多變的市場能做出更明智的決策。全方位的籌碼追蹤包括：追蹤主力資金動向、精準解讀技術線型、深入研究量價關係，全面剖析股價走勢。善用技術指標如布林通道等，有助於準確判斷價格趨勢，判別最佳進出場時機，優化交易策略，提升獲利機會。

　　追蹤「籌碼」，破解主力操作手法，我們要了解：

1. **籌碼資料來源**：在台股交易市場中，三大法人買賣超或是今天哪個券商分點大買哪檔股票，在盤後都可以在證交所、櫃買中心網站上及「理財寶籌碼K線」軟體或券商軟體查詢得到，資訊非常透明，大戶進出場幾乎無所遁形。

2. **看懂籌碼的流動**：籌碼常走在股價的前面，我們常會見到：「主力、投信買後股價大漲」、「關鍵分點大買後股價大漲」、「關鍵分點大賣之後股價大跌」等因籌碼變化而股價變動的例子。研究籌碼最有趣的地方，就是可以透過籌碼分析，去預估判斷股價未來的走勢以及了解目前市場的主流，並適時布局，例如：善用籌碼資訊，掌握了2023年很夯的AI概念股，而大賺一波。投資朋友只要持續密切觀察市場上籌碼的分布及流向，就可以推測股價未來的動向，進而掌握財富的流向。

3. **了解高手的交易策略**：在股市交易的高手們，都有一套自己的策略邏輯及交易手法。研究籌碼來解讀、追蹤主力的動向，可幫助我們了解主力常使用的交易手法及策略，對於交易非常有幫助。例如：交易的主力中，有鎖漲停的隔日沖主力，通常會在盤中把快漲停的強勢股買到漲停板，隔天等到開高再賣出。當我們掌握了隔日沖主力的特性：「隔天主力會將股票賣出」，隔天盤中有高點時，就能找機會反手短空，當日有低點再回補，來賺取極短線價差。

4. **每日做功課研究籌碼流向**：股市交易每天進進出出，籌碼都會有變化，投資朋友要花時間做功課研究才能精準掌握，提高勝率。投資人一定要戒慎恐懼，記住：在投資市場上，容易成為輸家，被大戶倒貨，淪為待割的「韭菜」，通常是看電視、聽明牌、不做功課，不研究籌碼，而盲目投入買賣的投資者。

5. **追蹤籌碼的異動以及集中度**：
   - 三大法人買賣超：包括外資、投信和自營商的買賣動向。持續的買超通常會推動股價上漲，而賣超則可能導致股價下跌。
   - 觀察大戶（持股1,000張以上）、散戶、中實戶的持股。大戶持股比例若顯著增加可能預示股價上漲，反之則可能暗示股價下跌。
   - 觀察各券商分點進出情形，找出低買高賣的關鍵分點追蹤。
   - 觀察融資、融券餘額以及借券賣出餘額：融資餘額增加表示看多情緒濃厚，融券餘額增加則反映看空氛圍。大量借券賣出可

能預示有大戶避險交易需求。
- 觀察籌碼集中度和多空趨勢。
- 觀察成交量與價格的變化關係。成交量突然放大可能預示行情即將變化，持續量縮則可能盤整。價漲量增是強勢訊號，而價跌量縮在多頭時期很可能是主力在洗籌碼，只要主力一拉抬，股價就容易反彈而上！在空頭走勢中，代表空方力道逐漸變弱，未來可能會陷入盤整。
- 留意買賣力道：觀察買賣單比例、大單進出、委買委賣價差。
- 整體市場情緒也會影響個股籌碼，要關注大盤指數走勢，留意產業板塊輪動及特殊事件的影響。

追蹤籌碼需要全面觀察、深度分析。不僅要對個股的相關數據進行精確蒐集並深入解讀，更需要對市場動態、公司基本面和宏觀經濟趨勢等因素進行多角度的綜合考量。成功的投資者要建立自己的籌碼分析邏輯，深入研究市場動向，洞悉主力操作手法，並掌握關鍵分點的交易模式，做出更全面、更準確的判斷。制定投資策略時運用這些見解，可更有效地應對市場變化，從而提升投資勝率。同時也要記住：市場瞬息萬變，投資者還需時刻保持謹慎和靈活的態度，適時調整策略，嚴格控制風險。唯有如此，才能在動盪的市場中穩步前行，實現長期穩健的投資收益。

關鍵3 ▷ 心態層面的準備

　　投資操作最怕：
1. 沒有自我想法與策略，盲目跟單。
2. 不理性。投資時過於衝動和情緒化，情緒因股價波動而受影響，衝動買賣。
3. 沒有做功課研究投資標的。
4. 沒有進行風險管理和資產配置，盲目擴大槓桿，追求高利潤。
5. 對市場變化反應慢，沒有持續學習和適應市場變化。

　　投資操作時，一定要設定明確的交易目標，建立一套有效的交易策略，並且隨時檢視和調整（包括進出場和停損點的設定，管控交易頻率減少交易成本），也要擁有強大的心理素質，在投資前後做好贏家心態的落實，這是投資成功的關鍵要素。

　　想要當個穩健獲利的投資人、建立贏家心態，要記得：
1. 建立正確的投資觀念，培養良好的學習習慣，持續學習。
2. 不斷提升自己的投資能力，深入探究股市交易的專業相關技能，與專業投資者進行互動交流，以累積投資經驗和知識。
3. 培養自律和耐心，面對市場波動要能保持冷靜和理智，避免因情緒波動而做出錯誤的決策。
4. 了解市場參與者的心理反應，學會判斷市場趨勢，學習快速反應和做出決策。

5. 確定自己的投資目標和風險承受能力。學習如何控制風險,設立停損(利)點。
6. 制定明確的投資計畫和策略,並按照計畫執行。
7. 資金配置很重要,適當分散風險,避免把所有資產集中在一個領域或產品上。也要學習不過度交易,不過度槓桿投資,以減少交易成本和風險。
8. 隨時關注市場變化和重要事件變化,做好對應策略。
9. 進場買賣時多問幾個為什麼?多找幾個進出場理由,可以增加自己的投資判斷力。
10. 投資操作時,要建立自己的交易日誌、詳細記錄和分析交易過程及結果,以便後續進行檢討,改善及優化交易策略。

　　短線交易投資,不是賭運氣,是比高勝率,每次交易前,務必制定周詳的計畫和策略,明確設定獲利目標和止損點。要仔細分析盈虧結果,深入探究成功與失敗的原因,並據此調整策略。透過這樣持續學習和改進的過程,可逐步提升短線交易的獲利,快速地累積財富。

1-3 短線交易獲利 4大交易手法

想要在短線交易中操作獲利,除了在投資前熟悉操作邏輯及相關規定,以提升投資效率;也要精進專業投資技能,養成贏家心態。除此之外,還有最重要的一點:要選擇適合自己的交易手法與策略,來挑選出投資標的以賺取投資利潤。

這節來介紹常用於短線交易的4大交易手法:**盤中當沖**、**隔日沖**、**短線做多**以及**地板股**,讓投資朋友熟悉交易操作策略及其優缺點,以挑選出最適合自己操作的模式。

一、盤中當沖

當沖是當日沖銷（day trading）的簡稱，是指在交易當天，就完成買進與賣出股票，從當日價格波動中賺取利潤，是一種極短線的股票操作手法。

就盤中當沖的交易說明、適合對象、優缺點、心法更深入地來解說：

交易說明

1. 當沖交易是指在同一個交易日，對於同檔標的，進行買入及賣出。當日沖銷如果能順利低買高賣，就能直接賺到當日的買賣價差。
2. 交易模式可以「先買後賣」，或是「先賣後買」。
3. 可當沖標的涵蓋：股票、期貨、選擇權及ETF。零股和權證並不包含在內。
4. 交易時間：與股市同，從09：00～13：30，如果盤中有未沖銷的交易，在盤後13：30～14：30還可以下單，因為在14：30還有一次撮合的機會。
5. 當沖分為兩大類：「現股當沖」和「資券當沖」。這兩種當沖交易的資格，交易方式及手續費，交易稅及相關費用列表見圖表1-3-1。

圖表1-3-1 現股當沖與資券當沖

當沖交易模式	現股當沖	資券當沖
交易資格	1. 開戶滿3個月 2. 一年內的成交紀錄10筆以上 3. 要簽署「有價證券當日沖銷交易風險預告書暨概括授權同意書」及「證券商辦理應付當日沖銷券差有價證券借貸契約書」	1. 開戶滿3個月 2. 一年內的成交紀錄10筆以上 3. 近一年買賣成交金額達新台幣25萬元(含)以上 4. 有開立股票信用戶
交易方式	做多(看好標的): 現股買進→現股賣出 **現股買進之後賣出,沖銷的差價做交割** 做空(看壞標的): 當日先賣,收盤前一定要買回 現股賣出→現股買回 **現股賣出,之後買回,沖銷的差價做交割**	做多(看好標的): 融資買進→融券賣出 融資買進之後融券賣出,沖銷的差價做交割 做空(看壞標的): 融券賣出→融資買回 融券賣出,之後融資買進,沖銷的差價做交割 資券當沖當日結束後,記得改成現股當沖,交易稅減半
優點	交易稅減半	漲停融券可留倉
缺點	**先賣後買不能留倉,可能需要借券**	交易稅沒減半,需負擔借券費 **0.08%**
手續費	0.1425%	0.1425%
交易稅	0.15%	0.3%

現股當沖有買賣現沖、先買現沖、禁現沖3種:

圖表1-3-2 買賣現沖、先買現沖、禁現沖

當沖 3種狀態	買賣 現沖	先買 現沖	禁現沖全額交割股 (可查詢證交所:變更交易股票)
先買再賣	○	○	×
先賣再買	○	× (因為該股票標的要進行:股東常會、除權息、現金增資、分配收益等……)	×

註:暫停先賣後買當沖預告表:https://www.twse.com.tw/zh/page/trading/exchange/TWTBAU1.html

示意下單軟體介面如下：

圖表1-3-3 可多空雙沖、只能先買後賣、禁止當沖

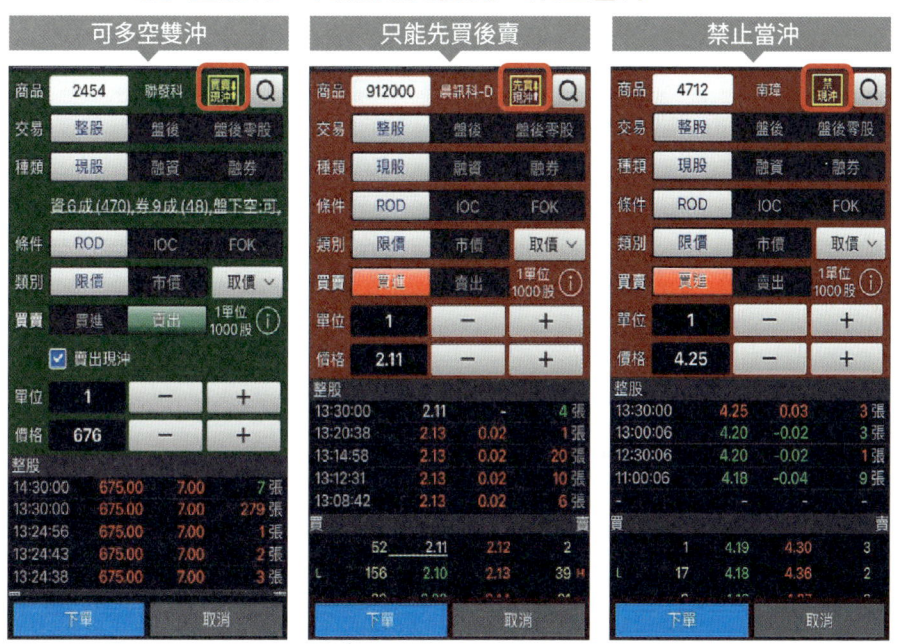

不是每一檔股票都可以進行當沖交易，要是「台灣50、中型100及富櫃50」等指數的成分股，以及證券交易所或櫃檯買賣中心公告之發行認購（售）權證的股票標的、融資融券之有價證券、有價證券借貸交易標的。投資朋友可以透過證交所網站查詢。

適合進行盤中當沖交易的對象

1. 有豐富的股市投資經驗和技巧，可以快速反應市場變化並把握

機會的投資者。
2. 適合能夠專注，有研究籌碼，可以密切關注股市走勢和交易量波動的投資者。
3. 有時間看盤、具交易紀律，有足夠的資金，能夠承擔高風險和高波動性的投資者。
4. 因當沖交易存在較高的風險和不確定性，需要投資者具備相應的風險意識和風險承受能力，適合有明確交易策略和風險管理能力的投資者。
5. 絕對不能讓自己違約交割是交易最基本的鐵律，適合懂得自律的投資者。

當沖的優點

1. 當沖是利用當日標的價格的波動來賺取利潤，是高槓桿的投資交易。
2. 現股當沖交易稅減半。相較於隔日沖每天都要付0.3%的交易稅，當沖只要付0.15%的交易稅。
3. 每天研究籌碼，只要懂得掌握籌碼狀況與股價短線變化，對多空判斷正確，投資勝率就會提高。
4. 運用觸價單控制風險，可以設立停損點，控制當天虧損。
5. 可快速獲取利潤，避免隔夜的風險，因為當沖當天就結束了。當標的大漲紅K時，開盤買，收盤賣掉，隔天跌停也不關你的事。可以避免隔夜投資市場變動的風險。

6. 短線順勢交易成功，獲利當天就入袋。萬一下錯單，可以立刻買回來，可以馬上停損。

當沖的缺點

1. 一下單就有成本，交易必須戰勝手續費＋交易稅。如果頻繁進出，得付超多的交易稅及手續費，相對波段操作交易而言，較為困難。

2. 不能留倉，即便你是對的：當今天一檔股票很強開盤漲5%，大家衝進去買，瞬間拉漲停，隔天跳空開高機率高，雖然買很多但沒有錢留倉，沒錢你還是得賣掉。這是做當沖時，資金少的缺點。通常我們都會建議做當沖要像做生意一樣，最好有筆週轉金，是準備用來留倉用的。

3. 做多跌停鎖死，沒錢交割：沒有錢交割這是更恐怖的。賺錢沒留倉就算了，至少有賺，但做多跌停時，這就嚴重了，會沒錢交割。強烈建議投資朋友，當做多跌6%時，就要準備停損了，不要撐太久，千萬不要拗單。

4. 做空漲停鎖死，沒錢交割，沒法融券，而沒法融券只能付昂貴的借券費，有些券商是一律收7%，以日計價，是很高的一筆費用。當沖的股票，很常是強勢股或比較活潑的股票，很容易會遇到漲停鎖死，所以一定得做好一些技巧，什麼技巧呢，我們會設觸價單，為了避免漲停鎖死時要付很多標借費。

5. 需要大量的時間跟精力關注市場，壓力跟情緒負擔大。有時候

遇到不順的時候，賠錢的時候，壓力跟情緒負擔頗大，會嚴重影響身心健康，提醒投資朋友當操作不順時，一定要降低部位或暫時休息。留得青山在，不怕沒柴燒。

當沖的操作心法

1. 要「量力而為」：市場上常聽人說「無本當沖」，這是騙人的，當沖交易一進去就有成本了，只要有買賣，交易稅和手續費就產生了。隨時警惕自己，一定不下超過自己可承受的金額，當你過度膨脹自我能力，因股價波動而不能承受的話，不只心態崩潰，荷包也會崩潰，人生就淒慘了。

2. **確立好多空方向，要維持冷靜、適時跟自己對話，不要被情緒左右**：恐懼和貪婪是影響交易決策的兩大情緒因素，不要被其左右。在進行當沖交易之前，必須對市場走勢有清晰的判斷，確立好方向，不要多空搖擺不定。保持冷靜，嚴守交易紀律，設定止損點並執行。也要隨時檢視市場情況是否符合預期，適時調整策略。

3. **下單買賣要制定策略，制定停損計畫，要把風險控制住。**
   ① **多單遇到快跌停，一律賣出**：因為我們執行的交易是當沖，當沖怎麼可以變隔日沖？拗單，就有可能讓結果變成：「當沖本來想賺1%，結果變成波段賠20%」，這可不行，要嚴守紀律。
   ② **空單遇到快漲停，一律回補**：做當沖，每天給自己一個賠錢的上限，這很重要。那賠錢上限怎麼訂呢？小哥建議：一天最多

不要賠掉可用資金的1%。記住如果拗單不停損，得面對大賠，所以一定要預設停損單。但假如留有週轉金，又有多個持股的理由，想讓當沖變成隔日沖的交易，就可以變更策略。

4. **當沖要保持耐心，掌握大行情**：當沖損益狀態有4種：大賺、大賠、小賺、小賠，記住不要大賠，但也不要總是小賺小賠，練就耐心及掌握大行情的信心，讓自己偶爾大賺。記住這個當沖口訣「**大單短進短出，小單贏到最後**」。當你下大單，風險也大，當大單拗單輸到最後，就會變大賠。要控制風險，讓風險變小，就要讓大單短進短出。那麼小單呢？我們就可以贏到最後，就可以做日內波。

5. **要早睡早起，盤後運動紓壓，維持健康生活**：想做當沖，精神要好。精神不好容易做錯，精神好頭腦比較清楚，因為盤中精神緊繃壓力大，盤後記得一定要紓壓，可以運動、按摩或是找朋友聊天，去外面走一走。

6. **不可以有太大的執念**：股市變數多，沒有一定要怎樣的走勢。方向錯了就停損。

📋 小結

每天當沖交易，可以練就自己：

1. 對短線市場有敏銳的觸覺：掌握漲跌趨勢，也知道最近在流行什麼族群，或者是什麼族群已經沒落了。
2. 從當沖交易經驗中快速提升交易技巧，讓資金在短時間內，有

高槓桿的運用。

3. 當沖要做到至少勝率5成。技巧好,效率高,長期來說,就會賺錢;沒有技巧的話,會發現你不只賠錢,還要付手續費及交易稅。

4. 管控風險,運用觸價單來建立停損機制。把當沖虧損控在3%～5%,避免長期拗單大賠。

二、隔日沖

隔日沖交易說明

1. 隔日沖就是指股票隔日沖銷,「今日買,明日賣」。隔日沖和股票一樣必須有足夠的交割款,在成交日後兩個交易日(T＋2日)交割帳戶內要有足額的餘額可扣款,才不會違約交割。

2. 常見的模式有:
   ① 利用權證來交易:隔日沖大戶利用「自營商避險特性」——當權證被大量買入後,自營商需要在股票市場上買進一定比例的股票進行避險。當隔日沖大戶進場大買權證及標的個股時,自營商就會因為權證突然被大量買進而買進股票避險,股價就會被自營商一併大買而漲上去。隔天隔日沖賺取價差,賣出持有權證和個股獲利出場。
   ② 利用股票交易,強勢將股票標的鎖漲停:靠著大量資金一口氣大量買進,拉高當天股價,甚至將股價買至漲停(吸引追漲的

散戶，很多投資人就會排隊等進場）；然後隔天股價開盤開高（昨天沒買到的投資人進場，或者昨天放空沒券的人被迫回補），就立刻脫手，從中賺取價格波動的價差利潤。因為隔日沖主力單筆進場金額很高，就算漲幅不大，仍舊可以賺很大。今天買進之後，隔天再把它沖掉。

3. 掌握隔日沖分點：可以從理財寶籌碼K線軟體中的「分點調查局」找隔日沖分點觀察，或從短期個股交易中觀察隔日沖分點。

隔日沖交易適合對象

1. 適合資金充足的投資人。
2. 較適合掌握主力重要訊息的專業投資者。

隔日沖交易的優點

1. 與當沖交易相較，享有較多的漲跌。隔天如繼續漲，賺更多。
2. 不需要在同一天內密切觀察股票或權證的價格波動，減少情緒上的壓力。

隔日沖交易的缺點

1. 需要較多資金，資金小的投資人易受限制。
2. 承擔隔夜風險，無法及時掌握機會，如果隔夜有其他不可預見

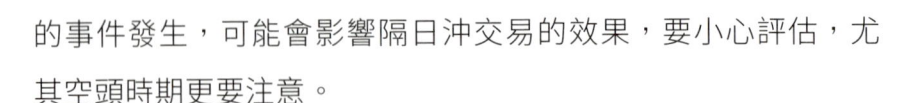

的事件發生，可能會影響隔日沖交易的效果，要小心評估，尤其空頭時期更要注意。

3. 沒有當沖稅金減半的優惠，交易成本較高。

4. 當隔日沖大量出脫股票時，如未有其他主力進駐，股票就可能向下。跟著追高的投資人，就可能因股價被套而受傷。

跟單隔日沖的操作心法

1. 前日隔日沖的買盤，容易造成今日隔日沖的賣壓。

2. 研究籌碼，找出前一天有大量隔日沖股票。

3. 利用隔日沖主力拉高出貨以及在早盤隔日沖權證大戶賣出權證的習性，進行短空交易。

4. 觀察盤前試撮：如試撮價格大漲，檢查是否有隔日沖籌碼，如果有，股價容易跌。若有大量隔日沖，當股價撮漲停是為了出貨，記得開高可別追。

5. 如要跟單權證交易，要買相同標的股票但不同檔的權證，主要是避免隔天要賣的時候，好的價位早就被大戶賣光，而且也避免被發行商降隱含波動率的風險。如果買在股票高點時，也可以買一點認售權證搭配，鎖住利潤。

6. 隔天如果大戶狂出權證，記得手腳要快、要跟著出，因為通常大戶狂出後，個股也會有一段時間的殺盤，慢吞吞地還抱著手上的單，如沒其他主力進駐，可能會賠上不少。

7. 如果最後個股沒出現殺盤，表示有另一道勢力更大的買盤進入，

通常這種角色會是外資，這時就可以列入做多的觀察。

📊 小結

1. 股市交易千變萬化，沒有一定的定律。只能找出較高機率。
2. 長期觀察籌碼變化，了解隔日沖主力手法，是提高勝率的關鍵。記得要同時研究籌碼組成的相關要素，判斷是否會影響未來走勢。
3. 手中股票遇到隔日沖的分點大量買進時，則隔日的股價要小心容易有「獲利賣壓」。
4. 跟單隔日沖做多，或者隔日開高空，都要適時進出場，不要拗單。
5. 任何交易記得都要設好停損與停利點。

三、短線做多

短線做多交易說明

1. 短線做多是從股票市場上找到股價波動高的標的來順勢操作。
2. 利用權證大單，抓住短線獲利標的。
3. 可以關注：
   - 具市場熱門題材，剛從底部開始漲的股票。
   - 除權息期間，可以找上漲機率高的股票在除權息前進場拚高周

轉率，或找高填息的股票，除權息前買除權息後賣。
- 法說會可能釋出好消息的股票標的。
- 短線做多挑選股票要挑選籌碼好的股票，在殺到很有支撐的均線時才進場，獲利更高。

短線做多適合對象

1. 懂得掌握題材機會、經驗豐富，對產業變化有敏銳度和準確分析能力的投資人。
2. 懂得研究籌碼，掌握影響股價大事件（股東會、除權息、法說會）的投資人。
3. 適合小資族利用權證進場，因為資金門檻相對不高，小資族可掌握好機會。

短線做多的優點

1. 可在短時間內實現投資收益，累積財富。
2. 操作資金門檻低，小資族也可以參與。
3. 可靈活增加資金使用效率，資金周轉率高。
4. 可以培養對市場的敏銳度及即時快速反應的能力。
5. 相對做空，短線做多風險較低。

短線做多的缺點

1. 市場波動大時會影響投資報酬。

2. 需要適時調整策略,反應不夠快,可能會失去賺錢機會。
3. 相較長線持股,短線頻繁交易買賣所付出的交易成本(手續費和交易稅)較高。

短線做多的心法

1. 研究主力籌碼動向與市場最新資訊,發掘合適的進出場點。
2. 掌握相關大事件日程(股東會、法說會及除權息時間)。
3. 短線選股時,進場做多挑選標的及制定策略時,可以參照以下方法:
   - 同時觀察月線及籌碼表現。
   - 在查看一檔股票的短線走勢時,可以觀察月線斜率,當月線斜率大於1%時,是強勢股,大於3%就是妖股。很陡的月線,通常股價的位階靠近月線時,會是不錯的進場點,若搭配主力大買就更好。
   - 當股價淨值比低於0.5倍,且公司派大買時,股價容易是低點。
   - 挑選出符合上述條件的股票後,就先列入自選股觀察。
   - 可以先買零股試試,但要留意手續費。
   - 當殖利率不錯(殖利率5%以上),也可以先買些現股。等布林軌道打開後,股價沿上軌時再加碼,想要投資權證就可以這時進場。
   - 當觀察到關鍵分點大賣,加上主力賣超,這時股價容易跌一段,手中有持股就要盡快出場。

4. 短線交易往往迅速而激烈，因此心理素質的鍛鍊很重要，需要有冷靜的心態，不受情緒影響。

🗂 小結

1. 要培養洞察力，具敏銳的市場觸覺和分析能力，就能利用短線交易，來快速實現利潤，但切記：所有投資，都伴隨風險，請做好妥善的風險控管。
2. 保持冷靜客觀的心態、細心觀察市場動向，並熟練運用各種技術指標進行分析，深入研究籌碼變化，做好事前準備。
3. 短線交易的特點是頻繁地進出市場，不可避免地會增加交易成本，對技術要求也較高。成功的短線交易需要精湛的技術分析和高心理素質的結合，交易時要在收益和增加成本及風險之間找到平衡。

四、地板股

　　股價波動是股票市場中常見的現象。股價常會受到消息面、市場面、心理面的影響，尤其短線走勢特別明顯。我們常聽到「漲多拉回、跌深反彈」。投資人在股市大跌時逆勢操作，勇敢進場買賣「**股價跌深反彈**」的股票，也如願順利獲利出場。這就是我們接下來要談的地板股操作手法。

地板股交易說明

　　利用「跌深反彈」論述,「當股價越急著往下跌,並且帶大量時,股價就有機會展開反彈。」操作手法是:在股價跌至低點,碰到地板線時進場,並在反彈後出場。利用地板線來操作,可以讓我們在投資時掌握極短線的轉折時機,避免情緒性的追高殺低。適用於股票和權證極短天期(1～3天)的操作。

操作地板股適合對象

1. 在股市崩跌時,想尋找較穩健標的的投資人。
2. 嚴守紀律,不拗單的投資人。
3. 適合只有小資金,想追求高報酬的投資人。

地板股的優點

1. 利用市場中較為常見的股價跌深反彈現象,具有一定的可操作性和獲利的潛力。
2. 操作策略相對簡單,投資者可以在短時間內學習並應用。
3. 在股市崩盤時,有可參考的數據,讓投資人不盲目殺低,勇敢操作搶反彈。
4. 用權證操作,可獲取高槓桿報酬。

地板股的缺點

1. 操作時間短,要掌握影響標的股價的相關變數,才不會挑錯

標的。

2. 地板股反彈行情，為極短線操作，獲利要快速出場；虧損時也要果斷離場。

地板股的操作心法

1. 地板股操作是搶反彈，是屬於逆勢交易，一定要做好風險管控及資金配置。
2. 要操作地板股，挑股先決要件是：股本要越大越好，基本面越好越準。當個股出現掏空、假帳，請勿使用地板股操作。
3. 利用好工具來提高勝率，嚴格挑選出每個勝率相對高的標的。依據統計，取得可靠的數據來源，藉由程式幫助來找到投資獲利機會，這樣可大幅減少選股的時間，同時也省去各種複雜技術分析之判斷。
4. 出現在地板股清單時，一定要多加研究籌碼，優先考量量能指標。
5. 搶反彈比搶銀行還危險，要遵守搶反彈SOP作業，無論最後有沒有賺到都要快速離場。

小結

1. 地板股是搶反彈，是極短線操作。
2. 操作地板股策略時，要謹慎選擇有交易量能的標的。
3. 進行好風險控管，才能避免因市場波動的因素而產生重大損失。
4. 任何投資操作，都要保持冷靜和穩定的心態。
5. 要避免受「恐懼」和「貪婪」兩大情緒影響，切勿因拗單而增加損失或錯失出場時機。

1-4
為什麼短線交易一定要懂權證？

短線交易的重點策略是：「要在短時間內賺錢，讓投資效益最大化」。想利用短線交易來快速累積財富，投資朋友通常都會在短時間內頻繁地進出場，來提高獲利，但這樣操作，來來回回的交易成本也變高了。

如果短線交易時，利用高槓桿商品來操作，就可以利用槓桿效應，節省交易成本，快速累積財富。而「**權證**」這項衍生性金融商品，就具有高槓桿特性，是很不錯的選擇。所以短線交易一定要懂權證。

權證最大的特性就是高槓桿、低成本，能「以小搏大」，投資人可以用較小的資金獲取較高的利潤報酬。投資人只要用比股價小

很多的成本買權證，就可以參與股票或指數標的的漲跌，看多買「認購」，看空買「認售」，可以多空靈活操作，買賣下單方式和股票一模一樣，交易十分方便。而且權證槓桿效果佳，交易稅便宜，只要0.1%，損失也有限。這是權證最大的魅力，只要花少少的錢，就可以買一個未來可能賺大錢的希望，也是短線交易快速累積財富的好工具。

以下是用權證交易前要先了解的重點。

權證的專有名詞及相關影響性

1. Delta：標的漲1元，權證漲Delta元。
2. Theta：每天減少的時間價值。
3. Gamma：標的漲1元，Delta變動的值。
4. 有效槓桿X：標的漲1%，權證漲X%。

權證是衍生性金融商品

權證具高槓桿的特性，而發行商發行此類商品都需要避險。

1. 當一檔權證的Delta：0.5，意即散戶買進100張，發行商得買100×0.5＝50張避險。
2. 當一檔權證的Gamma：0.1，意即散戶持有100張，股價上漲1元，發行商得多買100×0.1＝10張避險。

價內、外權證比較：挑選權證要選價內

　　權證在買進前，一定要仔細挑選，注意權證的時間價值和流通率。要觀察券商內外盤報價的差距是否過大，以及避免深度價外及隱含波動率過高的權證。挑選權證的重要參考指標如下：

1. 觀察買賣量跟流通比，流通在外超過60%得多小心，免得買到高價的權證。
2. 用外內比判斷市場的投資人是否在買進。外內比：〔（外盤成交量－內盤成交量）÷總成交量〕。外內比介於 –1～1 之間。
3. 價差比越低越好。價差比＝（委賣價－委買價）÷委賣價。
4. 差槓比＝價差比÷實質槓桿。差槓比越小越好：差槓比低表示容易賺錢，投資人能買到成本低、但槓桿倍數高的產品。
5. 挑好發行商，避免降隱含波動率。
6. 隱含波動率（簡稱隱波率）要「低」且「穩」。
7. Theta 值越小越好，這是持有權證每天的時間成本。買進權證後，每天會減損的時間價值，所以要越小越好。

圖表1-4-1 價內價外權證比較

價內外權證特性	價內	價外
利率	低	高
槓桿	小	大
風險	低	高
報酬	低	高
履約	可	不可
降隱波	影響小	影響大

8. 可以挑選偏價內的權證控制風險，價內權證價格，較不容易受到隱含波動率下降的影響。

相關權證資訊可利用證交所權證資訊揭露平台（http://warrants.sfi.org.tw/）查詢，也可利用「理財寶-挑選權證小幫手」軟體來找出好權證。小哥篩選高勝率的權證，主要看3大條件：**差槓比低、價內、好券商**。

決定進場買權證時，提醒投資朋友：
1. **權證千萬不要下市價單**，容易買或賣到不合理的價格。
2. 風險控管，最好每檔不要投入超過10%資金，分批操作。
3. 權證有時間價值，一定不能擺太久。特別是價外權證。短天期權證槓桿大，時間價值流失快，需果斷停利或停損。

要利用權證的高槓桿來快速累積財富，獲取勝算的重要關鍵：「波動」與「進場時機」。
1. 記得要遠離**低波動**的股票，投資前先仔細研究標的股票的股性和籌碼。
2. 買權證的最佳進場時機點就是股價波動大的時候。
3. 股價容易有大波動的時機點：
   - 法說會：在法說會前進場布局，賺取波動價差利潤。看好法說會會釋放利多，權證買認購；預期法說會會釋放利空，看壞買認售；若無法判斷好或壞消息的話，可以盤中低點買差槓比小

的認購、高點買差槓比小的認售。
- 除權息前：很多投資人會參與除權息，股價容易有波動，當股市多頭走勢時，進場挑選權證來交易很容易獲利。
- 出現在地板股時的搶反彈：當股價跌深時，下殺有量，股價容易反彈，可以利用權證進場搶反彈。

小哥短線交易利用權證進場交易，操作策略有很容易記住的5口訣：「**標的要大波，權證小穩波，買賣價差小，委買量足夠，槓桿大最優。**」選擇有題材、波動大的股票，才能快速達到獲利翻倍的效果；要買隱波「低」且「穩」，要流動性高，槓桿大的權證，以提高獲利後，快速離場。

最後要提醒：權證實質槓桿高，具高報酬，也具高風險。先挑好權證進場，勝率會提升，而權證的時間價值流失快，記得要快速出場，千萬不要拗單擺太久，容易歸零。

【備註】：要更深入了解權證，可閱讀小哥的《權證小哥教你十萬元變千萬》、《權證小哥：贏家的智計》，當中有很詳細的解說。

1-5
大賺小賠 5大原則

投資大師華倫‧巴菲特曾說：「投資最重要的事，就是不要賠錢。」每一分投資的資金，都是辛苦所得。在進入投資市場前，應謹記以下幾點：

1. 深入了解投資產品特性。
2. 掌握市場趨勢及其影響因素。
3. 合理分散投資組合以降低風險。
4. 制定並靈活調整個人交易策略。
5. 嚴格執行風險管理，追求更高報酬。

透過遵循這些原則，投資人不僅能夠有效降低損失風險，還能

在控制風險的基礎上追求更高的投資回報。

當然投資不可能每次都穩賺。會有「大賺」、「小賺」、「大賠」、「小賠」的機率。小哥常提醒投資朋友：一定不要跟「大賠」做朋友，那會是很慘痛的經驗。要願意跟「小賠」當朋友，適時停損、記取投資失敗的經驗並調整策略，就會慢慢的與「小賺」更熟悉，還有機會交上「大賺」好朋友。

每個在股市中賺錢的投資者，都是透過交易操作和檢討反思，在過程中摸索，慢慢累積投資經驗；保持開放和靈活的心態，不斷調整和完善自己的投資策略；懂得在追求收益的同時，也審慎控制風險，通過不斷摸索和驗證，從中找出最適合自己的投資賺錢方法，讓自己可以「大賺小賠」：在市場中穩健增長，將損失控制在最小範圍內。

小哥分享投資5大原則，讓投資朋友透過「**認真鑽研，資金配置，策略導向，嚴守紀律，風險管控**」的原則要求，來達到「大賺小賠」的目標。

1. 認真鑽研：別拿把小刀上戰場

在進行任何投資之前，都應充分了解投資商品及市場變化因素。舉凡投資任何金融商品，例如：股票、權證或期貨、選擇權等，都一定要先了解其特性以及買賣規則及風險要素。很多投資朋友總是操之過急，還不熟悉產品，就大舉資金進場，這都容易賠錢收場。過去小哥曾經在投入權證市場前，沒完全搞清楚，就把資金投進

去，結果吃了「歸零膏」。後來痛定思痛，認真下功夫、專心研究後，熟悉權證特性，找出操作的重要眉角，才逐步漸入佳境。這是投入資金才學來的寶貴經驗，是很重要的一課。所以小哥常提醒投資朋友，別拿把小刀上戰場，一定要花時間學習和研究，了解影響投資標的的相關要素，對投資產品熟悉後，操作就有信心，才能穩紮穩打、求得勝算。

2. 資金配置：將5成資金投資固定收益，不借錢投資

投資要有的認知：通常高報酬的投資商品，風險也相對高。這是很重要的觀念，投資絕不能抱著想要一夕致富的心態，想 All in 賺大錢，就把所有資金投入到高報酬金融商品裡，這樣做不僅會讓自己心理壓力大，也很容易賠大錢。所以提醒投資朋友們，不要把所有資金都放進同一個籃子裡。要做好配置，將投資資金分成幾等分，依商品特性及自已投資屬性來配置。

最好是將5成資金，投入固定收益，因為投資市場每天起起落落，有時大賺，有時也會大賠，要有能夠讓你安穩入眠的投資，也能讓安穩的收益來平衡虧損的部位。

過去小哥曾經在4天內，就賠了2,400萬元，當時因為持有部位太大，又剛好遇到台股指數重挫，即使每天砍都砍不完，隔天開盤又要大虧損，那時候的我，晚上都睡不太著。後來就學會將資金分散在一些固定收益的商品，現在每個月都有穩定的被動收入，每個晚上也都能睡好覺了。分享這個經驗是要告訴投資朋友資金配置

的重要。另外也要記得不要借錢來投資，避免陷入負債的困境，凡事量力而為，任何投資都要管控在可以承擔的壓力內，不影響生活才可以。

3. 策略導向：自己做功課研究籌碼，制定投資策略進出場

　　投資最忌諱聽信他人之言，依新聞風向來買股票，這是把資金任意交給他人，可能造成極大損失，也累積不了投資經驗。真正的投資智慧來自於獨立思考和實踐。投資交易時，我們要有自己的思考邏輯，要花時間做功課，認真研究籌碼，了解相關市場資訊，評估分析後再制定自己的投資策略來進出場交易。投資市場總是不斷變化，也要靈活應變，依據最新狀況來調整策略。

　　投資是持續學習、不斷成長的過程。從每次交易過後進行回顧檢討，賺錢就可以驗證自己的策略方法是可行的；賠錢時就檢討原因，適時修正方向，從中吸取經驗，不斷完善自己的研究方法和策略制定過程。累積寶貴的投資經驗，也能幫助自己在市場波動時，篤定方向，保持理性、冷靜面對。

4. 嚴守紀律：避開執念，別讓貪婪、恐懼影響行動方向

　　投資市場總是充滿了誘惑，貪婪和恐懼是投資者最大的敵人。千萬不要看著股票驚驚漲，就貪婪地想投入更多，也不要看著股價直直落，就害怕恐懼想離場，有這樣的心態，很有可能買在高點，賣在低點。投資的賺賠，常常決定在一念之間，投資千萬不能有貪

念和執念,嚴守紀律,戰勝心魔,才有機會賺大錢。

必須遵循事先制定的投資策略,有明確的進出場理由。很多上過我的課的投資朋友,都知道我曾經放空一檔很強勢的多頭股票儒鴻(1476),只因為覺得「股票漲多了一定會跌」,因此賠了不少錢。避開執念,不猜頭不摸底,因為十猜九錯,反而徒增自己的損失。不管是做多或做空,一定要持有進場的理由,而不是「我覺得它會漲(跌)」,就急著進場。尤其做空一定要找到足夠多的理由,例如籌碼很差、股價位階很高的地方有明顯轉弱,才能考慮進場。

5. 風險管控:分批進場,賺錢才加碼,賠錢就減碼收手,學會停損

風險管控,是投資很重要的一環。要分散風險,可以分批進場,賺錢才加碼,而在賠錢時就減碼收手,學會停損。很多投資朋友在賠錢時,都想要加碼攤平,結果越攤越「貧」;小賺一點時就想獲利了結,常常是大賠小贏。

小哥用玩 21 點的經驗來說,如果贏了錢,才會慢慢加碼;只要連輸兩次,就重新用底注去玩。這樣的玩法,有一個好處:運氣好的時候,可以贏很多;運氣背的時候,也不會輸太多。這招在投資市場上也通用,記得順勢而為,學會停損,賺錢才加碼,賠錢就減碼,賺多賠少才是長期獲利的關鍵。

投資市場瞬息萬變,遵循「認真鑽研,資金配置,策略導向,

嚴守紀律，風險管控」這5大原則，可以大幅提高實現大賺小賠的目標。認真鑽研、持續學習是成功投資的基礎，深入了解市場動態和投資標的，根據投資目標和風險承受能力，靈活調整資金分散投資，制定投資策略幫助自己在複雜的市場環境中保持方向感，讓投資更加客觀理性，減少情緒化操作帶來的損失。嚴格遵守既定的投資策略和原則，才能避免衝動交易和追高殺低。有效地進行風險管控，設好停損點，並養成回顧檢討投資成效的好習慣。「大賺小賠」的投資目標雖然充滿挑戰，但透過不斷學習和實踐，養成良好的投資習慣，嚴格執行投資紀律，就能夠在投資市場中游刃有餘，實現獲利。

Note

第 2 章
掌握籌碼
抓住獲利關鍵

▶ 2-1　用籌碼鎖定會賺錢的股票
▶ 2-2　如何找出關鍵分點？
▶ 2-3　如何找出剽悍的高手分點？
▶ 2-4　現股隔日沖大戶
▶ 2-5　權證波段單分點

在股市中，籌碼是影響股價變動的核心因素，無論是短線交易還是中長期投資，都扮演著舉足輕重的角色。準確掌握籌碼動向，是交易獲利的關鍵要素。通過精準的籌碼分析，我們能夠：

1. 了解主力大戶的資金流向和進出場時間點。
2. 洞悉主力大戶的操作模式。
3. 結合技術線型，評估未來的股價走勢。
4. 掌握獲利關鍵要素，制定精準的投資策略。

　　在接下來的章節中，將更深入探討各類籌碼的特點，幫助投資朋友們，能全方位地了解籌碼的組成要素及要關注的重點，從而提升投資決策的勝率。

2-1
用籌碼鎖定會賺錢的股票

研究籌碼的好處,就是能提高操作勝率。有依有據,不是盲目跟單。但要如何用籌碼來鎖定會賺錢的股票呢?關鍵答案就藏在每日交易買賣的細節裡。

每日交易買賣中,有三大法人的買賣,也有主力大戶的進出,也有關鍵分點的布局,還有融資券的變化,這些買賣進出的變化共同塑造了股價的發展趨勢。透過籌碼分析,投資時可以更準確地預測市場走向,從而做出更明智的投資決策。

我們把籌碼的組成因子及影響要素詳列如下:

三大法人的買賣超與相關分析

三大法人指的是：外資、投信、自營商，是投資朋友們常用來參考的重要數據。以下分別解讀籌碼特色、操作模式及策略、觀察重點。

外資

台灣以外的國外投資機構。

1. **外資籌碼特色**：資金最雄厚、成交量最高，資金與成交量占比最大。
2. **外資操作模式及策略**：選股重視基本面、偏好長期投資策略，通常以中大型股為標的。
3. **籌碼觀察重點**：
    - 外資連續買超，股價走勢就強勁，連續賣超，股價容易越跌越深。有連續買才有參考價值。
    - 海外來的投資人就是「外資」，外國人來台灣開的券商，就是「外資券商」。外資買賣超不等於外資券商買賣超。從外資券商買賣超和外資買賣超差異，可以推測出透過外資券商下單的，是不是都是真外資。
    - 外資券商買賣超主要追蹤法人戶，每間外資券商的操作模式不同，有長短線、有波段、也混有隔日沖，要仔細解讀每家外資特性，才不會跟錯單。

投信

俗稱本土法人，是投資信託公司募集投資人的資金，交由基金經理人代為進行操盤投資。

1. **投信籌碼特色**：透過選股來創造績效，在每季、年底有績效評比，容易有季底、年底作帳行情。
2. **投信操作模式及策略**：通常布局模式以短中期策略為主，偏好波段操作，以中小型股為標的。
3. **籌碼觀察重點**：
   - 要留意投信持股比例。《證券投資信託基金管理辦法》中第10條第9點規定：每一基金投資於任一上市或上櫃公司股票之股份總額，不得超過該公司已發行股份總數之10%；所經理之全部基金投資於任一上市或上櫃公司股票之股份總額，不得超過該公司已發行股份總數之10%。
   - 投信買的股票不見得具有前瞻參考性，有很多是因為ETF成分股的調整。
   - 研究投信過往的戰績，看其績效如何，如果大買的時候是低點，那是很厲害的投信；如果大買的時候是高點，那就要小心，記得千萬不要跟單。
   - 關注投信買賣超，留意以下3種情形：①當投信連續買後，讓股價往上漲，而當投信開始轉賣時，也沒有其他主力進駐，這類股票股價未來發展就有可能往下，要留意小心操作；②雖然投信連續買，但買入的張數很少，沒吸引力，這種也不要跟單；

③投信有無特別關照這檔股票，要看「投量比」，也就是投信買賣超占成交量比重，數值 > 10%（連續兩天更好），就值得觀察。當投信買超占成交量高，且股價在低檔，這樣的股價就很有爆發力。

- 進場時機：當投信連買兩天，投量比 > 10% 的時候，股價在低檔，可以考慮進場。出場時機：當投信持股超過股權 15%，就要小心，準備出場。當股價在高檔，投信在下車，主力轉賣超，就要跟著下車。

自營商

國內證券公司用自有資金進行投資買賣。

1. **自營商籌碼特色**：自營商買進的股票，股價漲跌較大。
2. **自營商操作模式及策略**：偏好短期策略，以能快速獲利短期績效為目標。
3. **籌碼觀察重點**：自營商的交易有兩種目的 —— 自行買賣以及避險。

- 自營商大買不能只單純解讀是自營商看好，也有可能是為了避險。
- 自營商因權證避險部位而買進的股票，當隔日沖大戶賣權證時，自營商就會賣出股票，容易成為賣壓的來源。

大戶、中實戶、散戶

1. 大戶（持股400張以上）資金雄厚，對股價有一定控制力。當籌碼在大戶手上，買賣進出股票時容易有波動行情，而當市場偏空時，股價也不容易跌。
2. 中實戶是中上階級的投資人，也就是三大法人以外的主力，中實戶的買超可以用「主力買賣超－外資－投信－自營商」的數據來參考。掌握消息面，當主力買賣超與中實戶買賣超大致相同時，就表示這檔股票是法人以外的主力進駐。
3. 散戶（持股100張以下）是資金較薄弱的一群。以散戶力量為支撐，股價走勢較弱。籌碼在散戶手上時，即使利多，上漲力道也較薄弱。
4. 主力開快車，獲利秒到位；散戶擠滿車，獲利少又慢。市場上的飆股，通常都有主力大戶照顧，當籌碼集中時，股價就容易拉抬，當主力強力買進時，易漲難跌，如能跟上主力快車，就容易快速獲利。
5. 大戶減，散戶增，股價容易往下走。
6. 大戶增，散戶減，股價有望上漲。

權證小哥短線終極戰法

圖表2-1-1 大戶減、散戶增 股價往下走 ❶

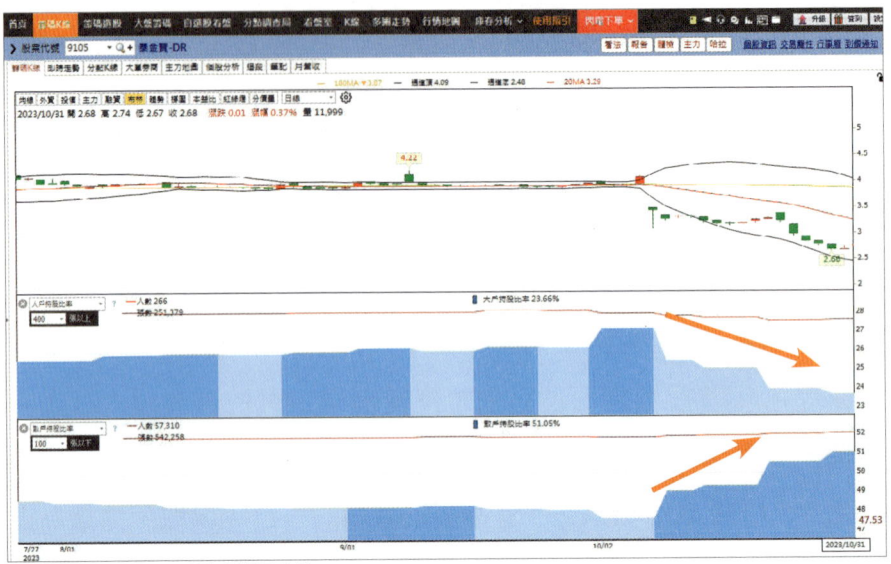

資料來源：CMoney 理財寶籌碼 K 線

圖表2-1-2 大戶減、散戶增 股價往下走 ❷

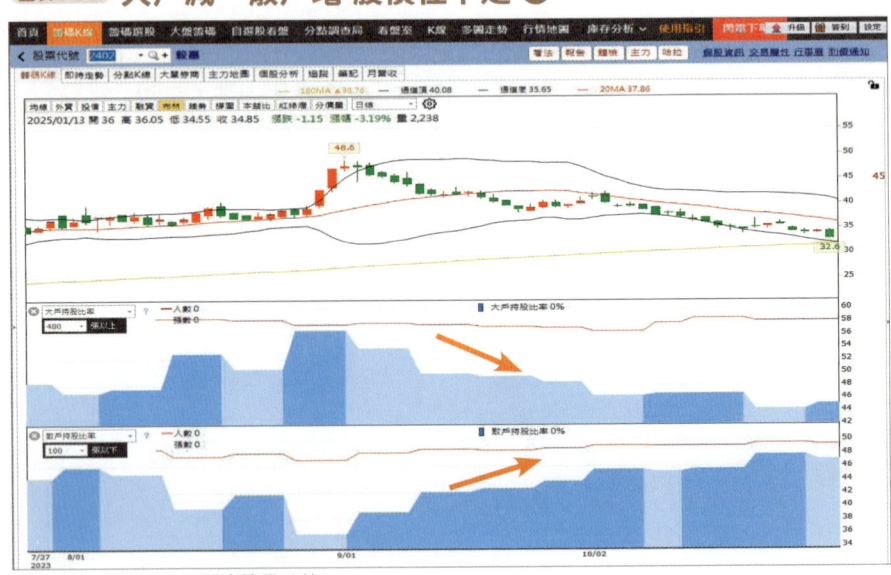

資料來源：CMoney 理財寶籌碼 K 線

2-1 | 用籌碼鎖定會賺錢的股票

圖表 2-1-3　大戶增、散戶減 股價往上走 ❶

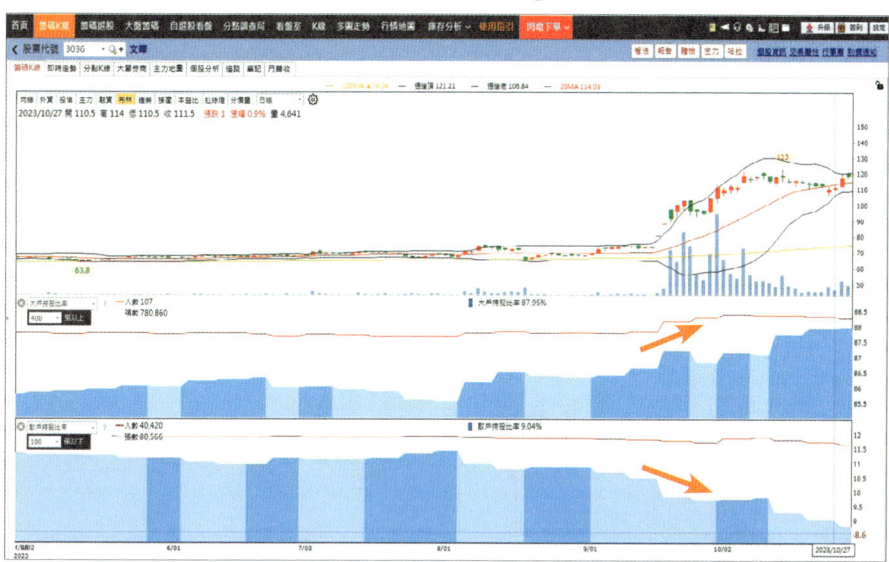

資料來源：CMoney 理財寶籌碼 K 線

圖表 2-1-4　大戶增、散戶減 股價往上走 ❷

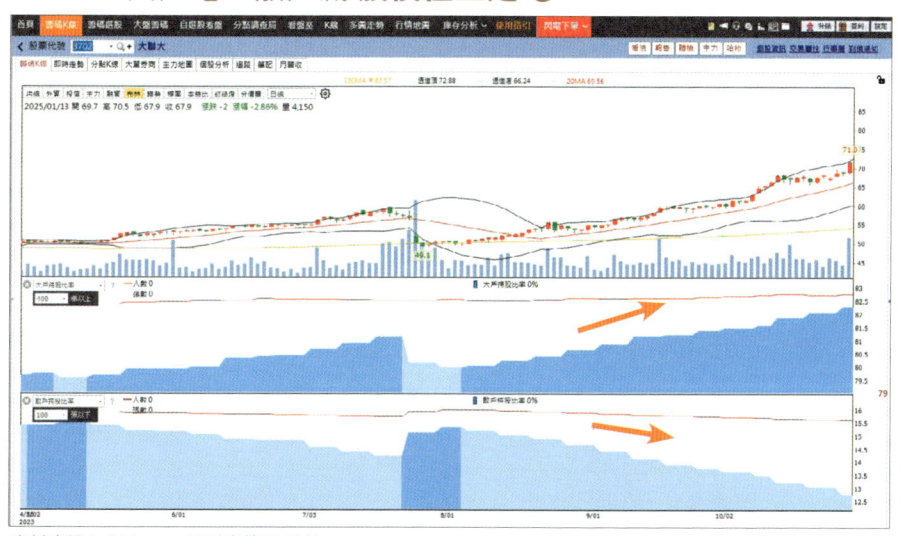

資料來源：CMoney 理財寶籌碼 K 線

067

內部關係人

　　　掌握公司內部消息的關鍵內部人。例：大股東、董事、經理人、監察人。當這些人的持股有變化時，就要留意公司及股價變化。

觀察各券商分點的買賣

1. 了解各券商分點的操作模式，是長期、波段或當沖、隔日沖，同時也可觀察找出有低買高賣的關鍵分點。
2. 股市的交易資料都會被記錄下來，放在證交所的買賣日報表：
   - 上市：證交所的買賣日報[1]
   - 上櫃：櫃買中心的買賣日報[2]

　　　可從網站查詢，也可以透過「CMoney 理財寶籌碼 K 線」軟體查詢到每天各個券商分點的進出狀況。而在這些分點中，如是買在相對低點、賣在相對高點的分點，那就是很厲害的分點，就是我們常提到的關鍵分點。

券資比與資券變化

1. 投資人看好股價未來發展，跟券商借錢買進股票叫融資。

---

1. https://bsr.twse.com.tw/bshtm/
2. https://www.tpex.org.tw/web/stock/aftertrading/broker_trading/brokerBS.php

2. 投資人看壞股價未來發展，投資人手上沒有股票，先向券商「借股票來賣」是融券。當股票下跌後，融券賣出的投資人，再買股票回來還給券商，叫融券回補。股東會召開前2個月，除權息前以及現金增資時，融券會強制回補。
3. 當融資增加、融券減少時，代表散戶看多；融資減少、融券增加時，代表散戶看空。
4. 券資比＝融券餘額張數÷融資餘額張數×100%。融券餘額代表到當天收盤為止，所累積的融券張數。融資餘額代表到當天收盤為止，所累積的融資張數。券資比越大代表該股票被大量放空，表示市場很多人以融券賣出此檔股票，未來需要買回，放空的空單越多，未來的買盤就越強。
5. 當券資比＞30%，就為高券資比。高券資比＋沿布林上軌的股票，是強勢股的股票，千萬不要去空它，也不要去追高。
6. 籌碼集中＋融券多，容易有軋空行情。
7. 股價低檔時融資跟主力同時大買，後市看多。
8. 高檔融資買，主力賣，後市偏空。
9. 融券回補日前，券資比高，主力買時，容易軋空。

申報轉讓股

　　內部人申報轉讓時，不同的轉讓方式，可能會造成股價的影響如下：

1. 申報贈與或信託：在股價相對低檔時申報贈與或信託，股價後

續可能還有上漲空間。
2. 洽特定人交易：要觀察是未來財務規劃？為了節稅？亦或是想要吸引投資方入股投資？以上皆使股價未來變化多空不明。
3. 盤後定價交易、鉅額逐筆交易：可能引進重要策略股東投資，或者拉攏供應商，若股價在低檔，算是多頭訊號。
4. 一般交易：若是在股價相對高檔位置、有多位內部人同時申報轉讓，就必須要特別留意是否為「超漲」的訊號，較為偏空。

庫藏股

　　庫藏股是公司動用資金，將已發行的股票從市場買回，存放於公司，減少市場上已發行股票的總數，有助於籌碼安定。觀察庫藏股的3個關鍵：①股價是否在低價？②公司的關鍵分點是否買進？③可觀察庫藏股實施的量和成交均量進行比較。

處置股

　　當股票漲跌幅、交易量或周轉率出現異常時，會列入注意股票。而後續交易狀況仍出現異常就會列入警示股票。當交易異常達到處置條件，被列入處置名單時，撮合時間、成交量皆會受限制。對於處置股的操作策略：
1. 進出場策略要以籌碼面、股價基期位置作為考量判斷，並參考該公司的未來題材及基本面。
2. 在處置期間開始就出現大跌的個股，若籌碼還不錯，可以開始

找尋買點。
3. 當個股股價處於低檔,中長線仍有持續上漲的機會,投資人可逢低布局或續抱。但若股價基期已過高,法人賣,就該考慮出場。

圖表 2-1-5　用籌碼流向判斷多空

籌碼	籌碼偏正向,看多	籌碼偏負向,看空
三大法人 (外資+投信+自營商)	買	賣
主力	**買**	**賣**
大戶	增	減
散戶	**減**	**增**
關鍵分點	低檔買	高檔賣
集保戶數	減	增

　　進行籌碼研究時掌握關鍵要素並留意市場變化因素,我們就能鎖定受法人青睞的股票跟單進出,也可跟著關鍵分點低檔布局,鎖住賺錢機率高的個股,穩健獲利。

　　要關注籌碼的變化,在開盤前、盤中及盤後,可以分別利用以下軟體來輔助:

1. 盤前:
   - 運用「理財寶權證小哥-全方位獨門監控」觀察盤前個股試撮的數據。
2. 盤中:
   - 運用「理財寶權證小哥-全方位獨門監控」掌握即時大單買賣,

以及當天個股的即時變化。掌握盤中權證主力的動作，搭上主力順風車。

- 運用「理財寶權證小哥 - 盤中當沖神器」判斷股價高低點，買賣竭盡點，即時周轉率，作為當沖操作策略的即時參考。

3. 盤後：
    - 運用「理財寶籌碼 K 線」研究個股籌碼，掌握分點進出情形，留意當日申報轉讓資訊及相關個股新聞。
    - 運用「理財寶權證小哥 - 盤中當沖神器」了解主投買賣超情形，是盤後選股的好工具，可以依條件快速挑選出多空標的。
    - 運用「理財寶權證小哥 - 地板天花板反轉價位監控表」找出地板股，掌握個股極短線的轉折時機。
    - 運用「理財寶權證小哥 - 個股事件獲利王」掌握個股 3 大重要事件（法說會、除權、除息）。利用數據統計出過往進出場的操作勝率，來制定是否進場參與策略。
    - 運用「理財寶權證小哥 - 全方位獨門監控」的「大戶搜密」來了解當日權證買超標的，評估是否有主力大戶的蹤跡，並了解是何種主力，波段主力或是隔日沖大咖，也可了解主力的成本價位。
    - 運用「理財寶權證小哥 - 全方位獨門監控」的「大戶搜密」找出波段權證大戶持股狀況，可找機會布局。

投資成功的關鍵在於有效掌握籌碼狀況和精準選股。善用軟體

來掌握籌碼動向深入分析，快速篩選標的，鎖定法人青睞、資金流入、具有獲利潛力的優質投資標的，可大幅提高獲利機會。在瞬息萬變的股市中，軟體用的好可以大幅提升決策效率，能協助我們更精確地掌握買賣時機、控制風險，進而穩操勝算。

2-2
如何找出關鍵分點？

我們在買賣股票前,都必須先開立證券戶頭,即使是主力大戶,也都一樣要先開戶,才能買賣。投資人滿18歲,只要帶著雙證件、印章及一些現金到「證券商」就可以開戶。各證券商在全台各地都設有分公司,開戶可以選擇離自家或工作場所近的證券公司開戶,現在也可以線上申辦。

只要開立好證券帳戶,就可以開始投資交易股票。證券商在各地設的分公司,就是我們所說的券商分點。通常會用證券公司名＋分點來描述,例如:元大-台北、富邦-仁愛、兆豐-鹿港……等。

我們進場投資交易的每一筆進出買賣資料,都會被記錄下來,我們可以從證交所買賣日報表,以及櫃買中心的券商買賣證券日報

表查詢系統找到相關資料。這些資料也會被拿來分析,例如:今天哪個分點大買台積電(2330),哪個分點低檔持續布局某個股,都無所遁形,都查得到。

　　進行籌碼研究時,我們會觀察各券商分點的買賣,從中了解各券商分點的操作模式,是長期、波段或當沖、隔日沖,也可觀察找出有低買高賣的關鍵分點。股市每天進出的交易量很龐大,「工欲善其事,必先利其器」,有軟體工具輔助,可以提升投資研究的效率,像是「CMoney理財寶籌碼K線」就幫小哥節省了不少時間。利用軟體來統整分析,可以快速掌握高手券商分點。

　　在高手券商分點中,有一種分點,我們稱之為**關鍵分點**。為何說是關鍵呢?因為關鍵分點買賣點位都非比尋常,有著過人之處,可以說是非常厲害;他們可以不用買很多,但常常買在相對低點,賣在相對高點。我們不會曉得這些人是誰或掌握了什麼訊息,但可以觀察他們的買賣點。

　　當發現有特定的分點進出都是非常精準的、勝率很高,就把這個關鍵分點記錄下來,如果可以抓到精準的點位,跟著進出場,那獲利機率肯定會比較高。當關鍵分點大賣時,我們也就可以推測這檔股票來到高點了。

　　花時間研究關鍵分點的動向,看看低檔時都是哪些人在買,高檔時是哪些人在賣,從中找出股價波動的關鍵密碼,比起自己用有限的觀點來分析尋找投資標的會輕鬆許多,也可以更容易地掌握勝率。我們可以利用軟體來找出關鍵分點,跟隨其高勝率的操作。

找尋關鍵分點的SOP以及觀察指標如下：

1. 先鎖定個股，看籌碼狀況。
2. 找尋高檔大賣分點。
3. 找尋低檔大買分點。
4. 找尋獲利分點。
5. 找尋庫藏股分點：從實施庫藏股期間，找出當時大買的分點，就是庫藏股分點，也就是公司派分點。
6. 找尋地緣分點：根據觀察，關鍵分點也常常是地緣分點，同集團常常是相同分點。與公司相關，離公司很近的分點就是我們說的地緣分點。通常公司高層，如公司老闆、大股東、主管幹部等人，一定都非常清楚公司本身的營運狀況；在財報對外公布前，就知道營收超乎預期，股價還在相對低點，就提早進場。或者股價因國際政經情勢、大環境因素而被錯殺，公司高層趁機逢低承接。

另外，內部員工也比外部人更了解公司，當被要求瘋狂加班，亦或是聽到公司接到大單，知道前景看好，就進場買股。而住公司附近的投資者，常看到公司密集地進出貨，生意轉好；員工開始大量的加班，跟平常不一樣，也會想著進場買股投資分紅。這些相關人士的券商分點就是地緣分點，他們操作該公司股票的勝率一定也比較高，所以我們可以觀察地緣分點大買的股票。當地緣分點大買時，籌碼會出現以下狀況：

- 地緣分點的買超張數在前 5 名，前 15 名出現 3 個以上的地緣更好。
- 因為「在地人」的屬性，以桃園以南更準，原因是台北跟新北地區太多外資投信分點，容易跟地緣分點搞混！

統整以上所述，關鍵分點是獲利分點，是低買高賣的分點，是庫藏股分點，也會有集團分點。觀察這些高手操作模式，有波段操作的關鍵分點，也有較短線的關鍵分點，高手也會隨著盤勢而調整策略，所以交易都要保持靈活，隨時追蹤籌碼，提高投資的勝率。

案例解析

接下來讓我們利用「理財寶籌碼K線」軟體，教大家如何一步步來找出關鍵分點，並解析關鍵分點的操作模式：

權證小哥短線終極戰法

案例 1 — 可成（2474）

1. 打開「理財寶籌碼 K 線」軟體（本書示意圖皆以電腦版軟體為主），先鎖定個股，以下案例為可成籌碼狀況。

2. 可從關鍵券商中挑選「區間獲利前 15」及「贏家券商 120 天」的券商分點來觀察。此案例是從關鍵券商中找「區間獲利排名前 15 名」，點選各分點，觀察分點買賣進出價位。

圖表 2-2-1　「區間獲利 15」&「贏家券商 120 天」

券商名稱	關鍵券商	買賣超	買張	賣張	買均價
✓ 兆豐-北高雄	國,贏	6717	498...	431...	199.64
*港商德意志(1530)分點已被合併		4599	254...	249...	235.18
元大	國,贏	-36769	275...	311...	245.1
凱基-東門		22757	674...	447...	189.09
元富-台南	國,贏	22384	491...	267...	179.4
國票-台南	贏	-2975	200...	230...	189.77

資料來源：CMoney 理財寶籌碼 K 線

3. 用天數 3,000 天來看。可以從中觀察到「兆豐-北高雄」是低買高賣的分點，也是獲利最高的關鍵分點。

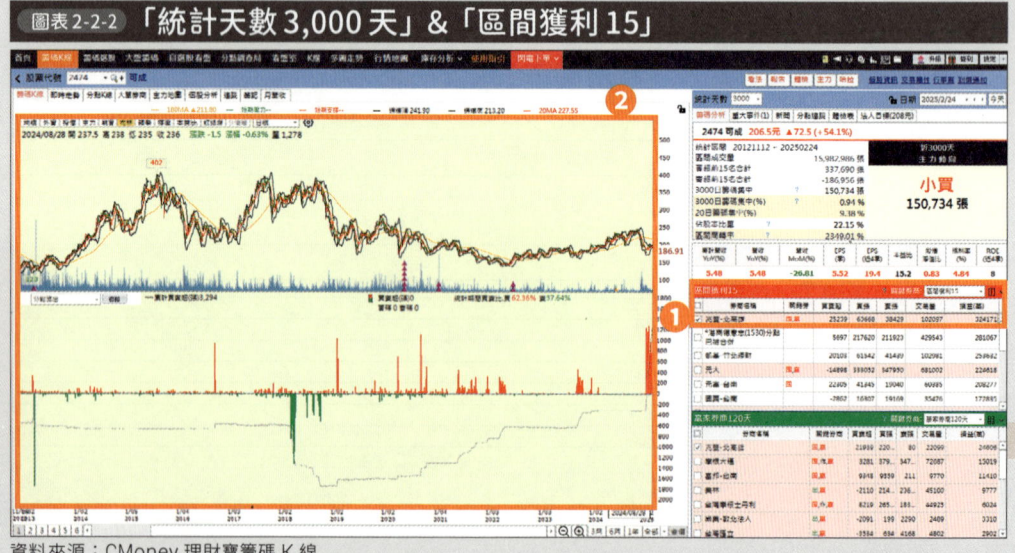

圖表 2-2-2　「統計天數 3,000 天」&「區間獲利 15」

資料來源：CMoney 理財寶籌碼 K 線

2-2 | 如何找出關鍵分點?

學會停損
賺錢才加碼

區間獲利15						關鍵券商:	區間獲利15	
	券商名稱	關鍵券	買賣超	買張	賣張	交易量	損益(萬)	
✓	兆豐-北高雄	國高	25239	63668	38429	102097	324171	

❶ 從區間獲利排行觀察出兆豐-北高雄為低買高賣分點。

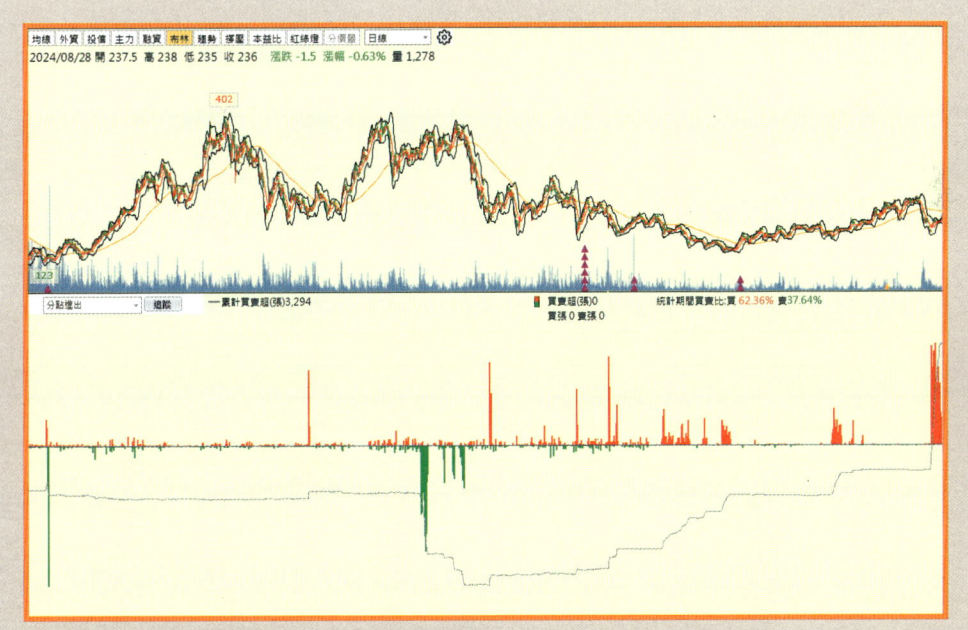

❷ 點選該分點,即可觀察該分點的進出狀況。

接下頁→

079

找到關鍵分點，可以在分點位置按右鍵，點選「加入追蹤組合」，就會放入群組清單。後續追蹤可成這檔股票時，在關鍵券商欄位點選「2474可成」，就可以輕鬆追蹤關鍵分點：兆豐-北高雄的持股狀態了。

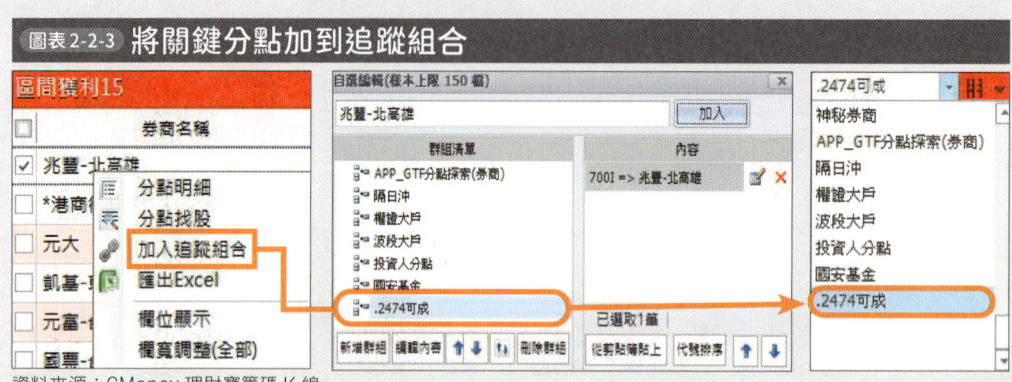

圖表2-2-3 將關鍵分點加到追蹤組合

資料來源：CMoney 理財寶籌碼 K 線

4. 凱基-東門分點在可成實施庫藏股期間持續低檔買進，是庫藏股分點。實施庫藏股期間為粉紅色柱狀區間。我們可以看見實施庫藏股期間，凱基-東門都大買股票。

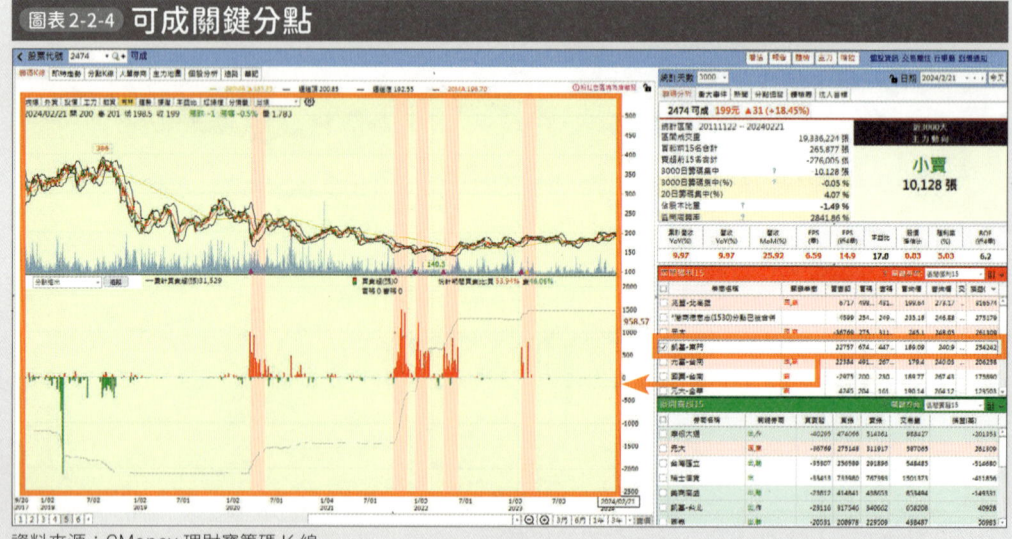

圖表2-2-4 可成關鍵分點

資料來源：CMoney 理財寶籌碼 K 線

2-2 | 如何找出關鍵分點？

案例 2　譜瑞（4966）

譜瑞關鍵分點是庫藏股分點：中國信託 - 忠孝。大機率都在低檔時實施庫藏股（過去 5 年中有 4 次都在低檔時實施庫藏股）進場，也是厲害的波段分點。

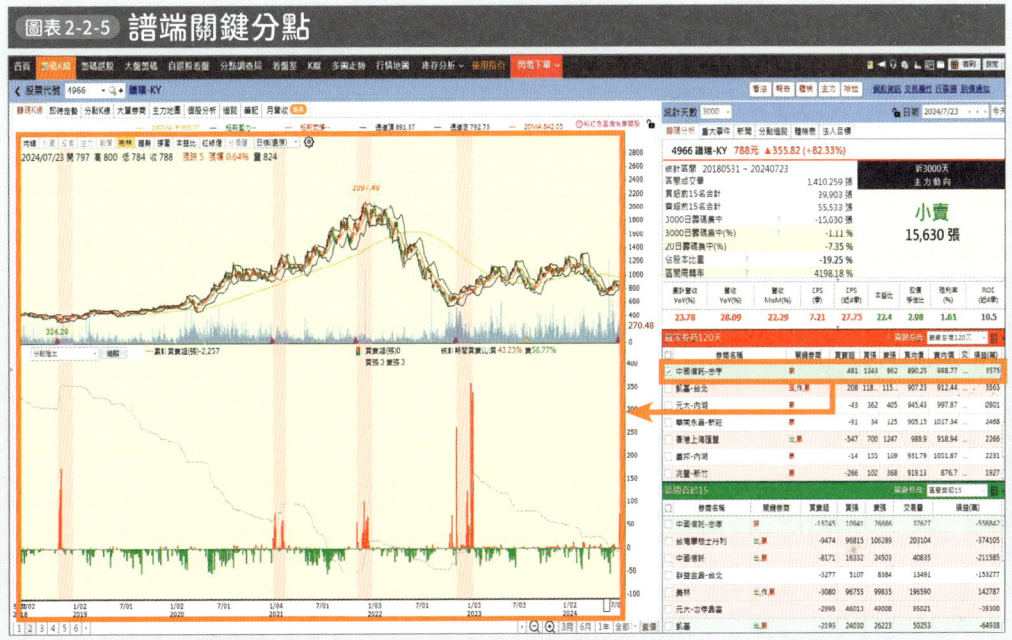

圖表 2-2-5　譜瑞關鍵分點

資料來源：CMoney 理財寶籌碼 K 線

案例 3 — 亞泥（1102）

亞泥的關鍵分點是集團分點：亞東。這個關鍵分點操作的模式，通常是區間，在布林通道下軌買，上軌賣。也會跟外資投信對作，在外資大賣時買進，在外資大買時賣出。

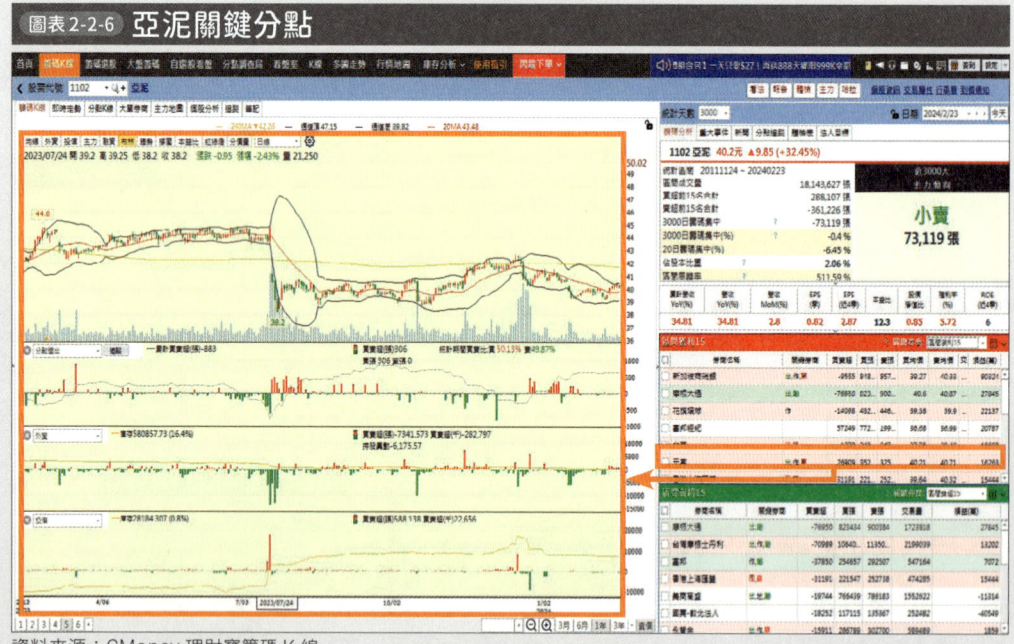

圖表 2-2-6 亞泥關鍵分點

資料來源：CMoney 理財寶籌碼 K 線

| 2-2 | 如何找出關鍵分點？

案例 4 ── 全新（2455）

全新關鍵分點是永豐金-桃園。在股價急殺時就買進，急拉時就出貨。是屬於較短線的低買高賣關鍵分點。

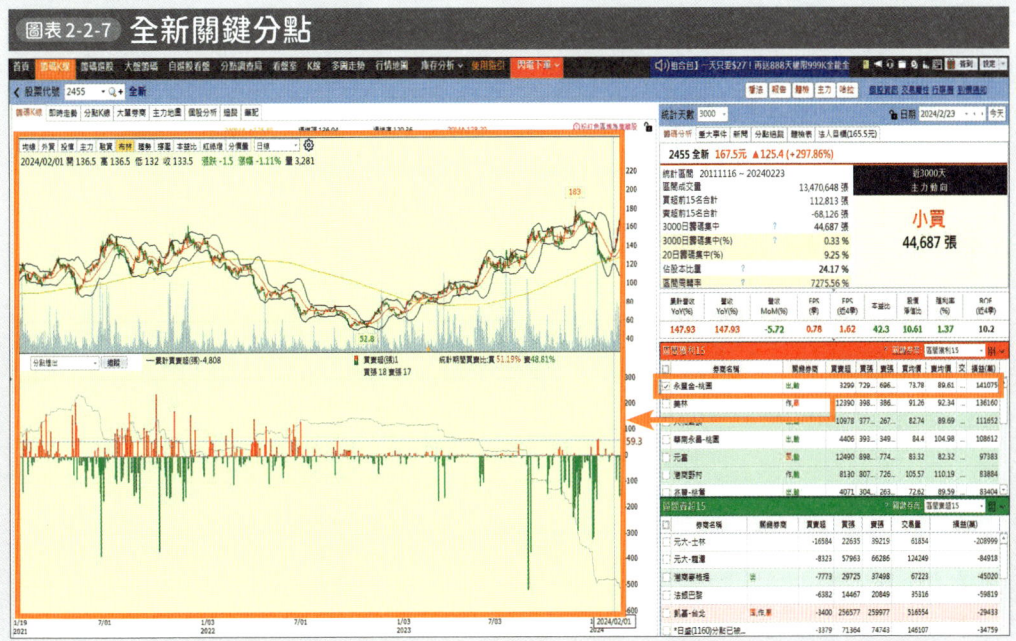

圖表 2-2-7　全新關鍵分點

資料來源：CMoney 理財寶籌碼 K 線

083

案例 5 — 燁輝（2023）

關鍵分點：兆豐 - 北高雄，是習慣波段操作，低買高賣的關鍵分點。

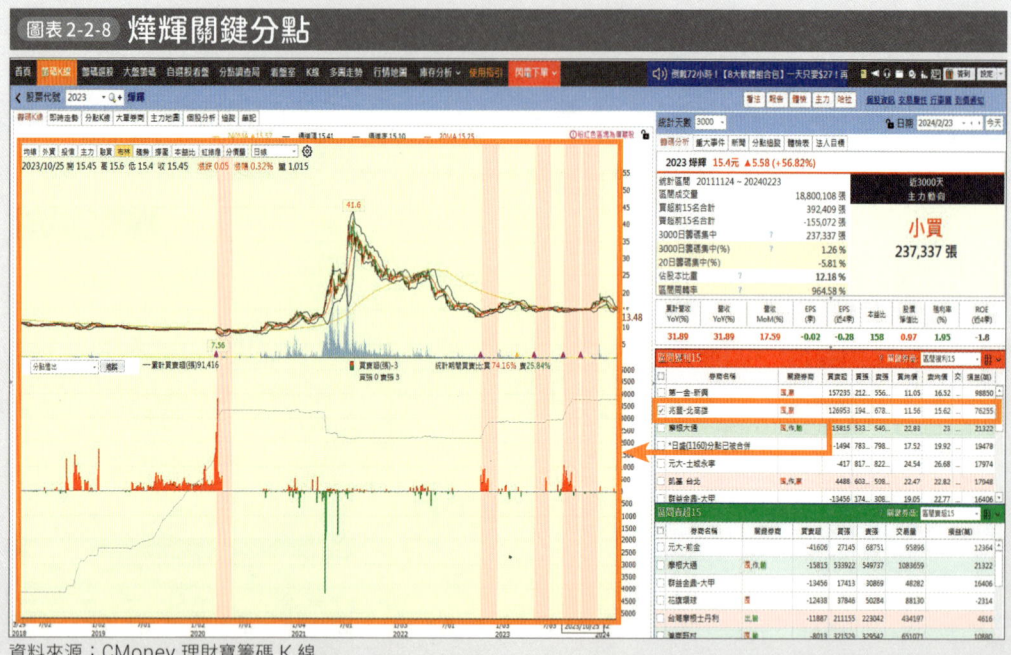

圖表 2-2-8　燁輝關鍵分點

資料來源：CMoney 理財寶籌碼 K 線

2-2 | 如何找出關鍵分點？

案例 6 — 精元（2387）

關鍵分點是與公司有地緣關係，同在台中的元大 - 北屯，是低買高賣的關鍵分點。

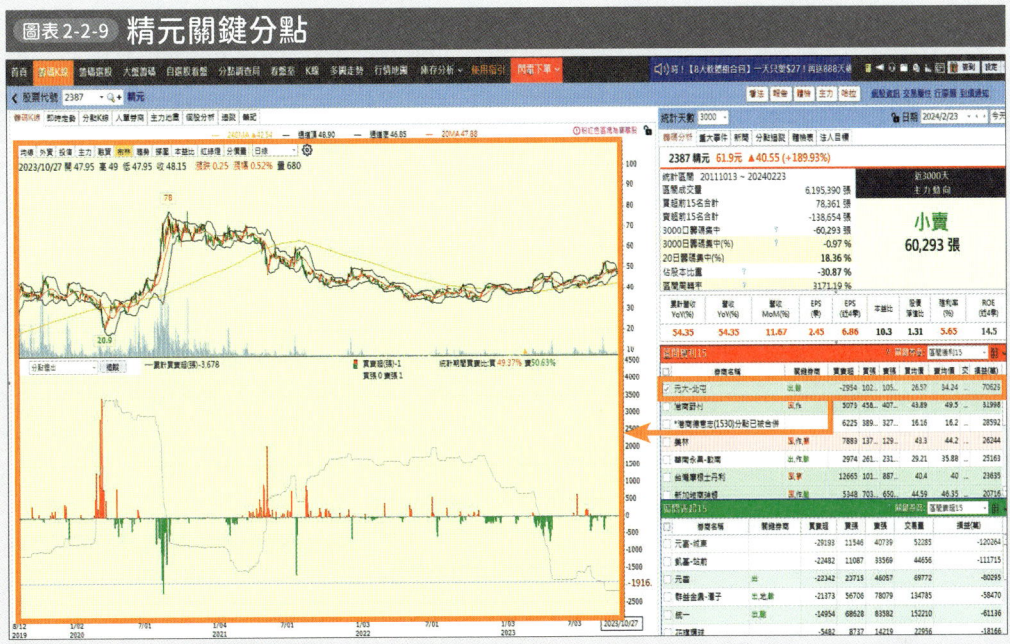

圖表 2-2-9　精元關鍵分點

資料來源：CMoney 理財寶籌碼 K 線

案例 7 ─ 森田（8410）

關鍵分點是波段操作高手的康和-永和。股價低檔時關鍵分點持續買，當主力也跟著進場（這是最佳的買進點），股價推升，漲了快3倍。

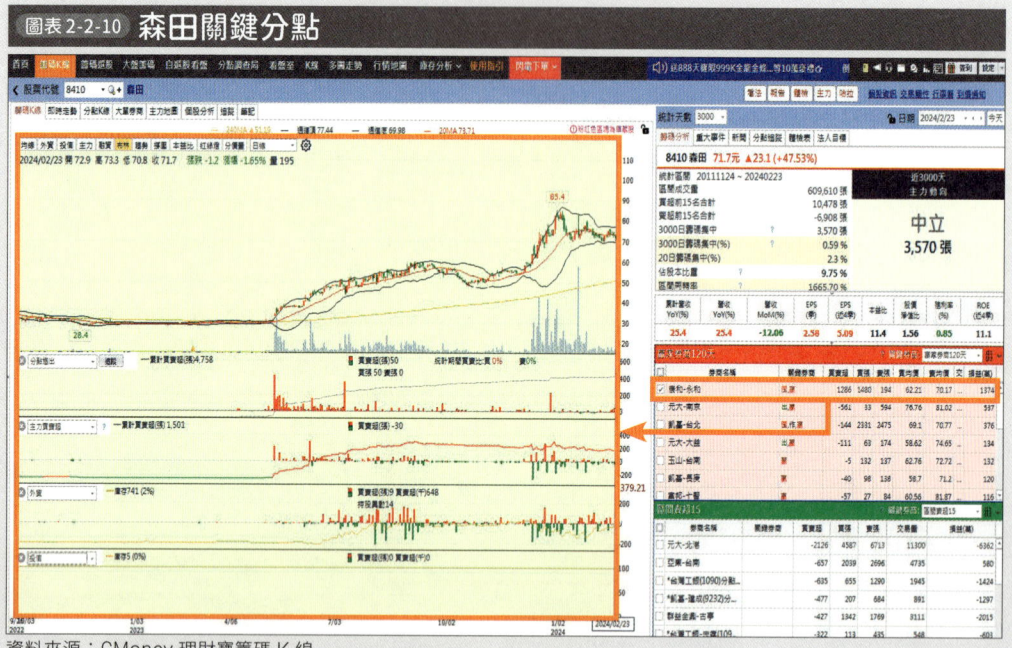

圖表2-2-10 森田關鍵分點

資料來源：CMoney 理財寶籌碼K線

2-2 | 如何找出關鍵分點？

案例 8 — 新光鋼（2031）

關鍵分點是賣在高點，低檔持續買的元大-士林，在這檔的操作績效勝過主力、外資和投信。

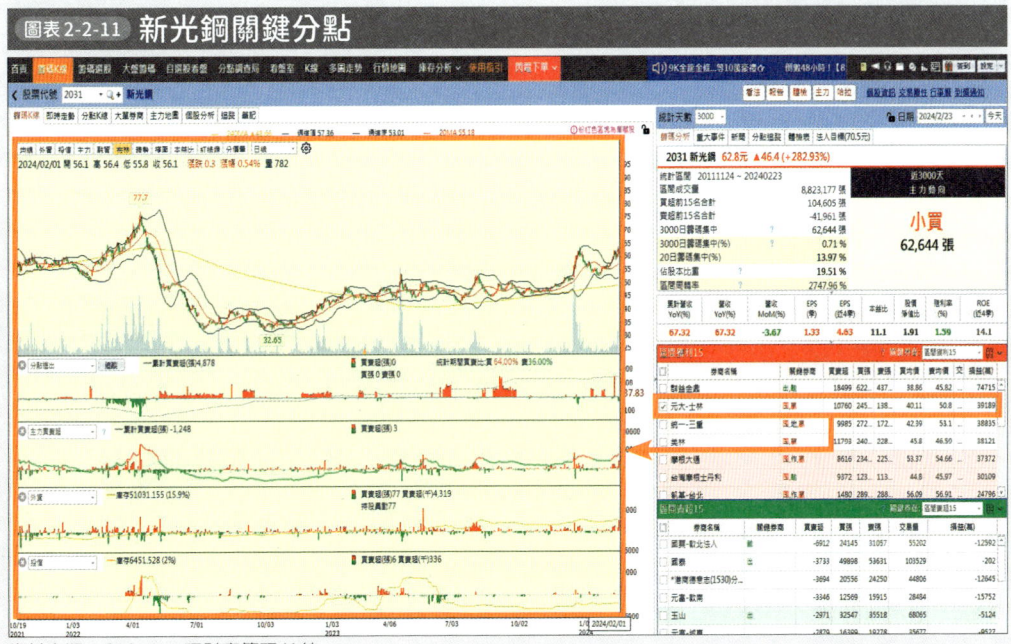

圖表 2-2-11 新光鋼關鍵分點

資料來源：CMoney 理財寶籌碼 K 線

案例 9 — 光隆（8916）

光隆關鍵分點是低買高賣的元大 - 八德。

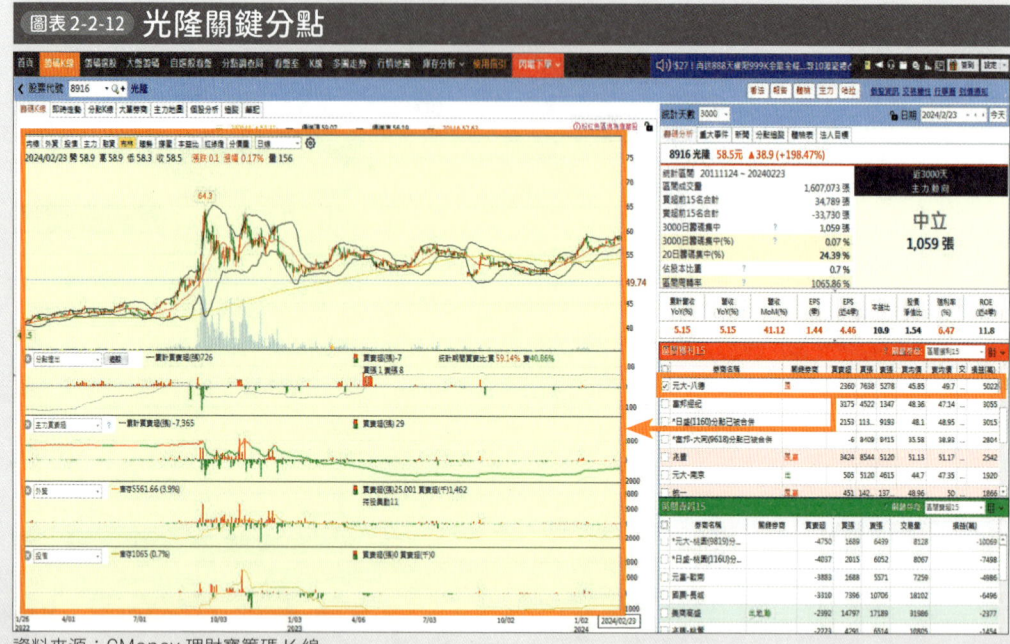

圖表 2-2-12　光隆關鍵分點

資料來源：CMoney 理財寶籌碼 K 線

| 2-2 | 如何找出關鍵分點？

案例 10 — 傳奇（4994）

傳奇的關鍵分點是低買高賣的凱基 - 永華。

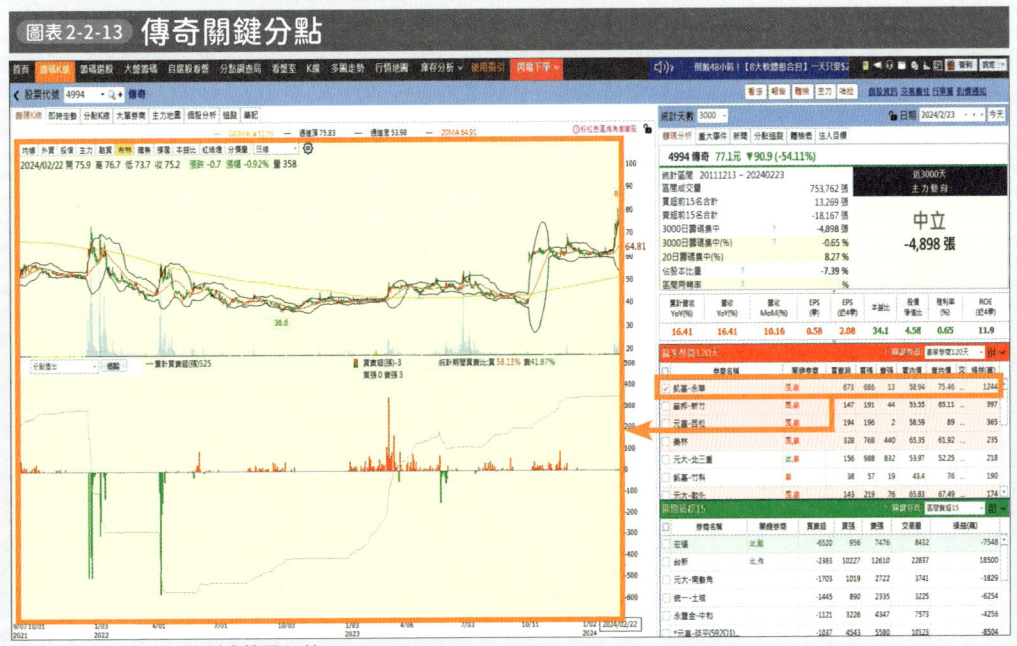

圖表 2-2-13 傳奇關鍵分點

資料來源：CMoney 理財寶籌碼 K 線

案例 11　天良（4127）

天良關鍵分點是常常都精準買在低點、賣在高點的元大 - 松山。投資人持有這檔股票的成本如果比關鍵分點低，幾乎都可以獲利。

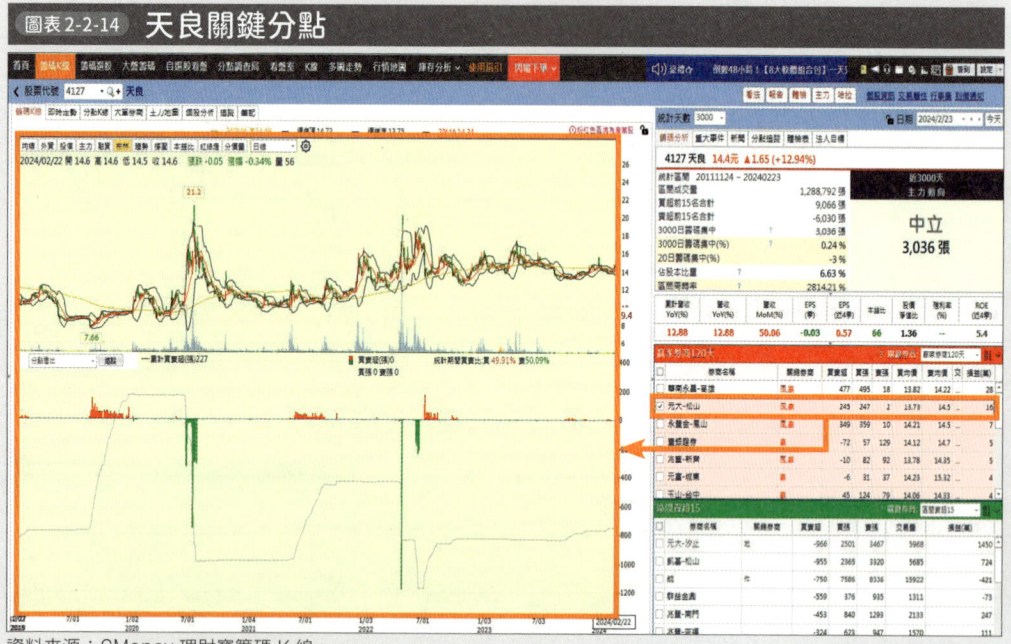

圖表 2-2-14　天良關鍵分點

資料來源：CMoney 理財寶籌碼 K 線

2-2 | 如何找出關鍵分點？

案例 12 — 健鼎（3044）

健鼎是固定配息高殖利股，關鍵分點是元大 - 龍潭，這是很會低買高賣的分點。像這類股票可以穩健持股賺股息，也可以跟著關鍵分點低檔買賺價差，是投資人最愛的投資標的。

圖表 2-2-15　健鼎關鍵分點

資料來源：CMoney 理財寶籌碼 K 線

091

跟著關鍵分點來操作，制定進出場的投資策略，可以參考以下重點：

1. 鎖定具未來題材的個股，找出獲利最大的關鍵分點。
2. 跟進多單進場點：當關鍵分點買時，就列入觀察名單，當主力也買時，就跟著進場。
3. 跟進空單進場點：當關鍵分點賣時，就列入觀察名單，當主力也賣時，就進場放空。
4. 進場前同時參考該檔外資與投信和主力的籌碼狀況。多找幾個進場理由，勝算就更高。
5. 跟單關鍵分點要有耐心，通常股價不會馬上發動。有時布局大半年，股價才發動。最好不要用權證來跟單，因為權證會流失時間價值（當股價盤整時，不要用權證；當月線斜率＞1、上通道很陡時，表示股價發動了，才可以用權證來進場）。
6. 關鍵低檔大買，加上殖利率高，可以跟著低檔布局，在平行通道的下軌買進。當股價月線上升，主力轉買，稍微加碼。
7. 在關鍵高檔大賣時，可以在平行通道的上軌賣出或做空，獲利了結。
8. 當關鍵分點持續買超，加上主力投信買時，股價容易發動，可以趁勢進場做多。當主力投信賣、關鍵分點賣時，股價容易下跌一波，可以趁勢進場放空。
9. 當關鍵分點買，加上地緣分點也買，又出現在地板股時，是絕佳買點。

2-2 | 如何找出關鍵分點？

10. 關鍵分點大買，遇上低檔長黑爆量，隔天就容易走強。因為通常長黑爆量代表該賣的人都賣了、想賣的人都賣了，加上關鍵分點大買，那隔天就容易走強。

只有長時間持續研究籌碼，才能更精準地掌握買賣點，以下兩個案例是買進與賣出的最好時機。

案例 13 — 怡利電（2497）

怡利電關鍵分點為元大 - 木柵，跟著關鍵分點大買時，在平行通道的下軌買進。

圖表 2-2-16　怡利電關鍵分點

資料來源：CMoney 理財寶籌碼 K 線

案例 14 — 儒鴻（1476）

儒鴻關鍵分點為元大 - 西門（現已合併成元大 - 台北分點），當關鍵大賣時，在平行通道的上軌賣出或做空。

圖表 2-2-17　儒鴻關鍵分點

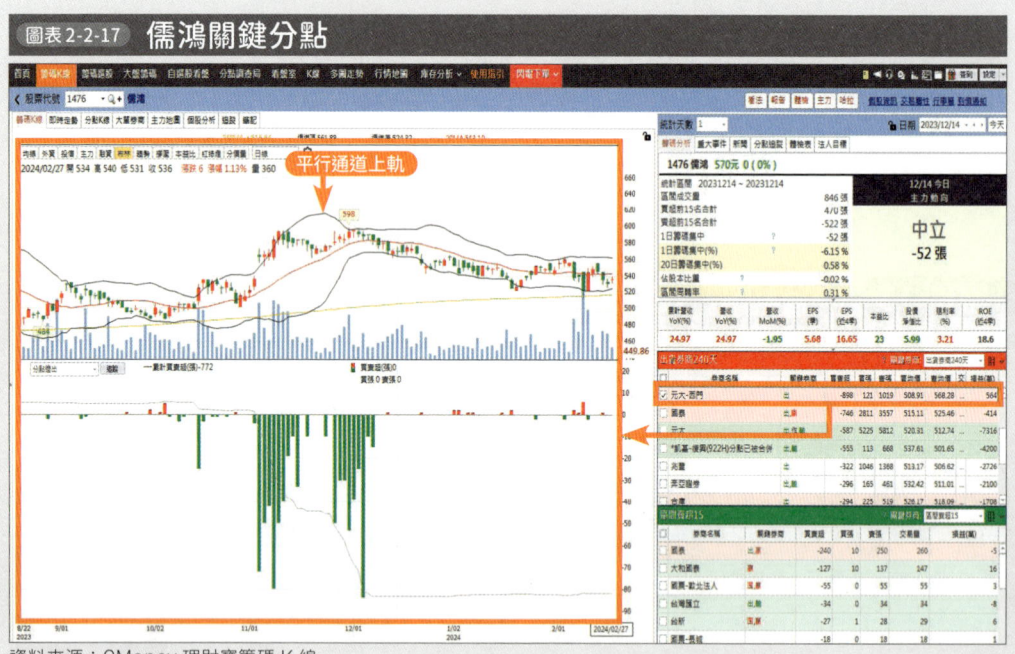

資料來源：CMoney 理財寶籌碼 K 線

長期深入的觀察研究，會發現並不是每一檔股票都有關鍵分點進駐，而每個股票的關鍵分點也不會固定不變，有時分點會合併，有時主力會更換分點，因此要隨時留意、持續觀察。有興趣的投資朋友，也可以自己觀察研究看看，我們可以一起來研究、切磋琢磨，以掌握股市中致勝的關鍵密碼。

　　在每日的籌碼研究中，持續追蹤關鍵分點的持股動態。權證小哥目前掌握個股最新的關鍵分點，共計超過400多檔，這一個數據庫仍會不斷更新，也會每天在我的「權證小哥的交易筆記本」課程中與投資朋友們分享最新訊息。

2-3
如何找出剽悍的高手分點？

除了厲害的關鍵分點，投資朋友常問，要如何找出剽悍的高手分點，識別具有高勝率的券商策略，進一步學習掌握更多有利的入場時機，來提高投資成功的機會呢？

這時候藉由軟體來輔助統整，就會讓我們省力很多，可縮短研究時間，快速的對焦。

在資訊龐大的投資市場中，軟體工具扮演著舉足輕重的角色，軟體工具能夠整合分析大數據資料，為我們提供寶貴的投資輔助，不僅讓我們縮短研究時間，還能大幅提升效率，進而獲取較高投資收益。利用軟體工具，來找出高勝率券商，從而把握更多有利的入場時機，提高投資成功的機會。接下來要以「理財寶籌碼K線」軟

體為例，教大家如何用軟體來觀察操盤高手們操作的股票，從中學習，找出適合自己的操作模式。

打開「理財寶籌碼 K 線」首先先選擇「分點調查局」，有以下選項：

圖表 2-3-1　籌碼 K 線 - 分點調查局

資料來源：CMoney 理財寶籌碼 K 線

「高手券商」

點選「高手券商」，從中可以看到：高手券商的代號、名稱、交易次數、平均報酬率、勝率以及其買進的股票數量、金額及買進均價，也看得到技術線型。投資朋友可以依據自己的投資屬性，來學習觀察高手操作的模式。

圖表 2-3-2　高手券商

資料來源：CMoney 理財寶籌碼 K 線

統計分析有：「隔日沖」、「當沖」、「短線」、「波段」操作高手，也有「權證波段」和「權證隔日沖」高手。依據其交易操作績效分別統計出**獲利高的報酬王、勝率高的常勝軍，以及進出頻繁的交易狂**。

圖表2-3-3 用下拉選單選擇排序條件

資料來源：CMoney 理財寶籌碼 K 線

投資朋友可以依據自己的需求，來觀察高手券商們的操作。如果你是個**穩健喜歡中長期投資的投資人，就可以選擇波段常勝軍。喜歡短線交易，可以選擇參考當沖、隔日沖分點，及短線交易操作模式。想利用權證交易，依長短線可以觀察權證波段和隔日沖分點。**點選之後，就會列出高手券商分點以及其最新的投資標的，從中可以觀察學習其操作邏輯，也可作為我們制定策略及選股的參考。

高手券商依操作屬性分類：

隔日沖分點

「今日買，明日賣」機率高的分點。隔日沖大戶中也會有外資駐足。常見的有外資分點：美林、**摩根大通、美商高盛、新加坡商瑞銀、港商野村**。本土券商分點：**凱基-台北、元大、富邦、群益金鼎、虎尾幫、嘉義幫、富邦-建國**等都是有名的分點。軟體協助統計出來隔日沖常勝軍的交易勝率明細如下：

圖表 2-3-4　隔日沖常勝軍

代號	名稱	交易次數	平均報酬率(%)	勝率(%)
9875	元大-土城永季	49	1.89	84
9307	華南永昌-大安	28	2.85	86
845F	康和-仁愛	25	1.46	84
9101	群益金鼎-敦南	25	2.77	88
538A	第一金-新興	23	1.36	87
7798	國票-內湖	23	1.82	87
700M	兆豐-桃園	22	3.26	91
918W	群益金鼎-忠孝	21	2.06	86
538Y	第一金-中壢	20	1.39	85
9184	群益金鼎-台中	20	0.47	85
6210	斯百王	20	1.30	95
700S	兆豐-大同	18	1.86	83
884E	玉山-城中	18	0.83	83
9347	華南永昌-教南	18	2.35	89
918E	群益金鼎-南京	16	1.54	100
700I	兆豐-北高雄	15	2.12	87
980D	元大-北府	14	1.53	86
988B	元大-桃園	14	1.93	86
779V1	國票-台中	14	1.73	86
6480	福邦	14	2.13	86
980C	元大-斗六	14	1.44	93
6115	台中銀-台北	13	1.58	85
9884	元大-斗信	13	1.05	92
700L	兆豐-天母	12	2.13	83

資料來源：CMoney 理財寶籌碼 K 線

【備註】：表格數據會不斷更新，最新數據統計請參閱理財寶籌碼K 線。

當沖分點

　　當天用現金或資券一買一賣大量交易的分點。市場中常見的當沖交易狂有元大、新加坡商瑞銀、凱基-台北和國泰-敦南。軟體協助統計出來當沖常勝軍的交易勝率明細如下：

圖表 2-3-5　當沖常勝軍

代號	名稱	交易次數	平均報酬率(%)	勝率(%)
845A	康和-內湖	297	0.19	74
920M	凱基-宜蘭	153	0.33	71
9309	華南永昌-古亭	149	0.50	71
9204	凱基-台中	126	0.71	74
585F	統一-彰化	120	0.23	72
8451	康和-延平	120	0.11	76
845D	康和-板橋	119	0.40	73
700P	兆豐-南京	112	0.39	74
779X	凱基-中和	105	0.66	75
9258	凱基-羅東	101	0.62	77
918U1	群益金鼎-瑞豐	93	0.35	71
1262	宏遠-桃園	93	0.43	72
700X	兆豐-永和	86	1.15	71
592W	元富-吉利	77	0.98	73
6115	台中銀-台北	62	0.23	84
700W1	兆豐-新莊	56	0.08	71
7750	北城	42	0.48	71
9237	凱基-敦北	40	0.53	78
5323	高橋-內壢	36	0.97	86
638D	光和-高雄	31	0.14	74
103A	土銀-建國	29	0.62	76
1232	彰銀-七賢	28	0.49	82
126I1	宏遠-光隆	26	0.67	77
585S	統一-宜蘭	22	0.98	73
8585	聯邦-三重	19	0.15	74
1113	台灣企銀-九如	17	0.30	76
9315	華南永昌-大甲	16	1.04	81
2184	亞東-新竹	13	0.68	92
5600	永興	12	1.69	83
2185	亞東-台南	11	0.09	73

資料來源：CMoney 理財寶籌碼 K 線

【備註】：表格數據會不斷更新，最新數據統計請參閱理財寶籌碼 K 線。

短線分點

進行短線交易中,常看到的康和-永和、富邦-仁愛、兆豐-忠孝、華南永昌-台中等績效都不錯。軟體協助統計出來短線常勝軍的交易勝率明細如下:

圖表 2-3-6 短線常勝軍

代號	名稱	交易次數	平均最大報酬率	勝率	交易檔數
1021	合庫-台中	61	32.73	77	12
1260	宏遠	161	17.43	79	34
1043	嘉銀-民權	31	16.97	81	11
5852	統一-敦南	177	15.72	88	13
9676	富邦-仁愛	90	14.63	76	23
700A1	兆豐-忠孝	62	13.53	87	10
592A1	元富-松德	23	13.45	100	14
6480	福邦	62	12.88	84	10
8882	國泰-台中	60	12.06	97	20
8846	玉山-板橋	49	11.78	82	13
8560	新光	282	11.53	75	68
845B	康和-永和	146	11.11	88	11
6168	中國信託-嘉義	38	11.08	97	13
981M1	元大-薪金	45	10.33	82	10
9302	華南永昌-台中	75	9.72	92	10
592N1	元富-西松	44	8.94	93	12
1440	美林	434	8.69	82	142
815A	台新-高雄	73	8.61	84	12
8888	國泰-敦南	131	8.49	76	35
5920	元富	263	7.96	77	56
779J	國票-北高雄	132	7.86	83	21
8440	摩根大通	729	7.85	79	169
1470	台灣摩根士丹利	531	7.67	81	142
1480	美商高盛	199	7.66	82	57
1650	新加坡商瑞銀	348	7.55	77	123
9A9J	永豐金-板新	108	7.49	77	21
9600	富邦	618	7.16	78	132
961C	富邦-南京	43	6.60	79	14
815B	台新-台中	96	6.51	86	14
8960	香港上海匯豐	52	6.16	79	14

資料來源:CMoney 理財寶籌碼 K 線

【備註】:表格數據會不斷更新,最新數據統計請參閱理財寶籌碼 K 線。

波段分點

統一-敦南、國票-長城，是常見績效不錯的波段分點。軟體協助統計出來波段常勝軍的交易勝率明細如下：

圖表 2-3-7　波段常勝軍

代號	名稱	交易次數	平均最大報酬	勝率(%)	交易檔數
9216	凱基-信義	57	43.67	72	10
845B	康和-永和	424	36.31	88	12
9A9L	永豐金-台中	156	29.89	70	10
9833	元大-敦化	253	28.61	66	12
5852	統一-敦南	481	28.23	88	13
9A9S	永豐金-南京	77	28.00	66	10
9672	富邦-員林	30	27.02	77	18
592A1	元富-松德	30	25.33	93	10
779J	國票-北高雄	297	22.89	68	19
779U1	國票-長城	548	21.91	85	14
6480	福邦	247	19.95	81	13
5850	統一	1494	19.17	69	66
1470	台灣摩根士丹利	818	17.93	78	75
1480	美商高盛	293	17.70	67	24
1260	宏遠	420	17.16	77	26
5260	美好	231	17.13	77	10
9600	富邦	2701	15.50	67	162
8560	新光	797	15.25	62	47
1380	台灣匯立	126	14.84	73	11
8880	國泰	945	14.80	65	55
1440	美林	310	14.79	59	45
8440	摩根大通	718	14.48	69	73
9623	富邦-台北	126	13.98	72	10
9100	群益金鼎	2246	13.91	64	79
9800	元大	8075	13.35	67	217
981J1	元大-士林	29	13.08	79	11
1650	新加坡商瑞銀	485	12.94	61	52
920F	凱基-站前	116	12.72	81	10
9239	凱基-市政	164	12.29	96	16
1040	臺銀證券	177	8.41	61	18

資料來源：CMoney 理財寶籌碼 K 線

【備註】：表格數據會不斷更新，最新數據統計請參閱理財寶籌碼 K 線。

隔日沖權證分點

隔日沖權證大戶（今日買權證明日賣的分點），績效不錯的可參考如下：

圖表2-3-8　**隔日沖報酬王（權證）**

代號	名稱	平均報酬率	勝率	交易次數
9A9C1	永豐金-永康	72.41	68	28
9A9K	永豐金-三重	32.68	73	26
9898	元大-新莊	27.74	59	74
918P	群益金鼎-天母	17.47	42	19
962Q	富邦-北高雄	17.16	91	11
980D	元大-北府	14.51	68	34
9A9Q	永豐金-豐原	14.20	72	29
9891	元大-永和	13.11	57	14
884B	玉山-台中	11.81	73	37
700C	兆豐-來福	10.93	50	12
104D	臺銀-金山	10.72	70	23
9867	元大-內湖民權	10.62	60	25
965U	富邦-彰化	10.41	95	21
9801	元大-城東	10.30	92	26
9829	元大-永康	10.13	40	25
921S	凱基-新莊	10.07	65	40
9216	凱基-信義	9.67	84	32
815H	台新-屏東	8.98	65	17
592V1	元富-桃園	8.97	84	19
8157	台新-左楠	8.62	100	12
7009	兆豐-景美	8.56	83	12
5854	統一-城中	8.50	76	25
700Q1	兆豐-內湖	8.49	73	15
700H	兆豐-東門	8.21	63	30
845B	康和-永和	8.18	58	12
700I	兆豐-北高雄	8.02	68	25
9131	群益金鼎-萬華	7.85	71	14
585F	統一-彰化	7.73	100	13
9326	華南永昌-南京	7.36	81	21
920Z	凱基-台東	7.35	44	34

資料來源：CMoney 理財寶籌碼 K 線

【備註】：表表格數據會不斷更新，最新數據統計請參閱理財寶籌碼 K 線。

波段權證分點

波段權證分點，也就是持有權證比較長期的分點，可以參考績效不錯的波段權證分點的持有標的。績效不錯的分點可參考如下：

圖表2-3-9　波段常勝軍（權證）

代號	名稱	勝率(%)	交易次數	平均最大報酬率(%)	交易檔數
9235	凱基-永春	87	78	184.7	11
8455	康和-台中	92	38	162.1	11
9A9Q	永豐金-豐原	88	50	157.9	10
845A	康和-內湖	89	18	156.5	11
1115	台灣企銀-太平	91	55	141.7	12
616K	中國信託-高雄	77	35	131.2	20
9A79	永豐金-埔里	100	77	129.4	25
9A9R	永豐金-信義	98	175	128.8	73
1262	宏遠-桃園	79	38	126.4	12
7797	國票-中正	91	138	119.4	29
8450	康和	78	305	115.0	57
9837	元大-北港	71	476	114.8	80
585Q	統一-三多	71	79	109.2	24
5856	統一-台中	91	87	105.3	12
9306	華南永昌-台南	79	34	93.0	15
9676	富邦-仁愛	90	223	87.5	34
9266	凱基-新豐	78	91	82.1	11
8150	台新	70	228	80.9	58
989J	元大-彰化民生	83	53	76.5	13
9239	凱基-市政	82	28	73.3	11
8880	國票	69	786	72.7	178
9A9A1	永豐金-等雅	70	67	71.9	16
981P1	元大-松山	73	66	71.2	10
9205	凱基-三重	71	101	67.3	13
5383	第一金-高雄	70	37	61.2	31
981Q1	元大-萬華	72	69	57.8	10
9869	元大-新豐	90	49	52.0	13
601D1	莽亞-鹿港	85	254	50.4	40
961Y	富邦-屏東	95	111	47.8	17
8159	台新-台南	86	76	41.8	11

資料來源：CMoney 理財寶籌碼 K 線

【備註】：表格數據會不斷更新，最新數據統計請參閱理財寶籌碼 K 線。

2-3 | 如何找出剽悍的高手分點？

重要券商

我們也可以利用「重要券商」挑選出剽悍的高手分點。可依 20、60、120、240 日的損益排行，也可依大中小型分類券商，或設定區分外資及官股券商列表。

圖表 2-3-10　**重要券商**

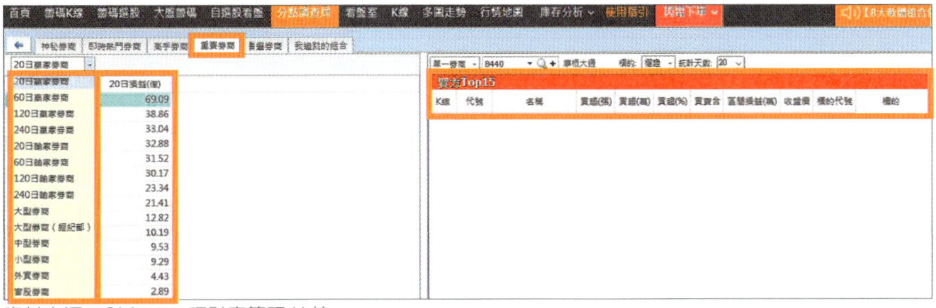

資料來源：CMoney 理財寶籌碼 K 線

其中「240 日損益（億）」獲利券商排名如下：

圖表 2-3-11　**240 日贏家券商**

代號	名稱	240日損益(億)
1480	美麗高盛	393.11
1650	新加坡商瑞銀	384.84
8440	摩根大通	318.11
1470	台灣摩根士丹利	294.86
9268	凱基-台北	242.13
1560	港商野村	200.78
9200	凱基	190.94
8880	國泰	173.29

資料來源：CMoney 理財寶籌碼 K 線

【備註】：表格數據會不斷更新，最新數據統計請參閱理財寶籌碼 K 線。

神祕券商

　　如果想要洞察市場最新動向，發掘值得關注的投資標的，可以透過神祕券商來觀察。所謂「神祕券商」是指買賣標的有出現神祕買賣盤（買賣超行為異常）的券商分點，可以快速鎖定值得關注的券商分點操作標的。

1. 可以點選分點調查局→神祕券商→點選買超，選 5 日。觀察各分點的操作，是否有影響股價變化，是否是低檔買進的關鍵分點。
2. 每星期觀察一次，可以大致掌握最近分點的操作。當股價的走勢與分點的買進呈現倒影的走勢，就是股價在低點時分點買進，這種分點就值得深入追蹤。像圖 2-3-12 篩選出的彰源（2030），

圖表 2-3-12　神祕券商

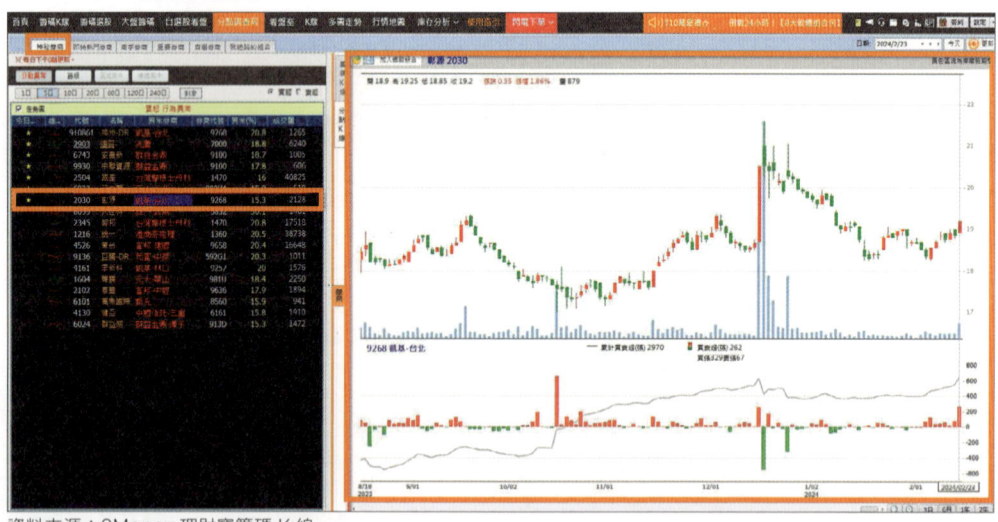

資料來源：CMoney 理財寶籌碼 K 線

【備註】：以上高手券商名單，會依交易變化而變化，隨時會更新最新數據，建議投資朋友持續追蹤，掌握最新資訊。

凱基-台北持續買進，而觀察發現是低買高賣的關鍵分點，這就可以記錄下來，持續追蹤觀察。
3. 也可以選擇分點調查局→神祕券商→點選賣超，選 5 日。觀察最近賣超的分點，有無股價在高點而分點賣超的，這也是值得留意追蹤的分點。

　　善用軟體來識別和追蹤高手分點，不僅能大幅縮短研究時間，更能讓我們深入洞察頂尖投資者的操作策略。我們可以從中學習：
1. 從高手券商的操作手法中汲取精華，並結合自身情況加以創新。
2. 利用軟體數據也保持審慎態度，深入了解，要培養獨立思考的能力，避免盲目跟單。
3. 逐步融會貫通後，建立自己的投資策略和選股邏輯。

2-4 現股隔日沖大戶

每天研究籌碼時，會發現有分點標記著隔日沖主力。所謂「隔日沖」，就是「今天買，高機率明天賣」，這是一種極短線操作手法。常見的買賣交易有現股買賣以及買賣權證兩種。

這章節先以現股買賣操作模式來讓大家觀察隔日沖大戶的手法。通常這類隔日沖大戶的操作模式如下：

1. 靠著大量資金，一口氣大量買進股票，拉高當天的股價，甚至將股價買至漲停（很多投資人就會排隊等進場）。

2. 隔天股價開盤開高（昨天沒買到的投資人進場），這時隔日沖大戶會在高檔震盪時脫手。這種操作模式，在多頭時期獲利可觀，因為隔日沖主力進出場金額很高，就算漲幅不大，只在3%以

圖表2-4-1 隔日沖主力

6177 達麗 73.3元 ▲6.6 (+9.9%)		
統計區間	20240723～20240723	今日主力動向
區間成交量	22,338 張	
買超前15名合計	8,965 張	大買
賣超前15名合計	-3,182 張	
1日籌碼集中	5,783 張	5,783 張
1日籌碼集中(%)	25.89 %	
20日籌碼集中(%)	9.58 %	
佔股本比重	1.42 %	隔日沖主力 買超占比18.75%
區間周轉率	5.48 %	

累計營收YoY(%)	營收YoY(%)	營收MoM(%)	EPS(季)	EPS(近4季)	本益比	股價淨值比	殖利率(%)	ROE(近4季)
122.69	873.2	-56.22	0.04	4.7	15.6	3.3	4.77	21.1

區間買超15　　　　　　　　　　　　　　　關鍵券商：區間買超15

券商名稱	關鍵券商	買賣超	買張	賣張	買均價	賣均價	交	損益(萬)
港商野村 隔日沖主力	國	1618	1732	114	71.92	71.41	…	217
凱基-台北 隔日沖主力	國,作,地,蕃	1577	2148	571	71.54	72.17	…	314
富邦 隔日沖主力	國	993	2520	1527	73.19	73.29	…	25
美商高盛	國,蕃	844	992	148	71.02	71.9	…	205
新加坡商瑞銀	國,作,蕃	812	1755	943	70.8	71.49	…	269

資料來源：CMoney 理財寶籌碼 K 線

內，仍舊可以賺很大，不過空頭時期就容易賠得多了。

3. 市場上常見的隔日沖分點有：統一、元富、元大 - 新竹、凱基 - 台北、元大土城 - 永寧。除了本土券商分點外，外資中也有隔日沖，外資長期呈現一買一賣的隔日沖代表券商有：美林、摩根大通、新加坡瑞銀。

案例解析

我們以實際案例來觀察以下 15 個案例，都是有隔日沖進駐，而當天拉漲停的股票：

案例 1 — 迎廣（6117）

迎廣2023/11/7當日有隔日沖主力：統一和凱基-台北大買。

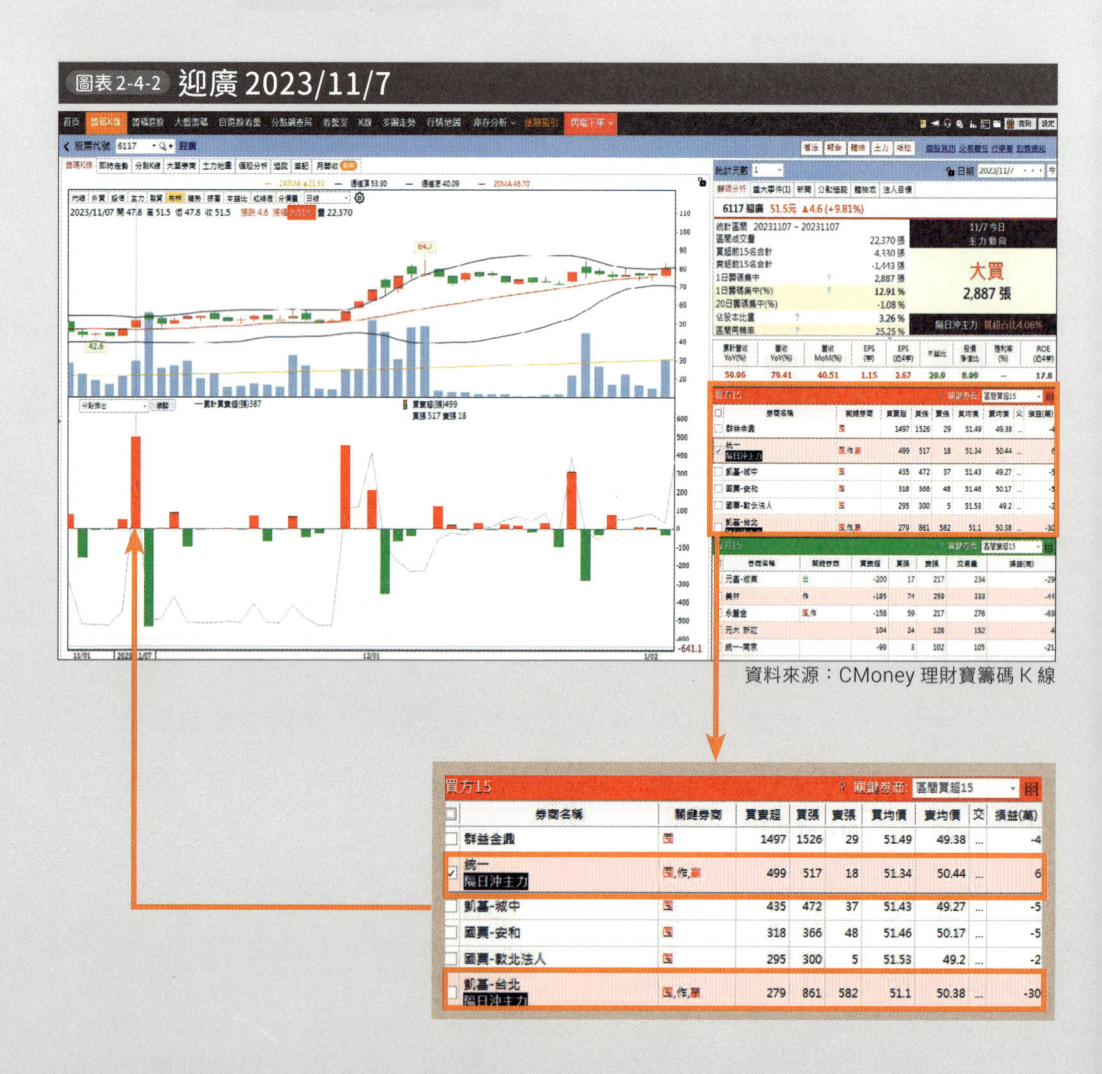

圖表2-4-2 迎廣 2023/11/7

資料來源：CMoney 理財寶籌碼K線

2-4 現股隔日沖大戶

隔日2023/11/8出貨，11/7～11/8凱基-台北獲利137萬元、統一獲利144萬元。當天股價走勢拉高出貨後向下走，收黑K。

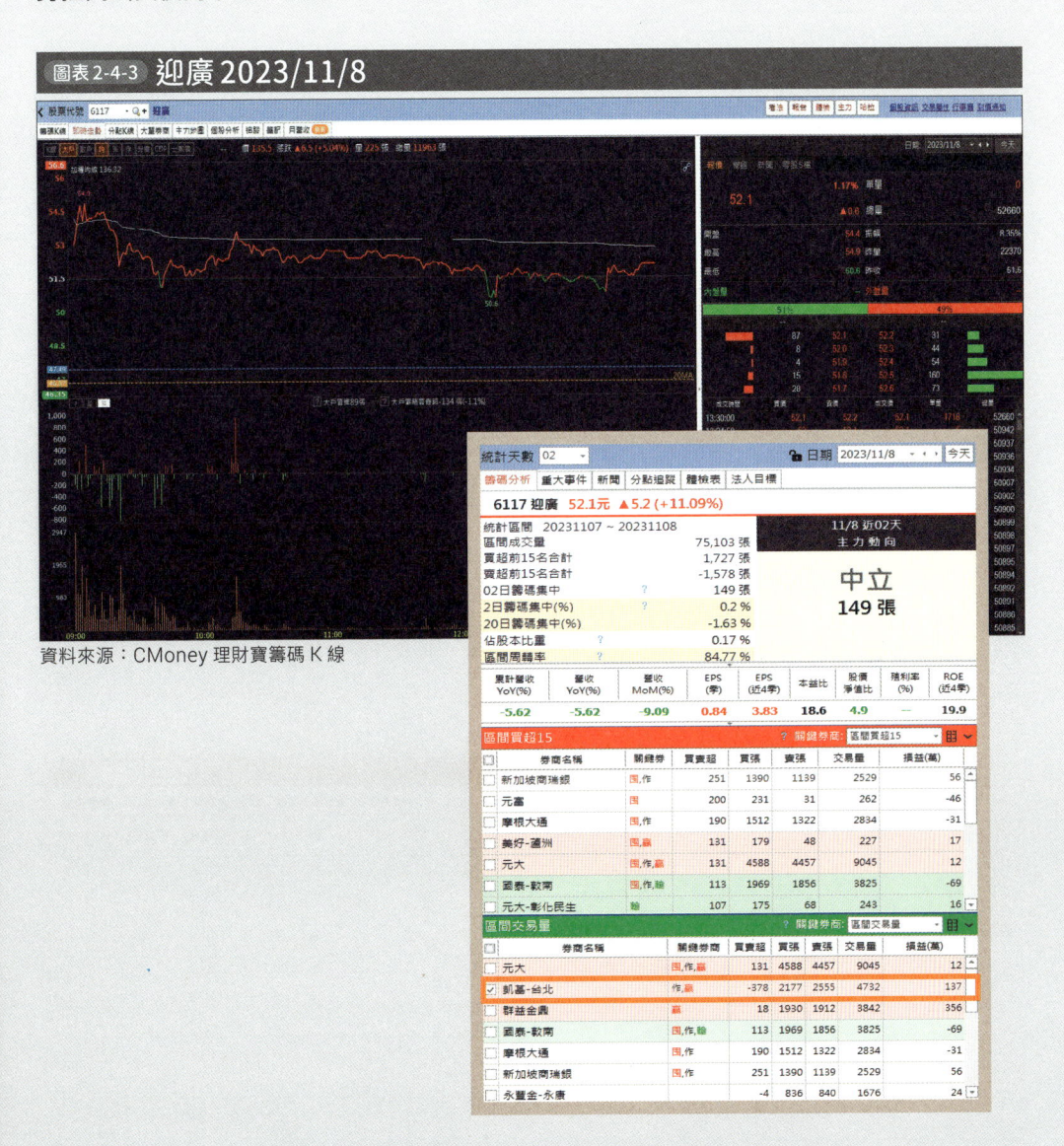

圖表2-4-3 迎廣 2023/11/8

資料來源：CMoney 理財寶籌碼 K 線

111

權證小哥短線終極戰法

案例 2 — 台聯電（4905）

台聯電2024/3/13隔日沖主力：元大進場。

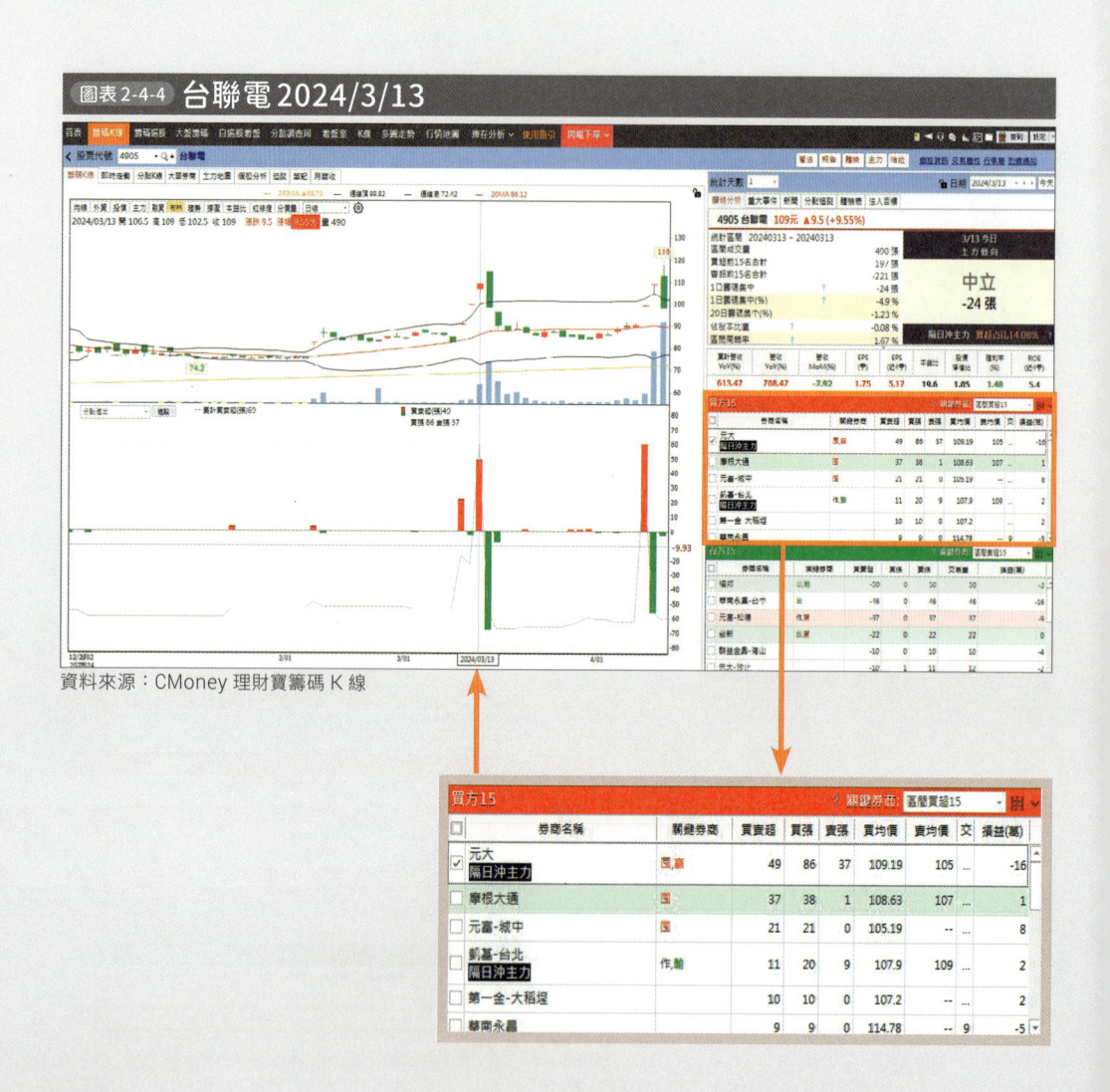

圖表 2-4-4　台聯電 2024/3/13

資料來源：CMoney 理財寶籌碼 K 線

2-4 | 現股隔日沖大戶

隔日獲利出場，股價走勢拉高出貨後一路向下，殺到跌停。

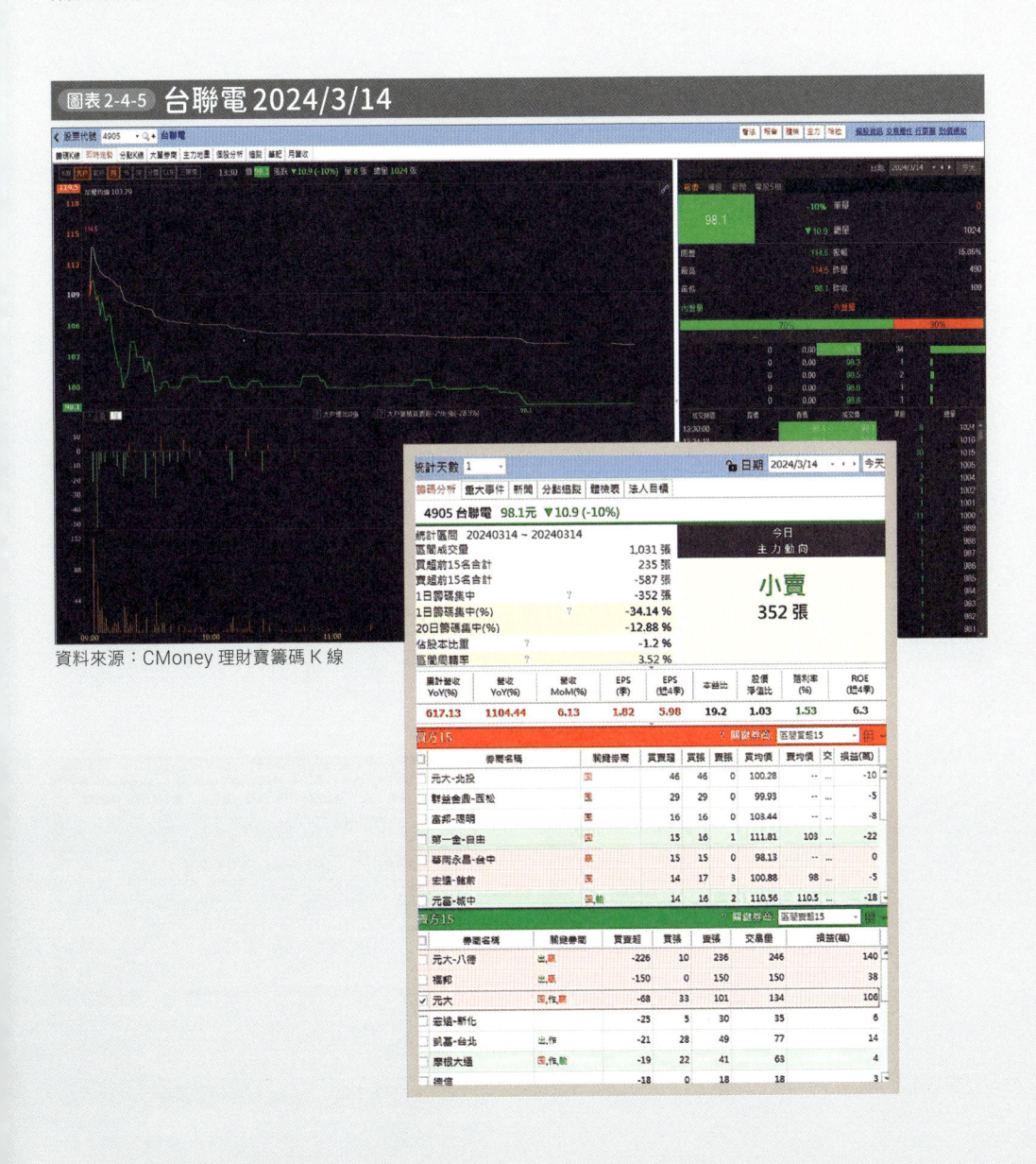

圖表2-4-5　台聯電 2024/3/14

資料來源：CMoney 理財寶籌碼 K 線

案例 3 — 營邦（3693）

從2023/11/29的籌碼資料可以見到當日主要買進前5名中，有很多隔日沖分點：元大-土城永寧、富邦-建國，以及元大等，當天股價強勢鎖漲停。

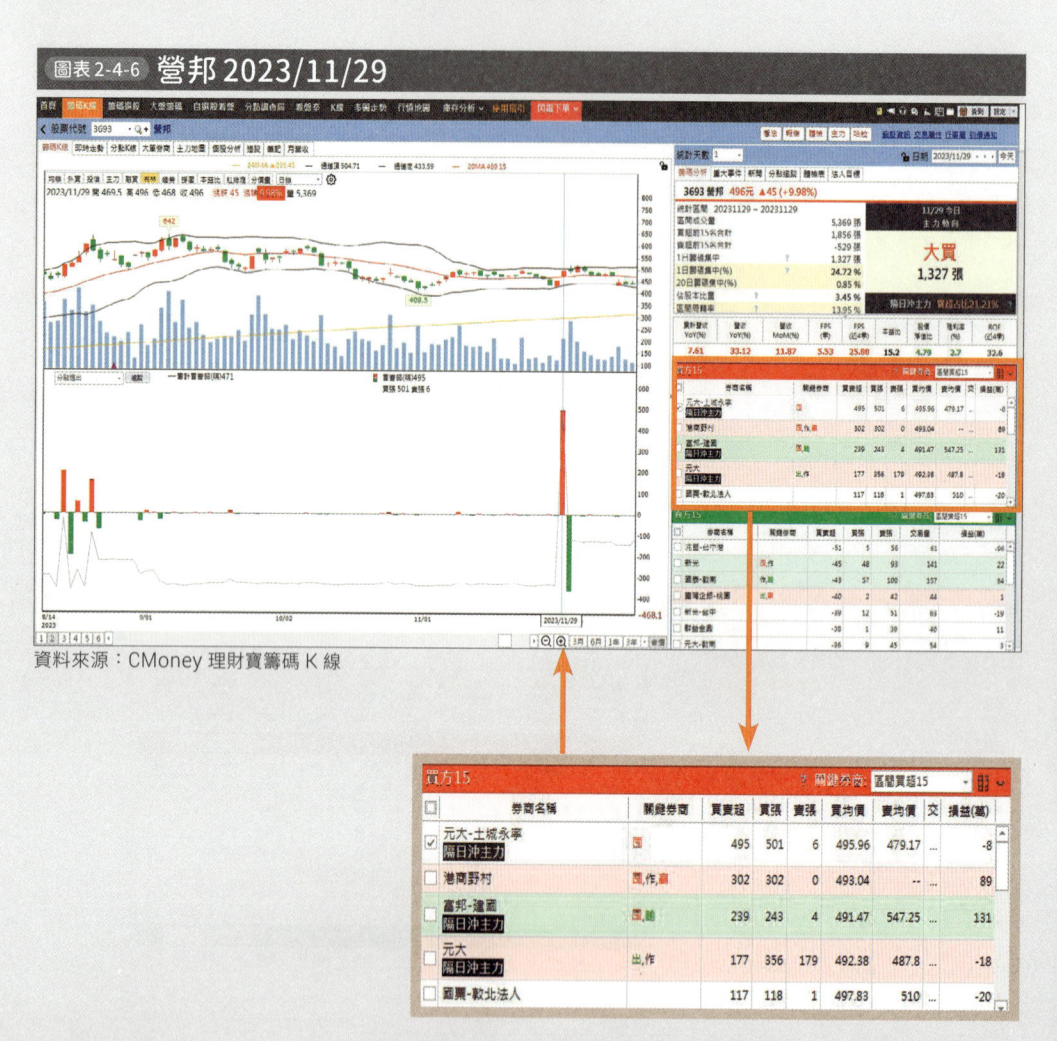

圖表 2-4-6 營邦 2023/11/29

資料來源：CMoney 理財寶籌碼 K 線

2-4 | 現股隔日沖大戶

2023/11/30開高後，隔日沖分點出貨，股價波動大，一路向下收黑K。

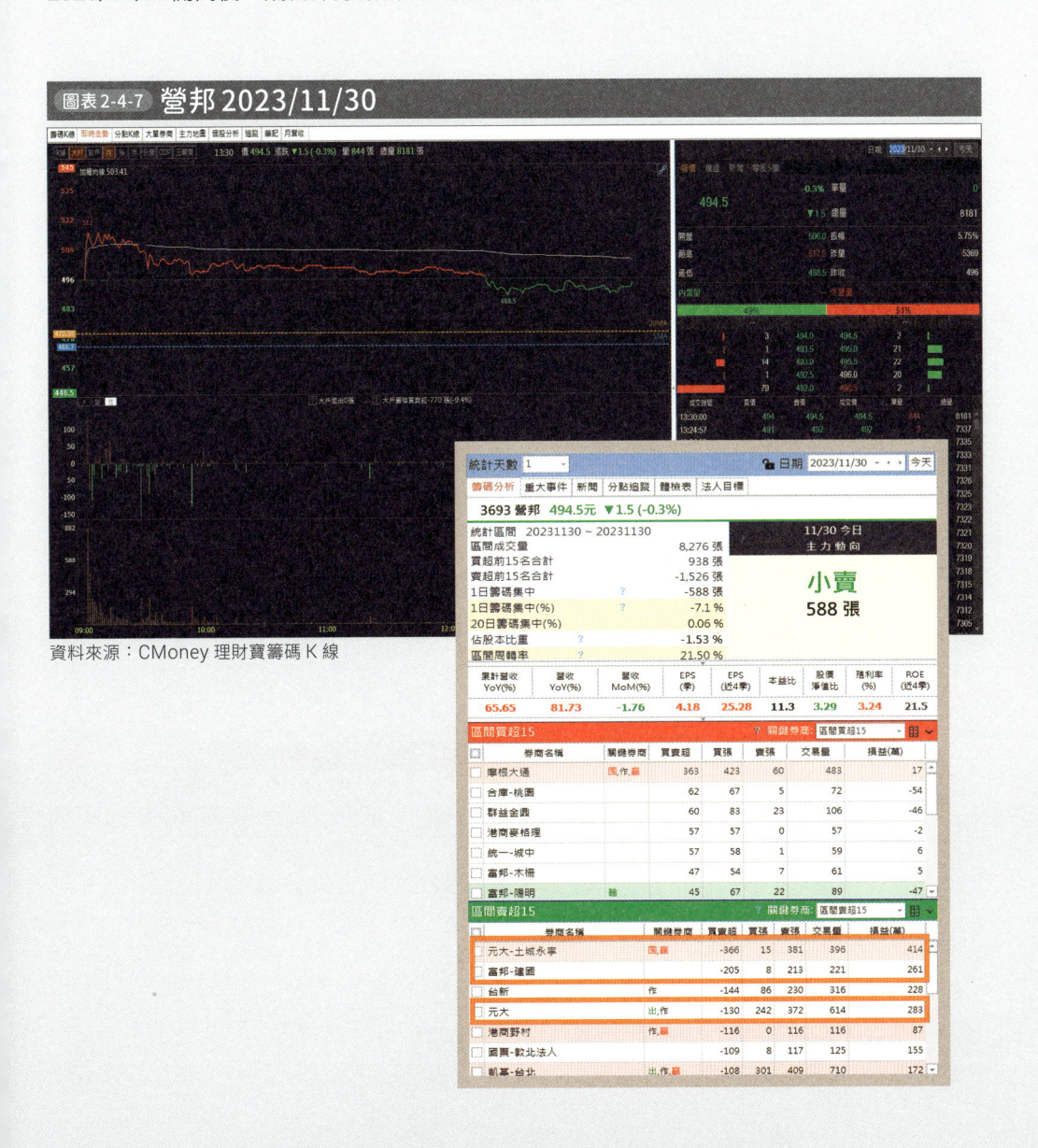

圖表 2-4-7 營邦 2023/11/30

資料來源：CMoney 理財寶籌碼 K 線

案例 4 — 業強（6124）

2024/1/16當天隔日沖買超占比有16.98%，其中前4名有統一、元大-新竹、凱基-板橋、元大-林森。

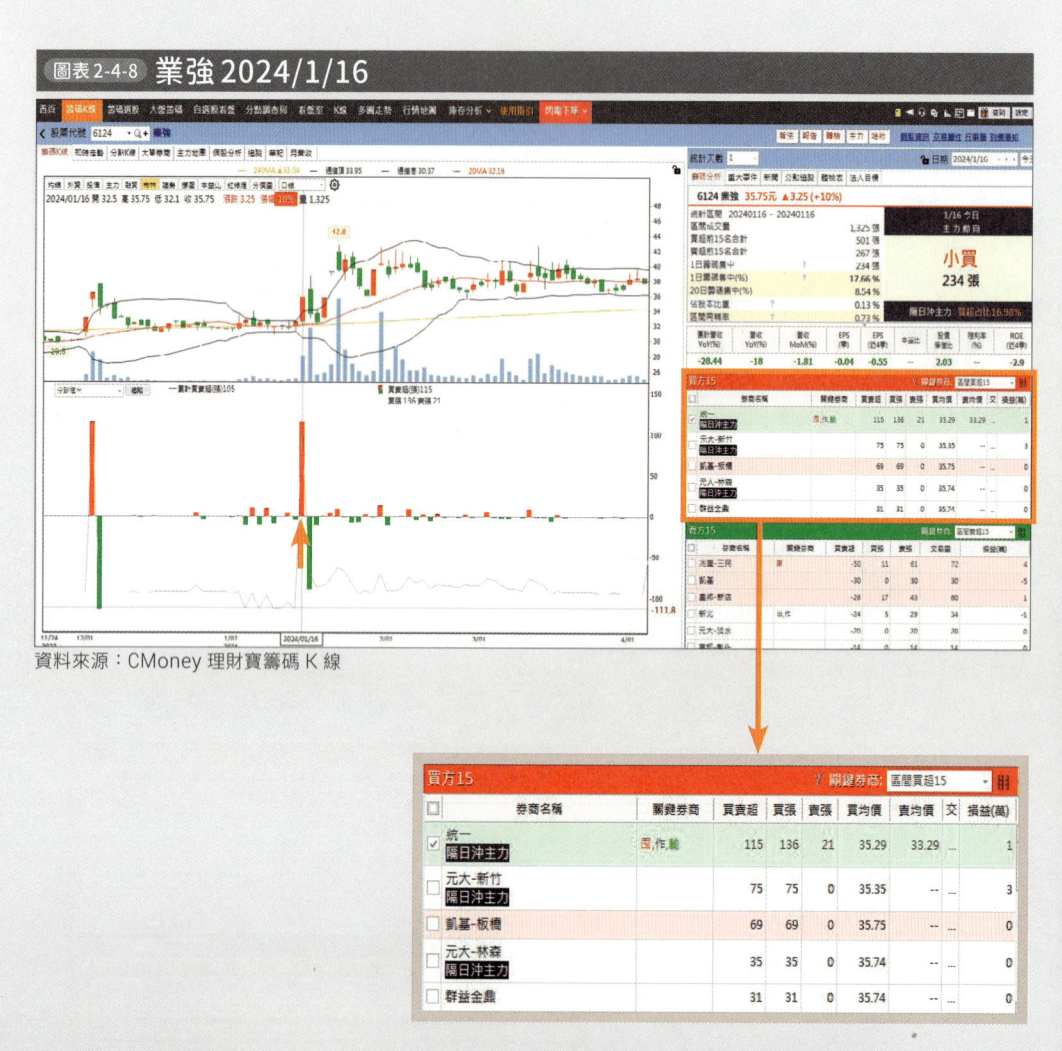

圖表 2-4-8　業強 2024/1/16

資料來源：CMoney 理財寶籌碼 K 線

| 2-4 | 現股隔日沖大戶

隔日賣壓重,股價收黑。

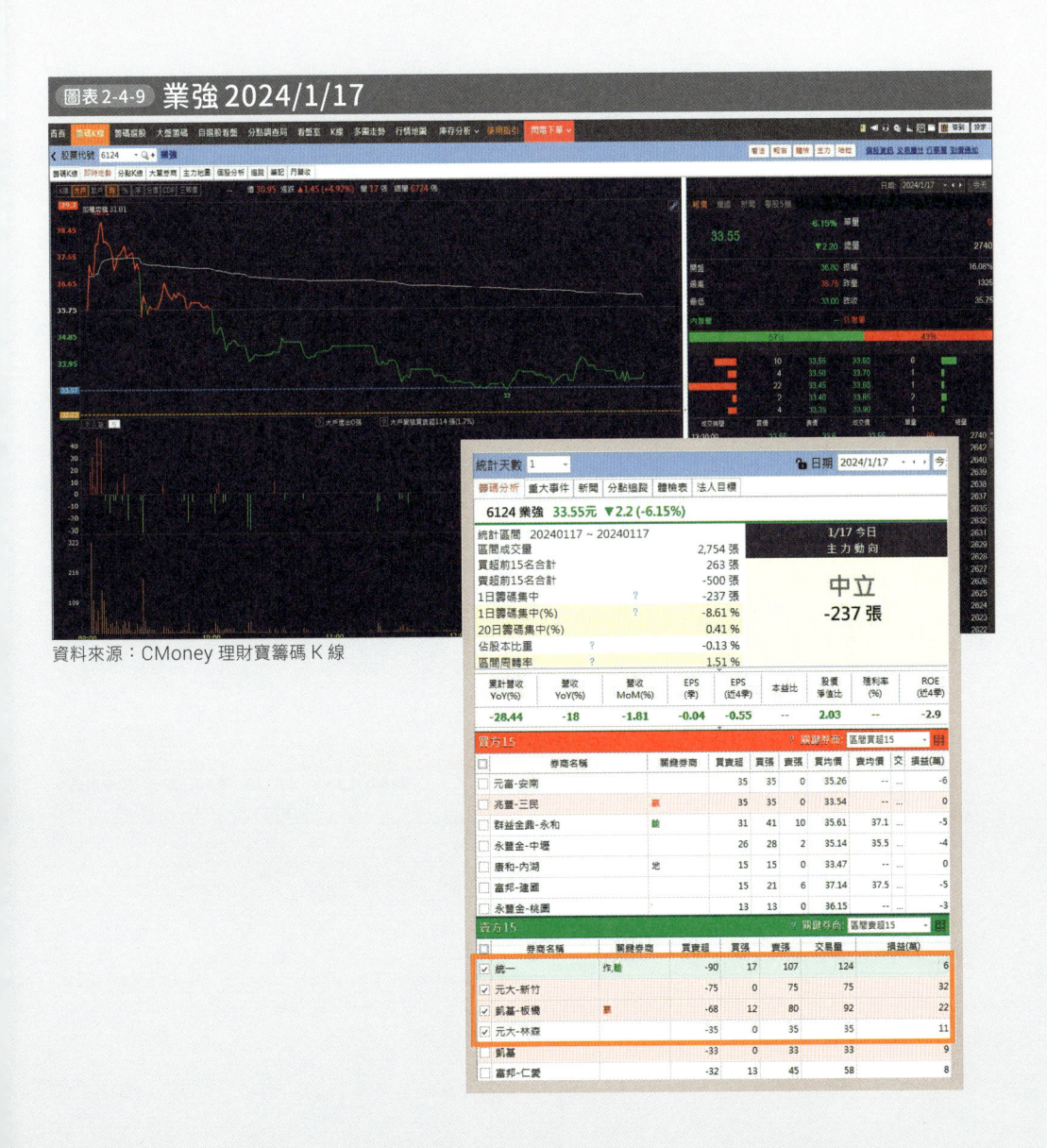

圖表2-4-9 業強 2024/1/17

資料來源:CMoney 理財寶籌碼 K 線

案例 5 ─ 萬旭（6134）

萬旭2024/1/19股價漲停，盤後籌碼隔日沖主力買超占比25.48%，前5大買超皆是習慣隔日沖大戶：凱基-板橋、元大-竹科、統一、元富、元大-林森。

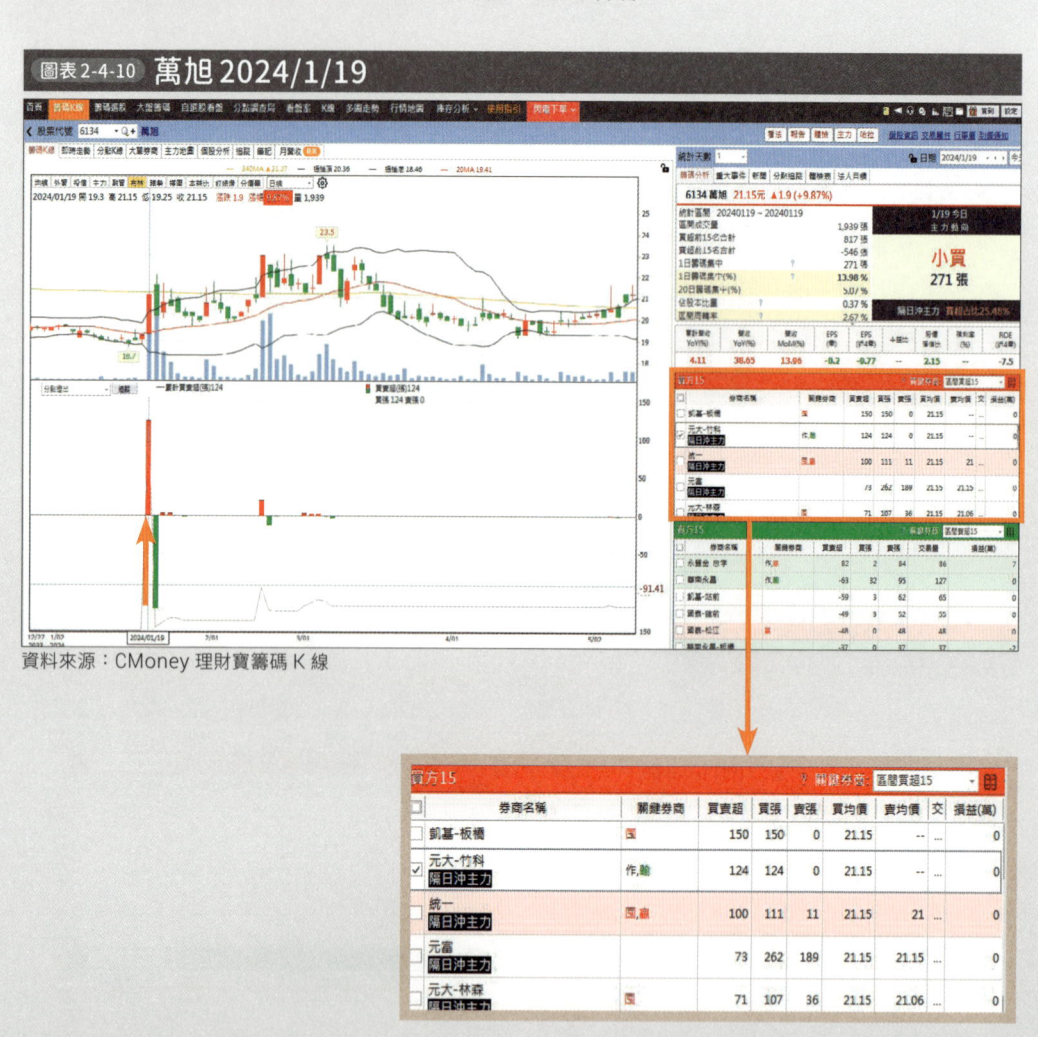

圖表 2-4-10　萬旭 2024/1/19

資料來源：CMoney 理財寶籌碼 K 線

2-4 | 現股隔日沖大戶

隔日賣壓重,股價拉高出貨後收大黑K。

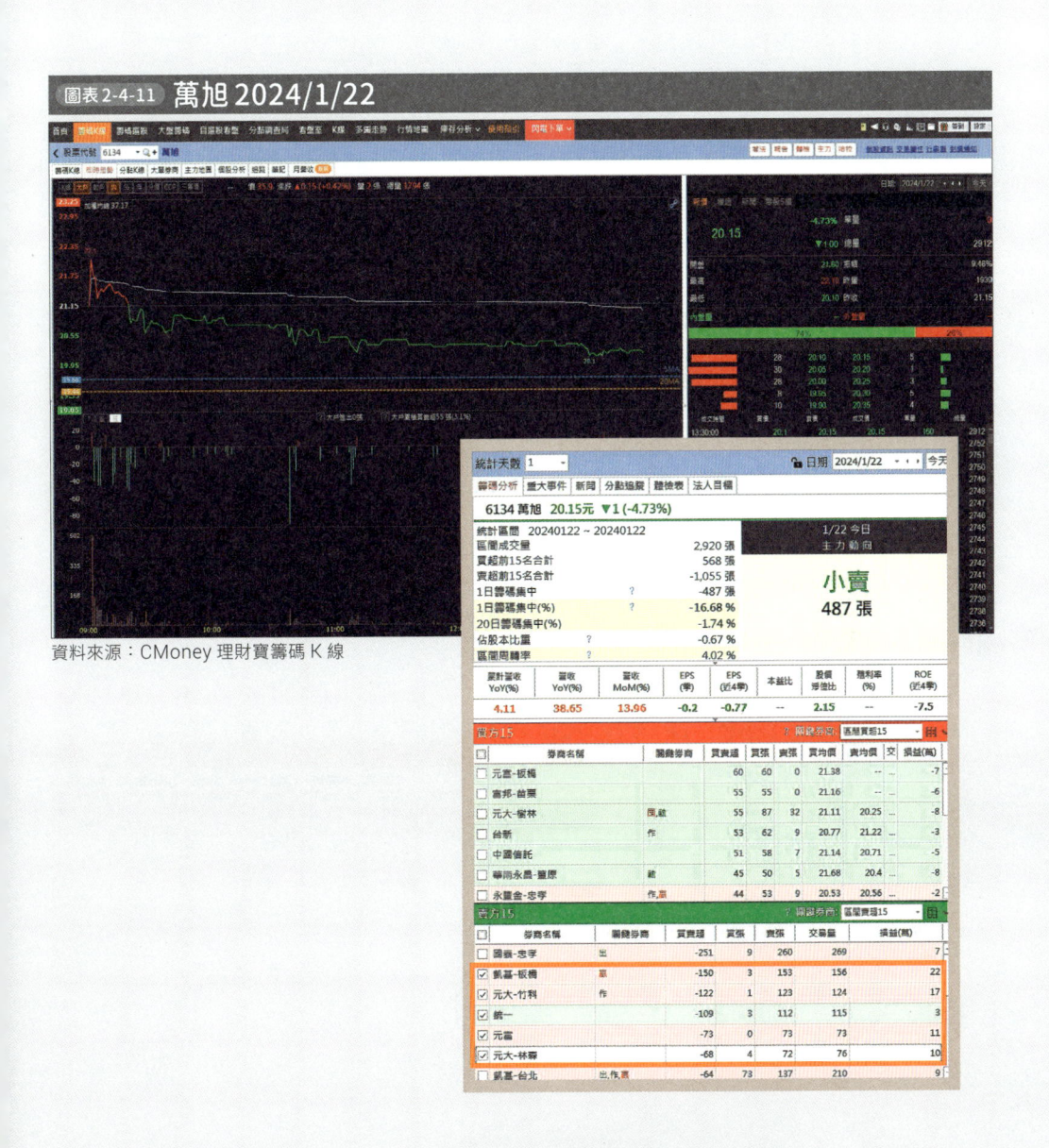

圖表 2-4-11　萬旭 2024/1/22

資料來源:CMoney 理財寶籌碼 K 線

119

案例6 蒙恬（5211）

蒙恬2024/1/22有隔日沖分點：統一和元大-竹科買進，股價漲停，買超占比18.69%。

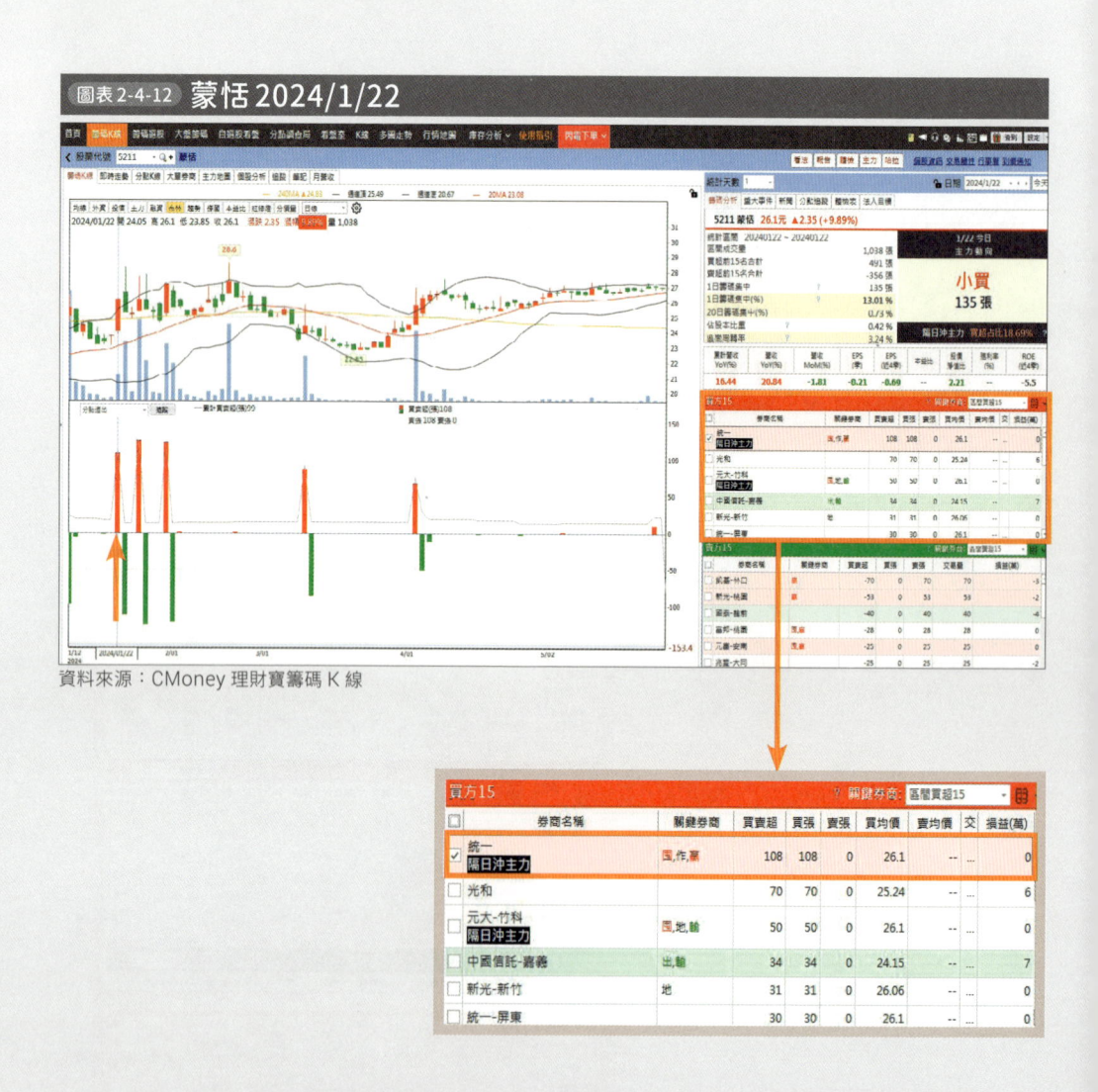

圖表2-4-12 蒙恬 2024/1/22

資料來源：CMoney 理財寶籌碼K線

2-4 | 現股隔日沖大戶

1/23隔日沖出貨，股價收黑。

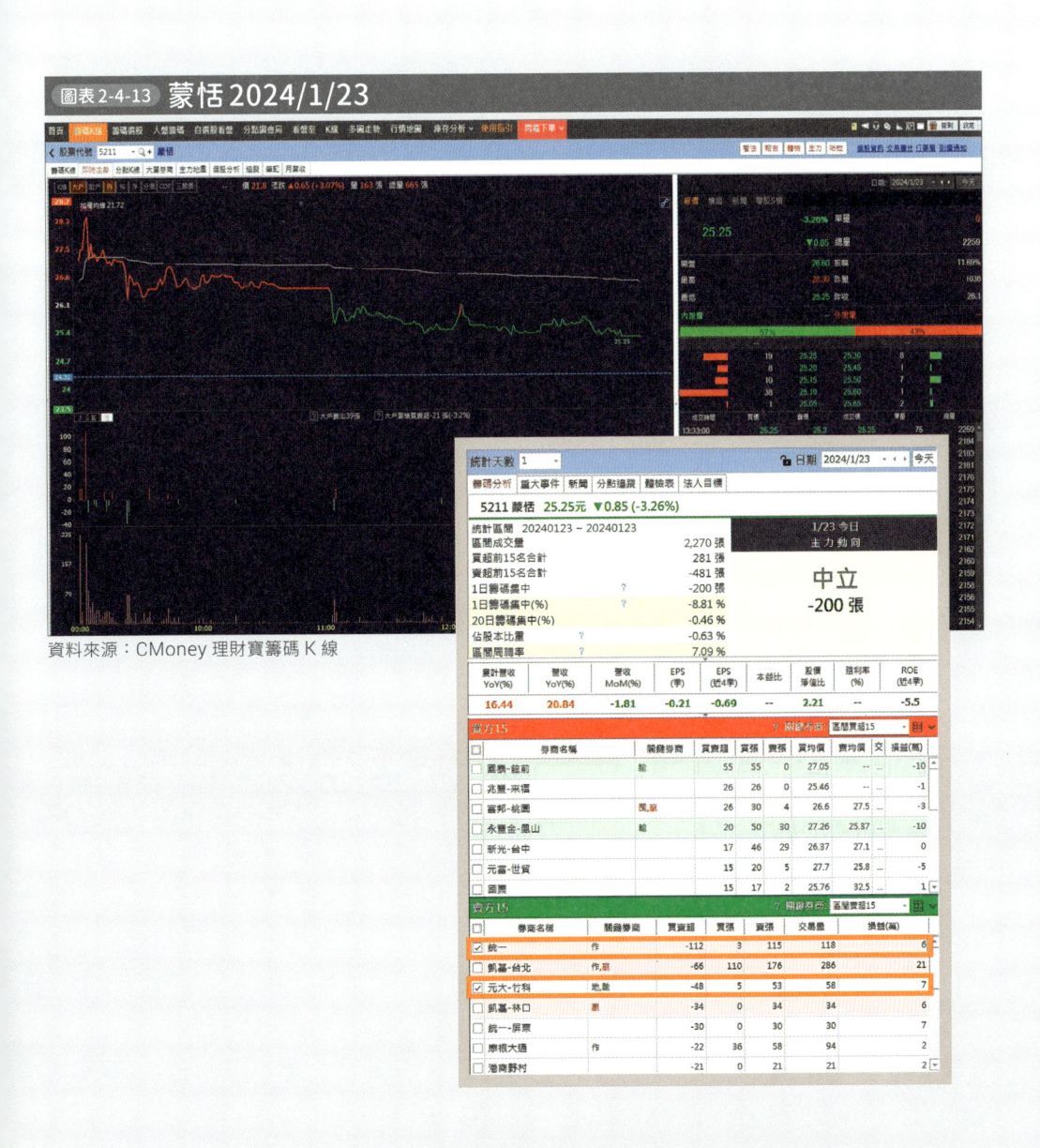

圖表2-4-13 蒙恬 2024/1/23

資料來源：CMoney 理財寶籌碼K線

案例7 — 律勝（3354）

2024/2/26股價漲停，盤後籌碼發現有隔日沖主力大買，買超占比44.14%，前5大幾乎都是隔日沖，有富邦-嘉義、元大、元富-松德、富邦。

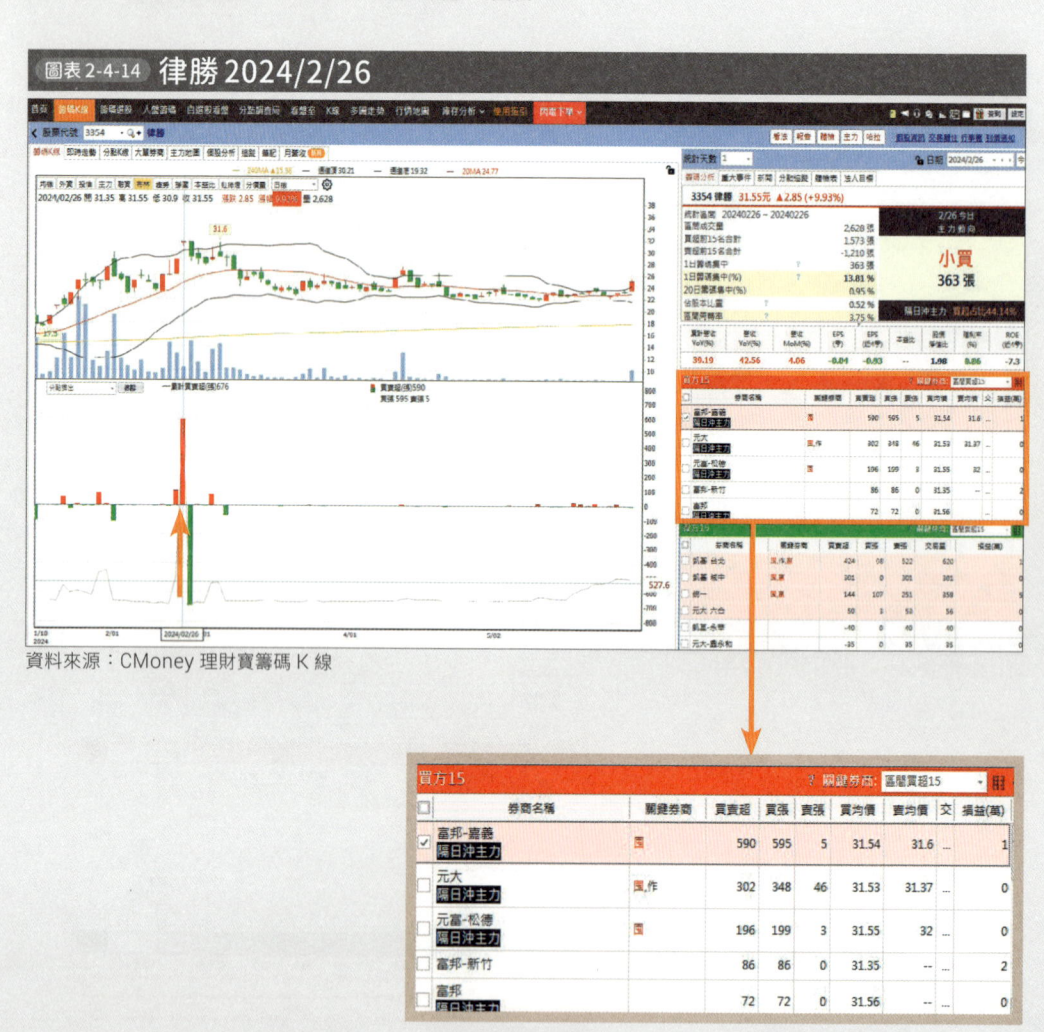

圖表2-4-14 律勝 2024/2/26

資料來源：CMoney 理財寶籌碼 K 線

2-4 | 現股隔日沖大戶

到了隔日，隔日沖大戶獲利出場。股價向下一度跌停，收黑。

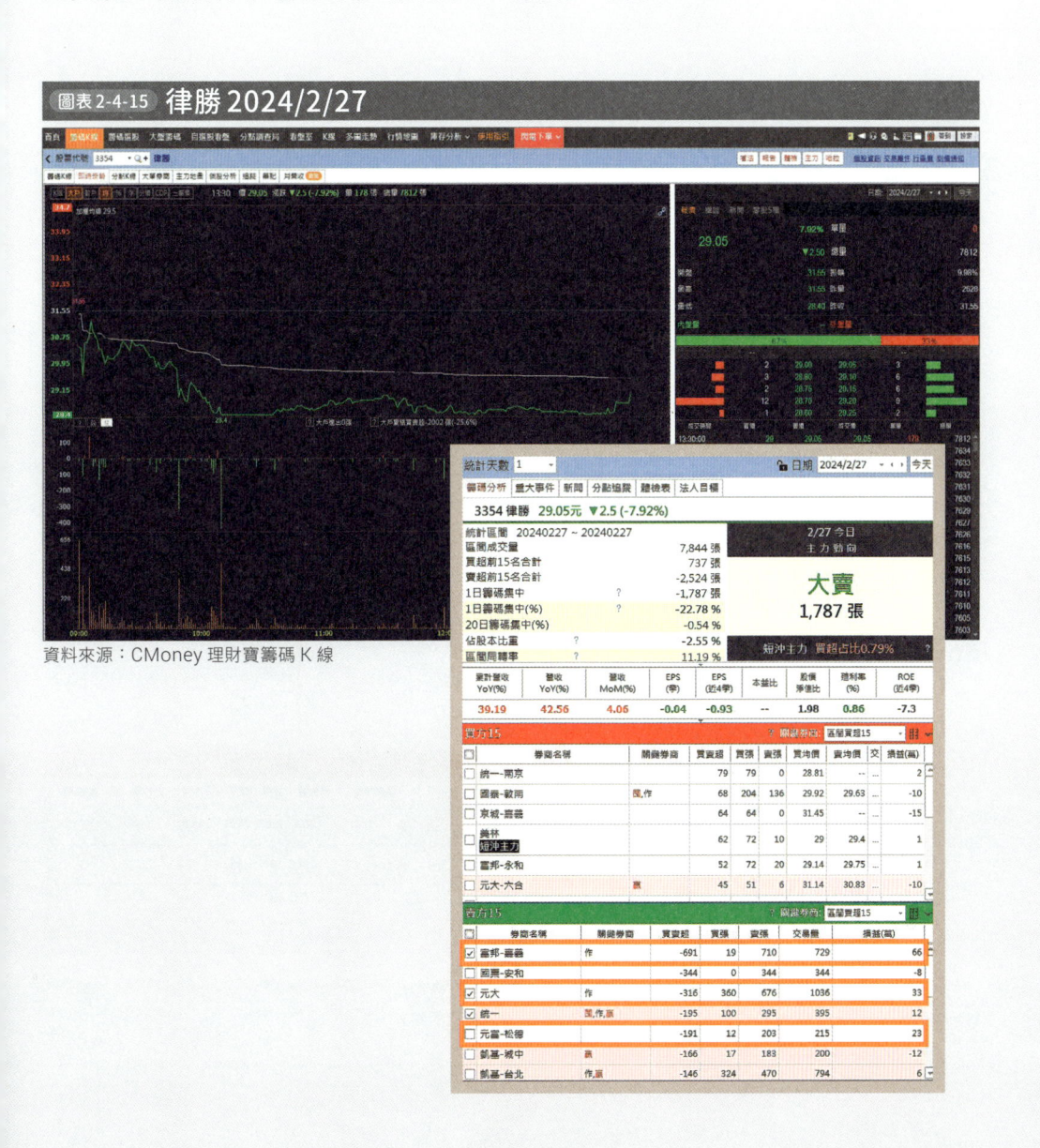

圖表 2-4-15　律勝 2024/2/27

資料來源：CMoney 理財寶籌碼 K 線

123

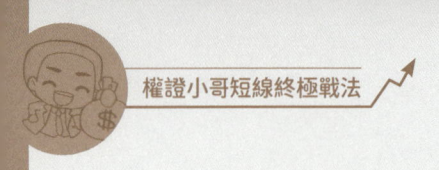

案例 8 — 工信（5521）

2024/3/6股價漲停，買超前兩名：富邦和統一，皆是隔日沖主力。

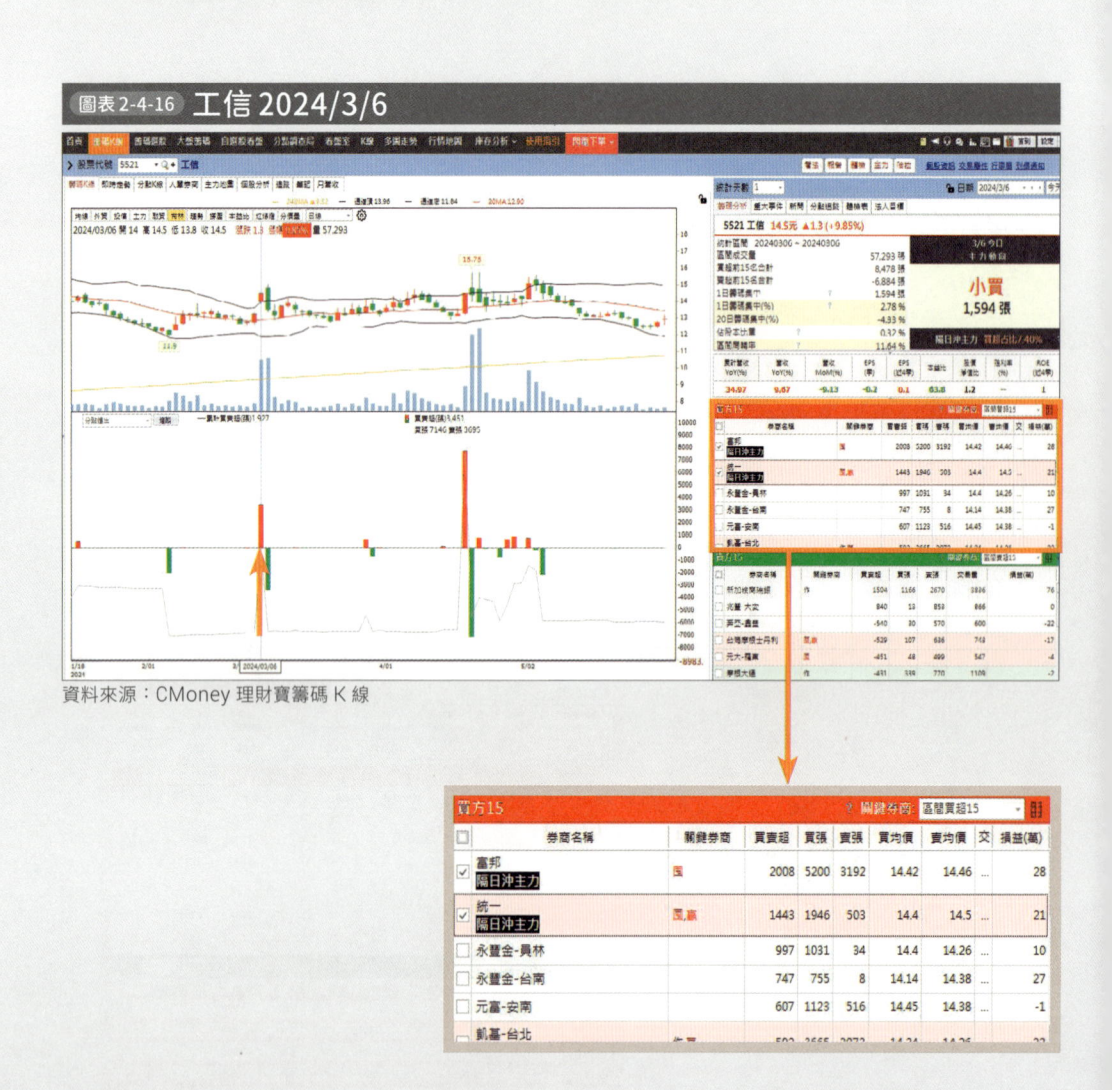

圖表 2-4-16　工信 2024/3/6

資料來源：CMoney 理財寶籌碼 K 線

2-4 現股隔日沖大戶

隔日股價開高後，隔日沖出貨，獲利入袋。股價收黑。

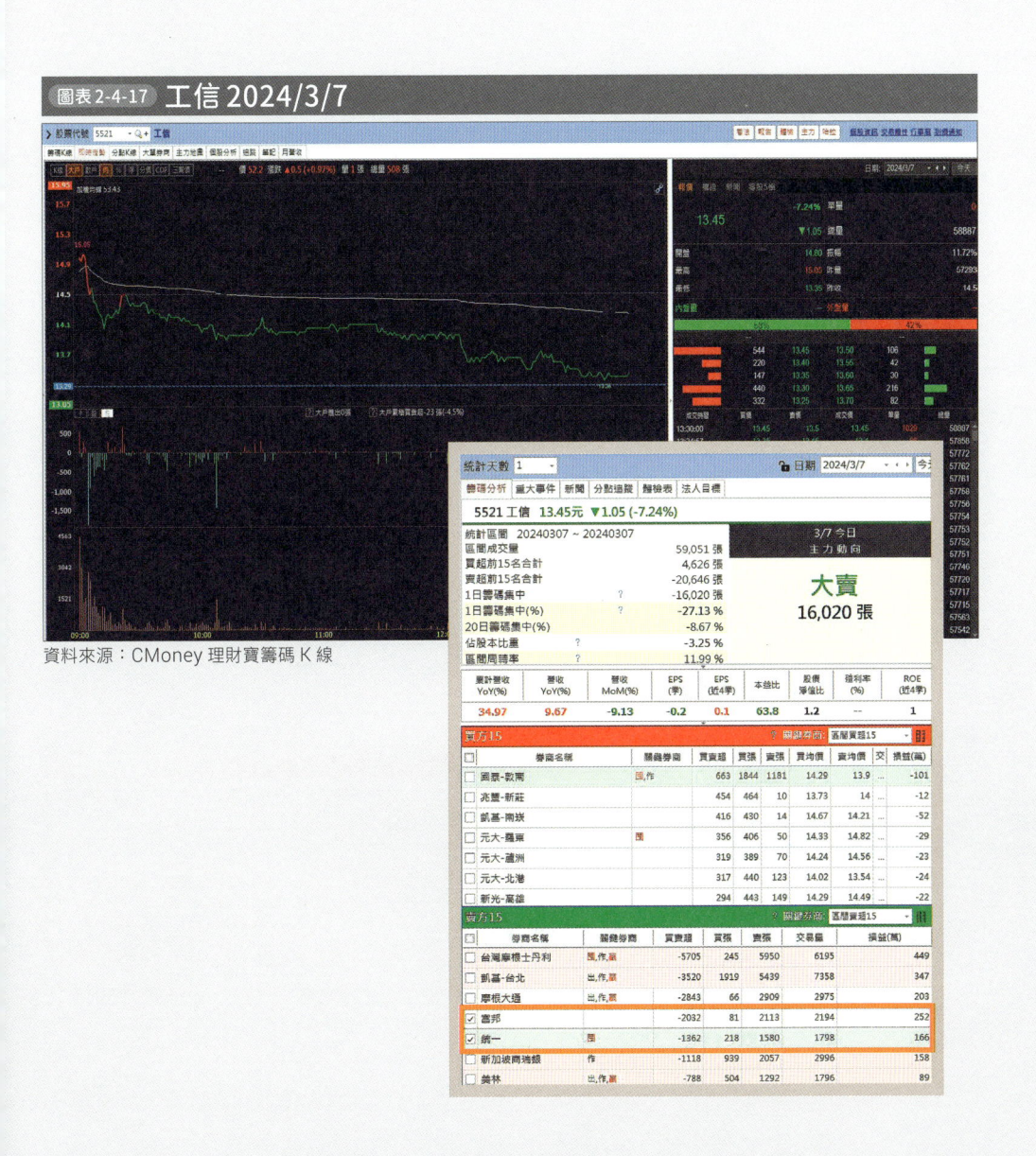

圖表 2-4-17　工信 2024/3/7

資料來源：CMoney 理財寶籌碼 K 線

案例 9 — 久威（6114）

2024/3/19股價收漲停，盤後研究籌碼發現有隔日沖大戶：統一和元大-新竹。

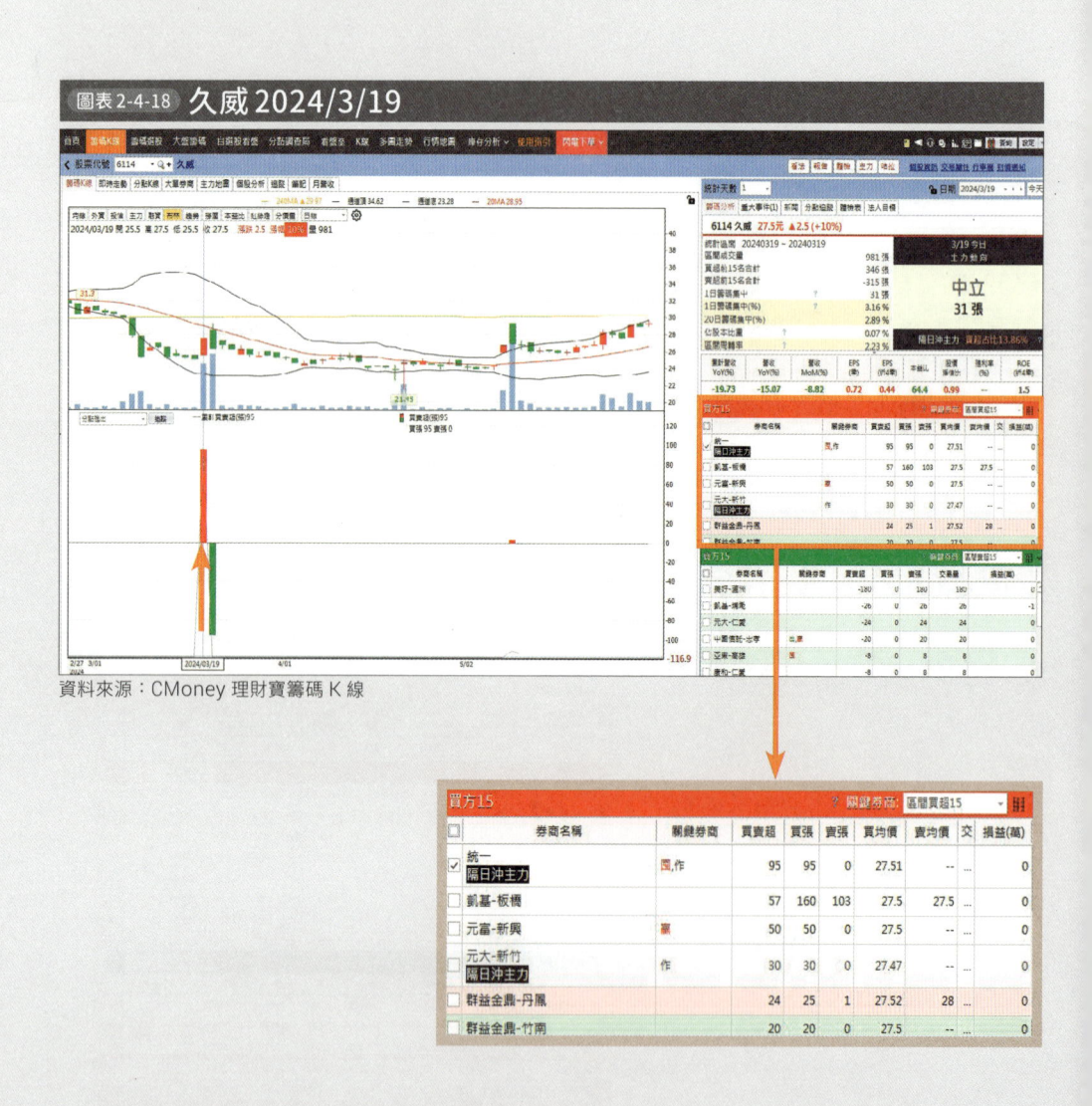

圖表 2-4-18　久威 2024/3/19

資料來源：CMoney 理財寶籌碼 K 線

2-4 現股隔日沖大戶

隔日股價開高後出貨。沒有其他主力進駐，股價收黑。

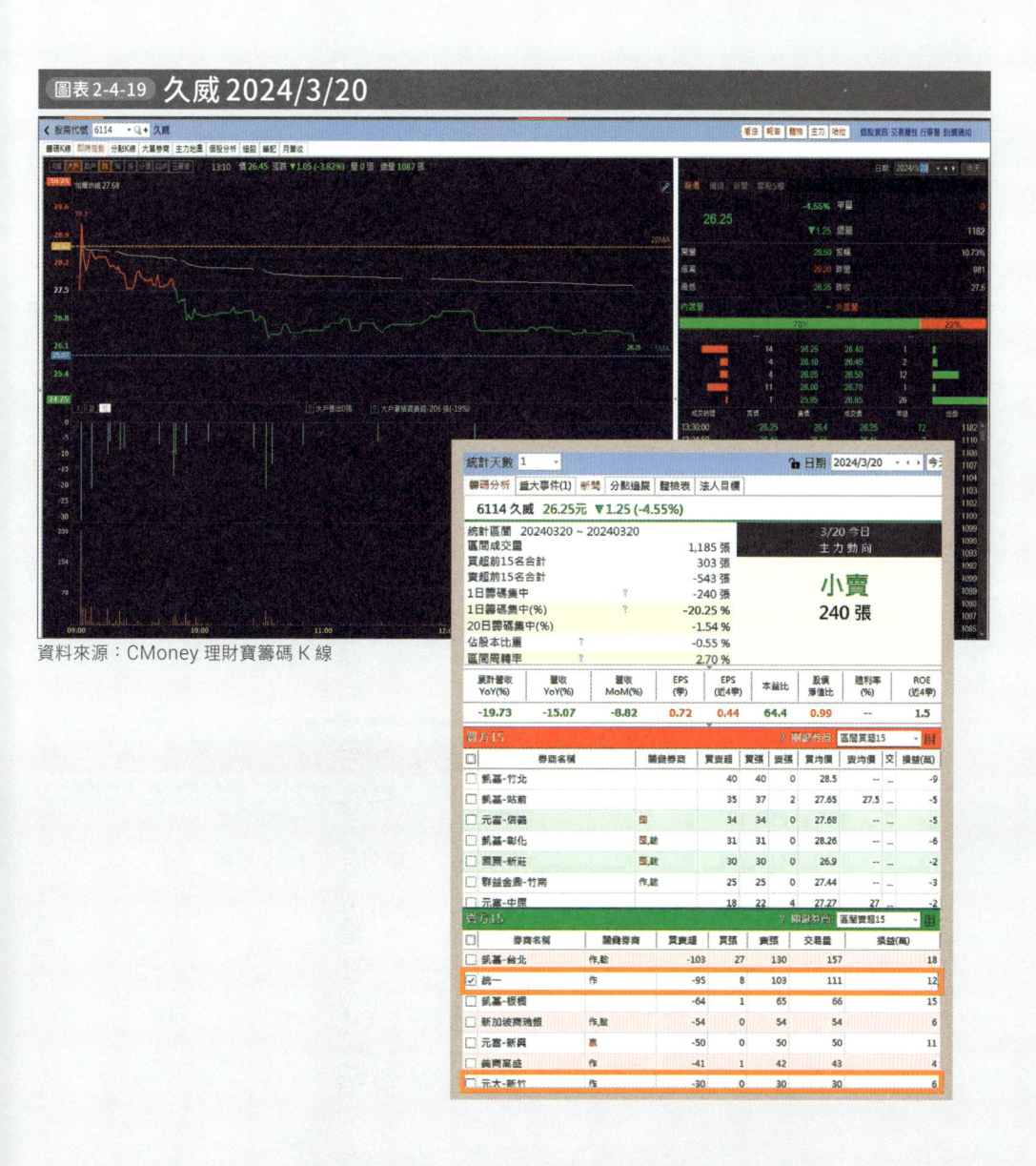

圖表2-4-19 久威 2024/3/20

資料來源：CMoney 理財寶籌碼 K 線

案例10 — 振發（5426）

2024/3/25股價漲停，盤後籌碼發現買超排名前5大皆是隔日沖主力：元大-林森、凱基-台北、富邦、富邦-嘉義、港商野村，隔日沖買超占比26.91%。

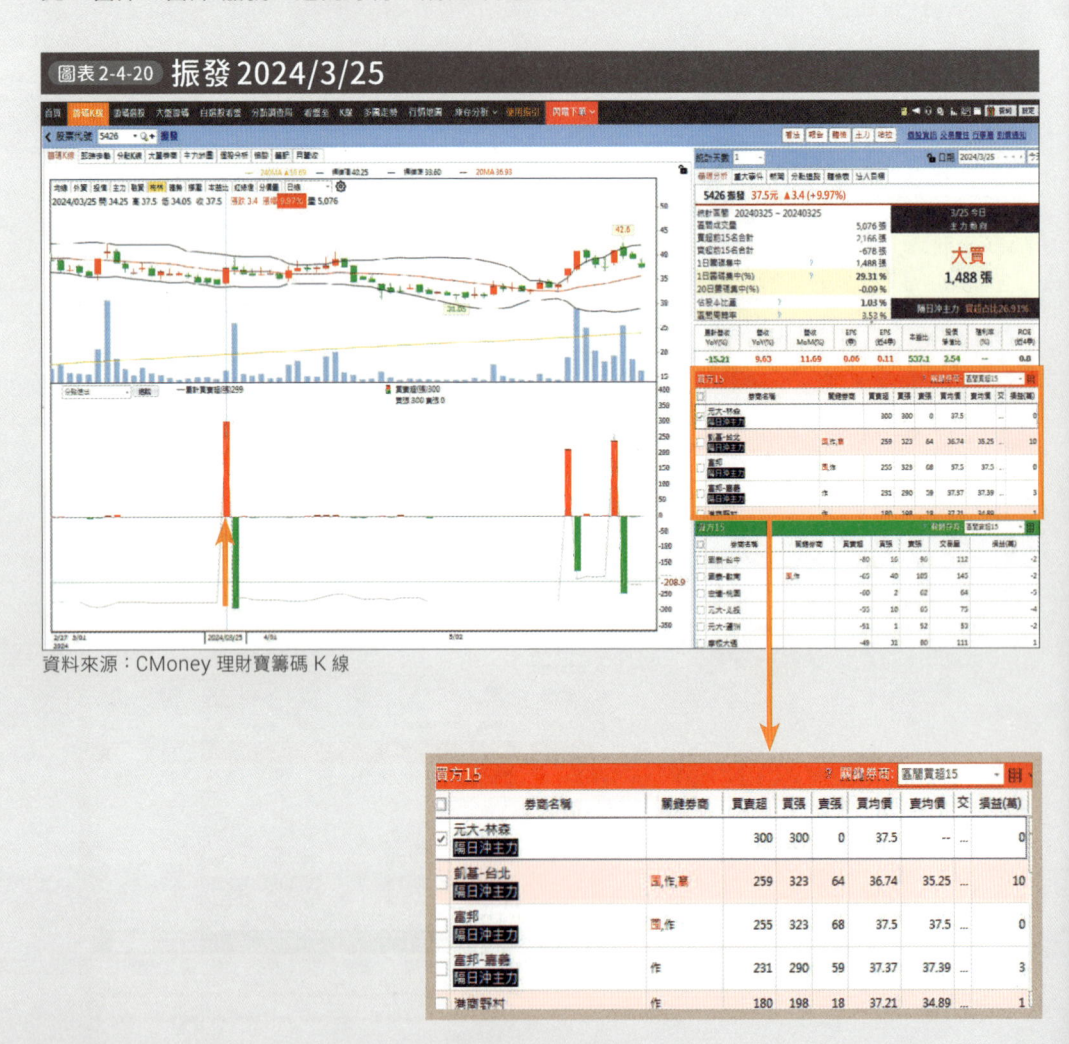

資料來源：CMoney 理財寶籌碼 K 線

2-4 | 現股隔日沖大戶

隔日股價開高後，隔日沖獲利出場，股價收黑。

圖表2-4-21 振發 2024/3/26

資料來源：CMoney 理財寶籌碼 K 線

權證小哥短線終極戰法

案例 11 — **台灣銘板（6593）**

2024/4/18股價漲停，籌碼發現有隔日沖主力凱基-台北和統一買進。

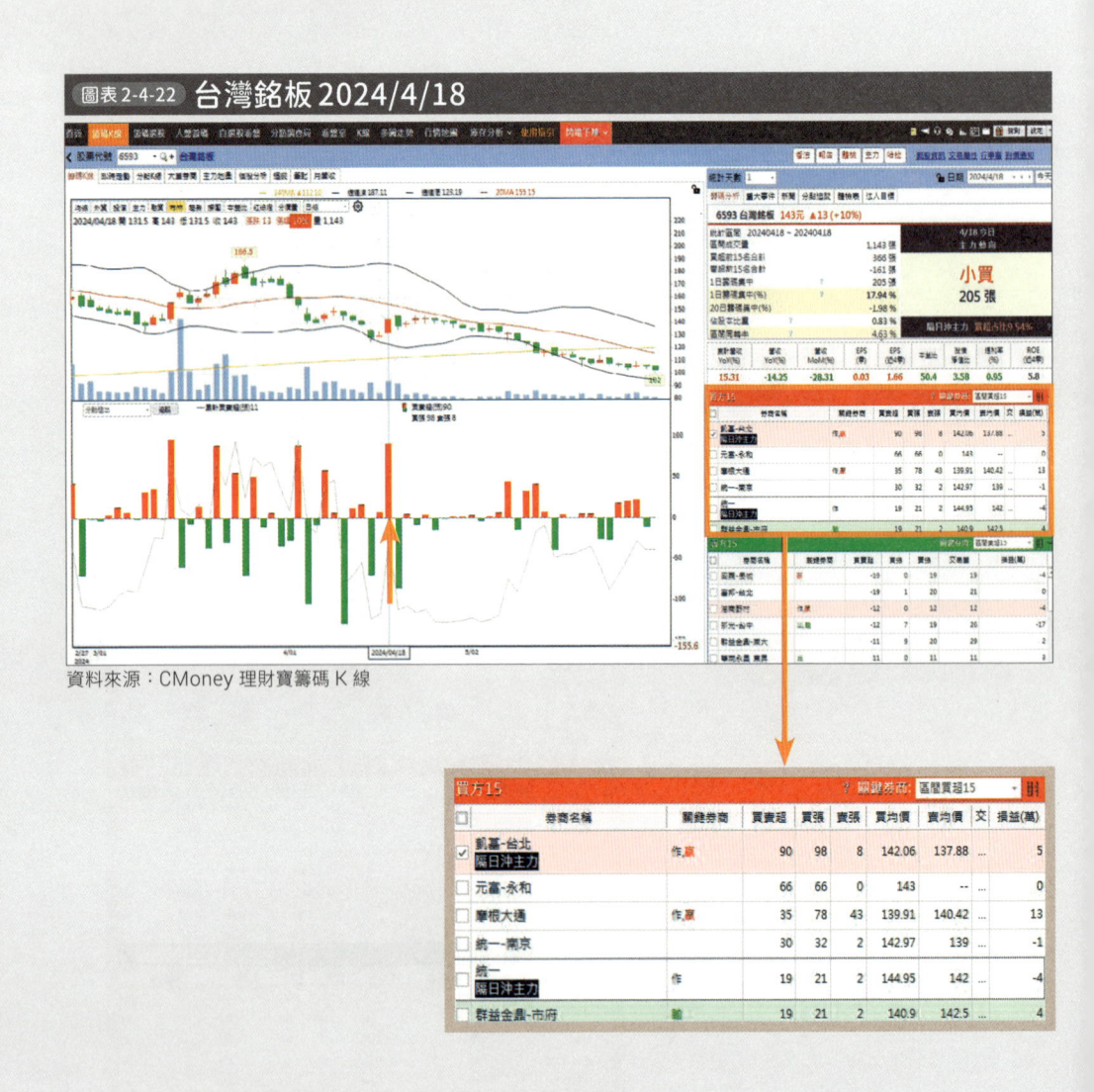

圖表2-4-22 台灣銘板 2024/4/18

資料來源：CMoney 理財寶籌碼 K 線

2-4 | 現股隔日沖大戶

隔日開高出貨後，股價向下。

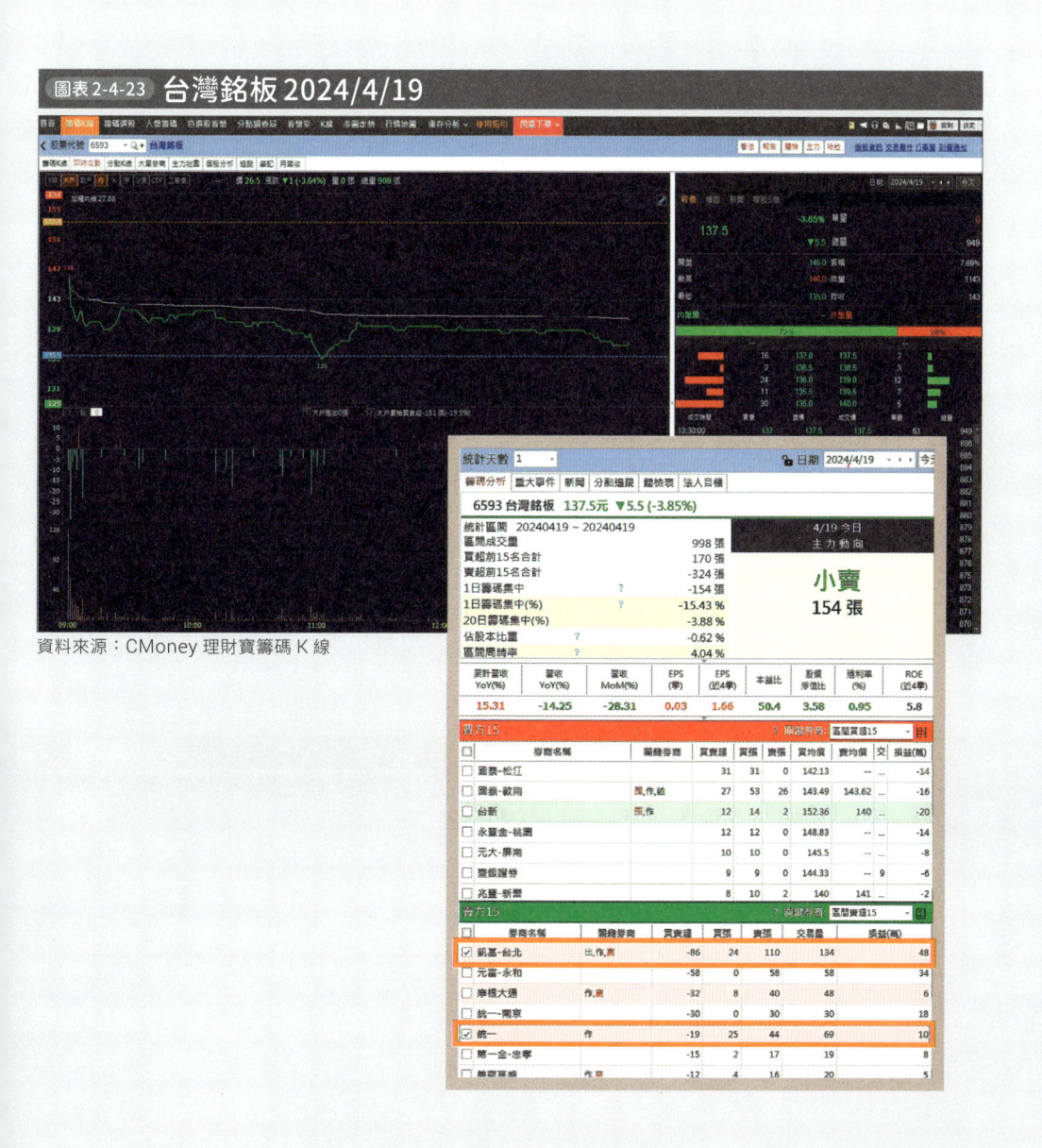

圖表2-4-23 台灣銘板 2024/4/19

資料來源：CMoney 理財寶籌碼 K 線

案例 12 — 凌網（5212）

2024/4/25股價漲停，有隔日沖主力：元大-新竹和統一買進，買超占比39.85%。

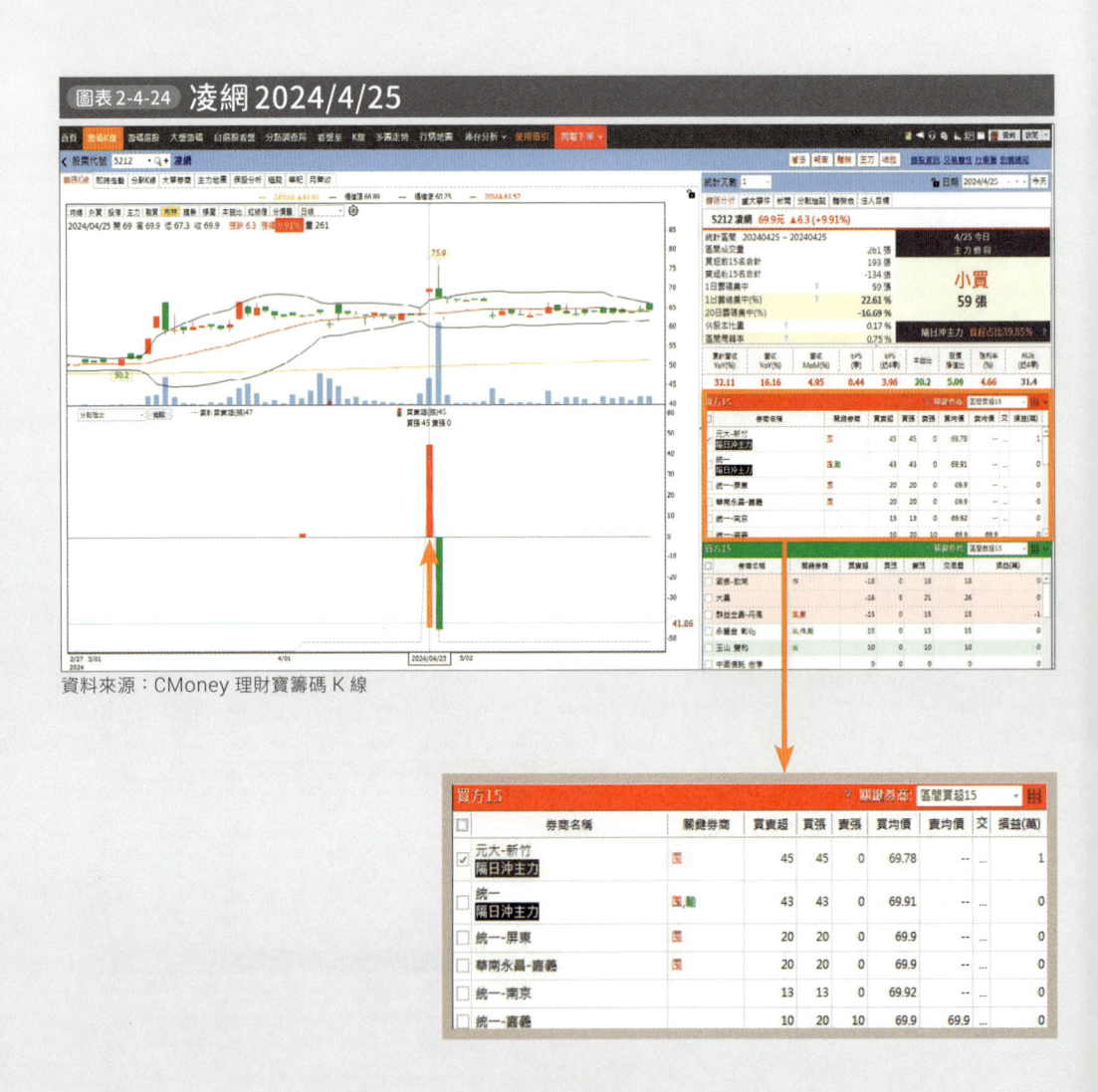

圖表 2-4-24 凌網 2024/4/25

資料來源：CMoney 理財寶籌碼 K 線

2-4 現股隔日沖大戶

隔日開高出貨後股價向下收低。

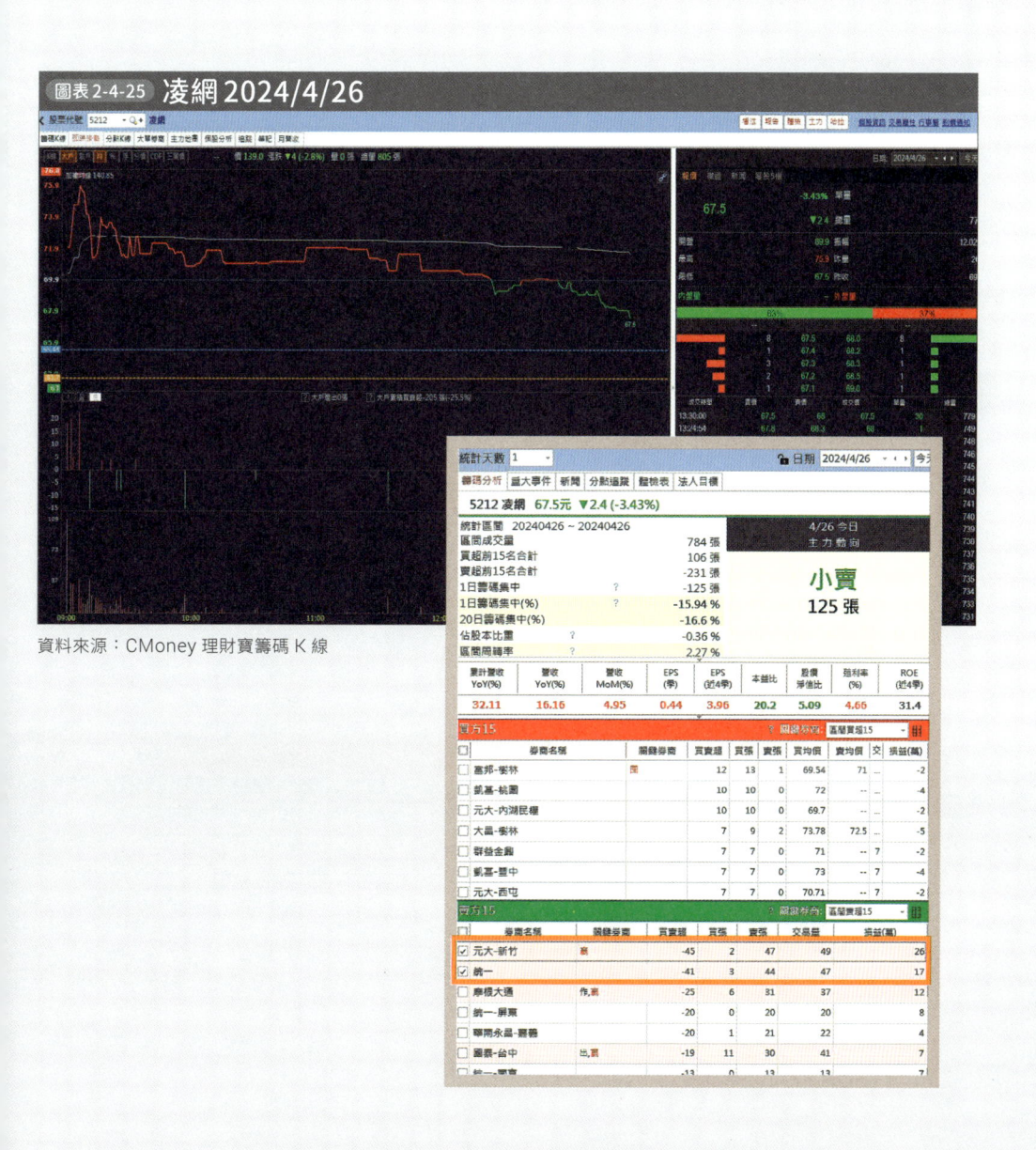

圖表 2-4-25　凌網 2024/4/26

資料來源：CMoney 理財寶籌碼 K 線

案例 13 — 美琪瑪（4721）

2024/4/30漲停，當天隔日沖買超占比40.28%非常高。買超分點有統一、元大、元富-永和、凱基-台北。

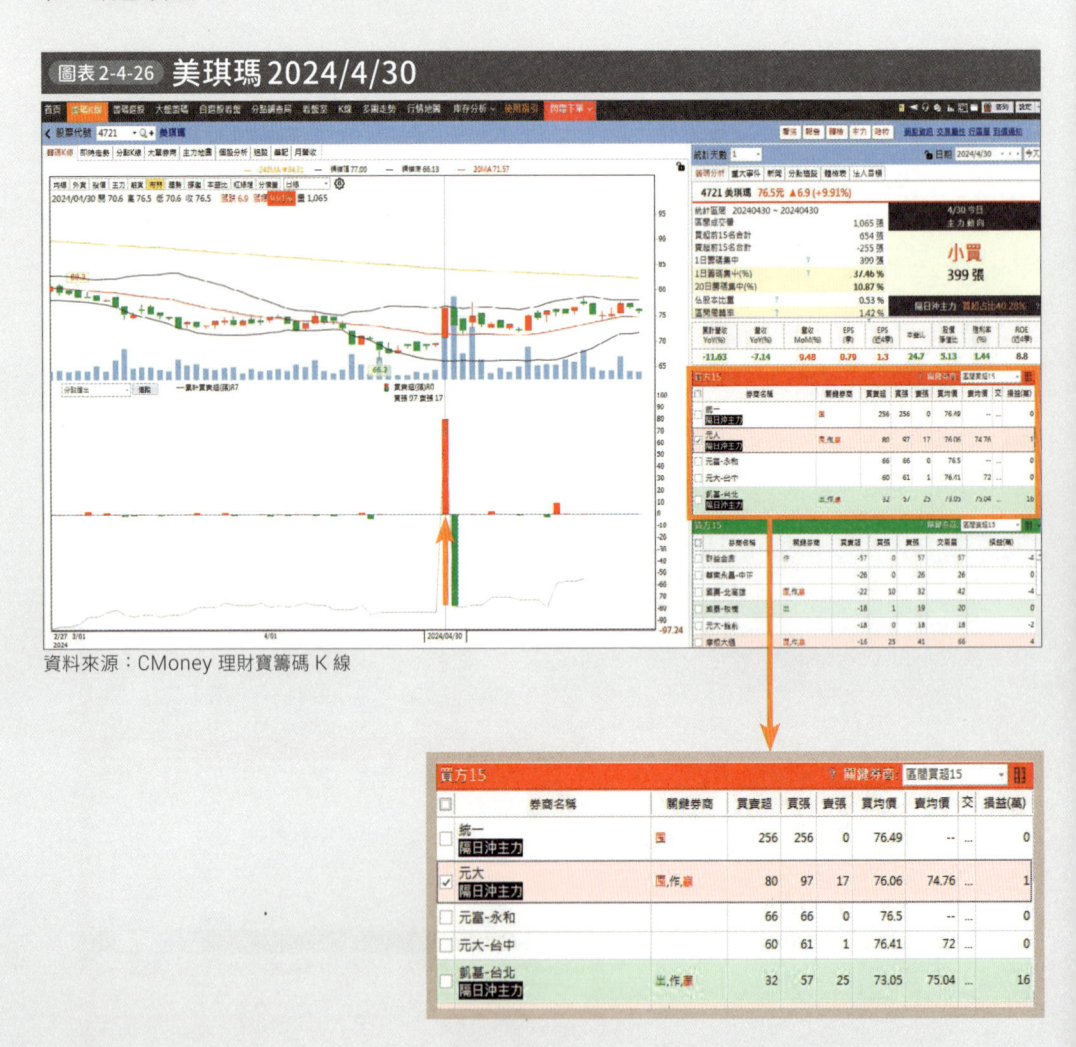

圖表 2-4-26 美琪瑪 2024/4/30

資料來源：CMoney 理財寶籌碼 K 線

2-4 | 現股隔日沖大戶

隔日賣壓從平盤開出，股價一路向下。

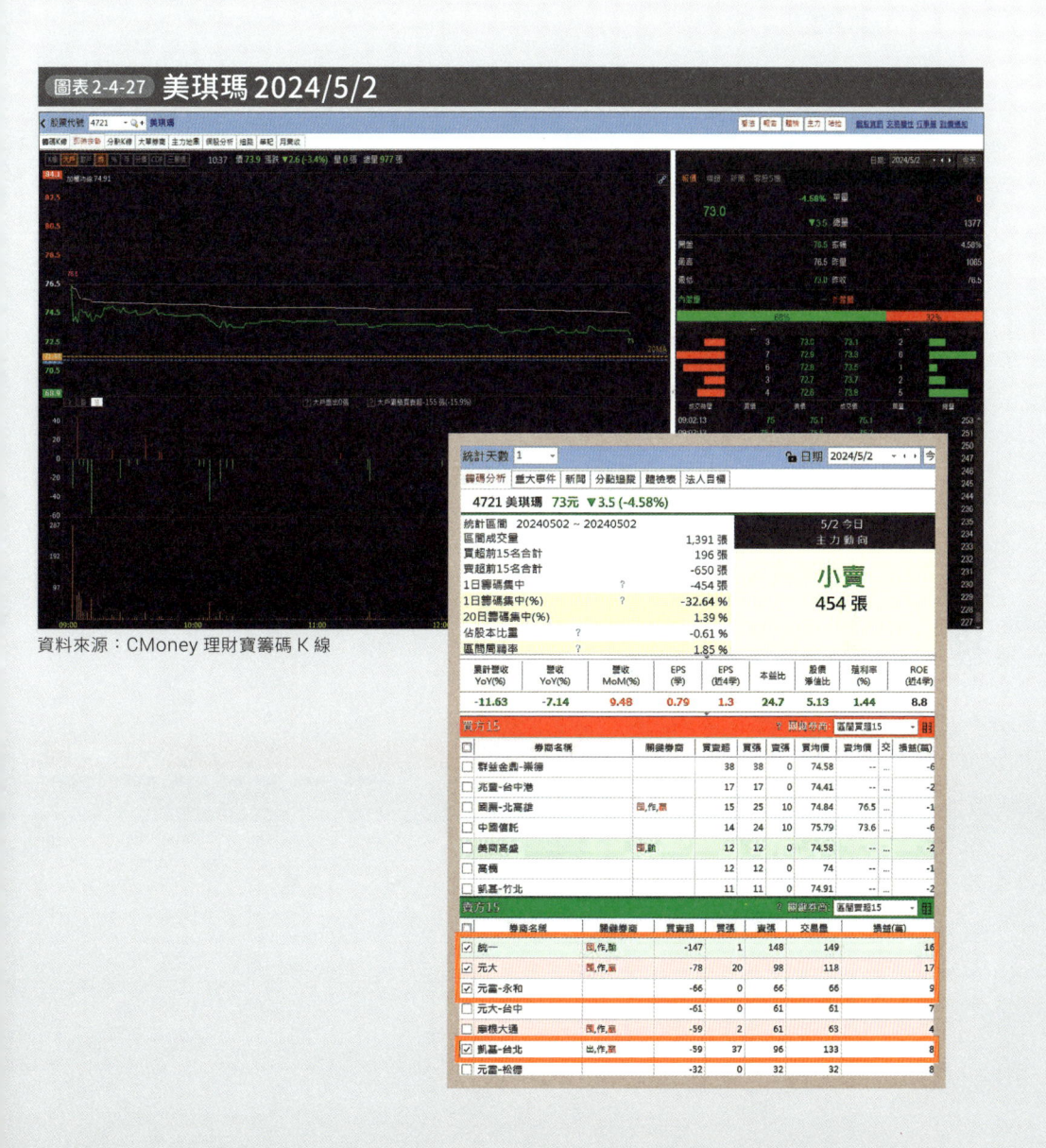

圖表 2-4-27 美琪瑪 2024/5/2

資料來源：CMoney 理財寶籌碼 K 線

案例 14 — 車王電（1533）

2024/4/30股價漲停，觀察籌碼元大和統一，兩大隔日沖大戶同時買超，買超占比21.04%。

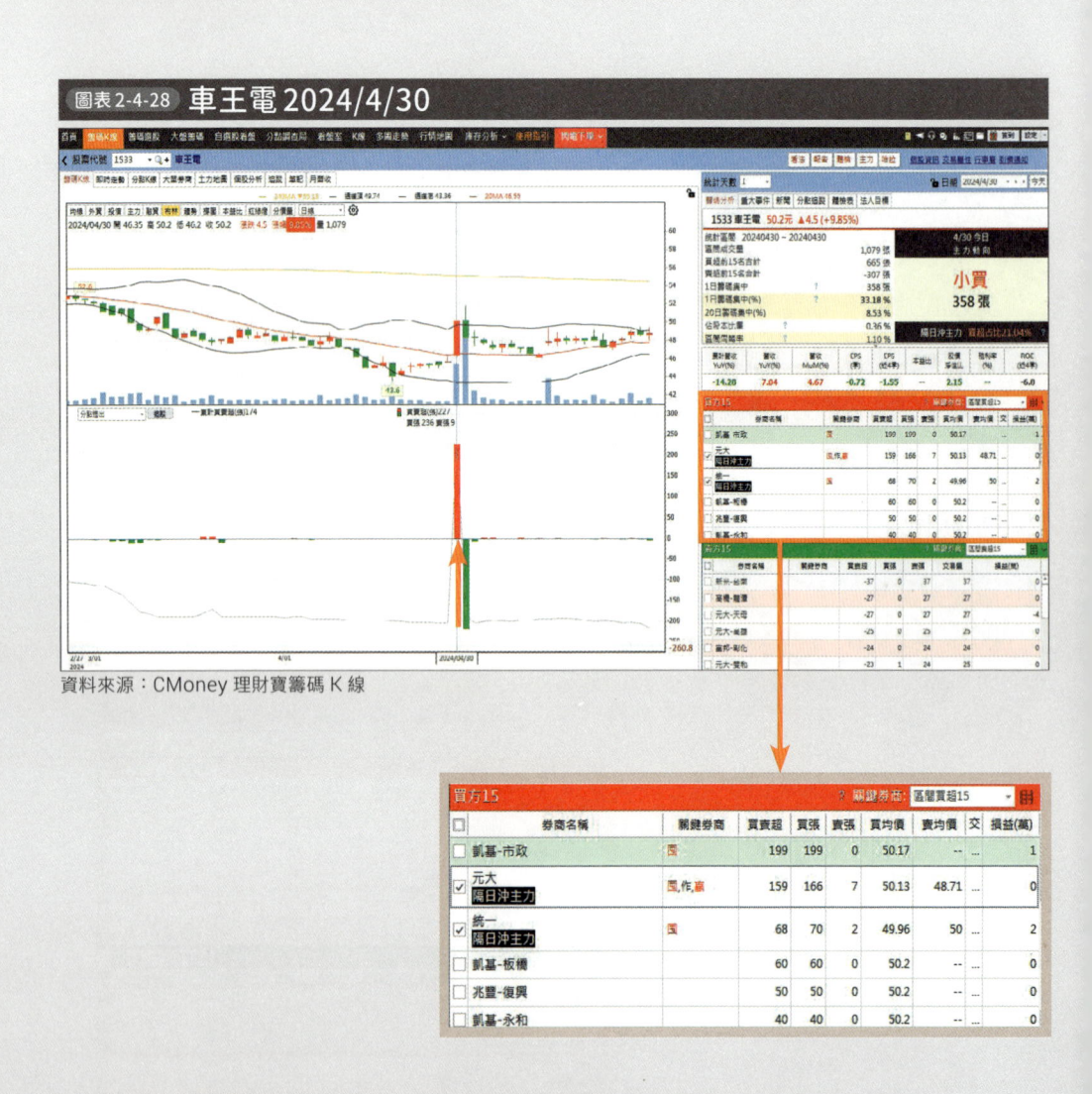

圖表2-4-28 車王電 2024/4/30

| 2-4 | 現股隔日沖大戶

隔日開高後出貨,股價收黑。

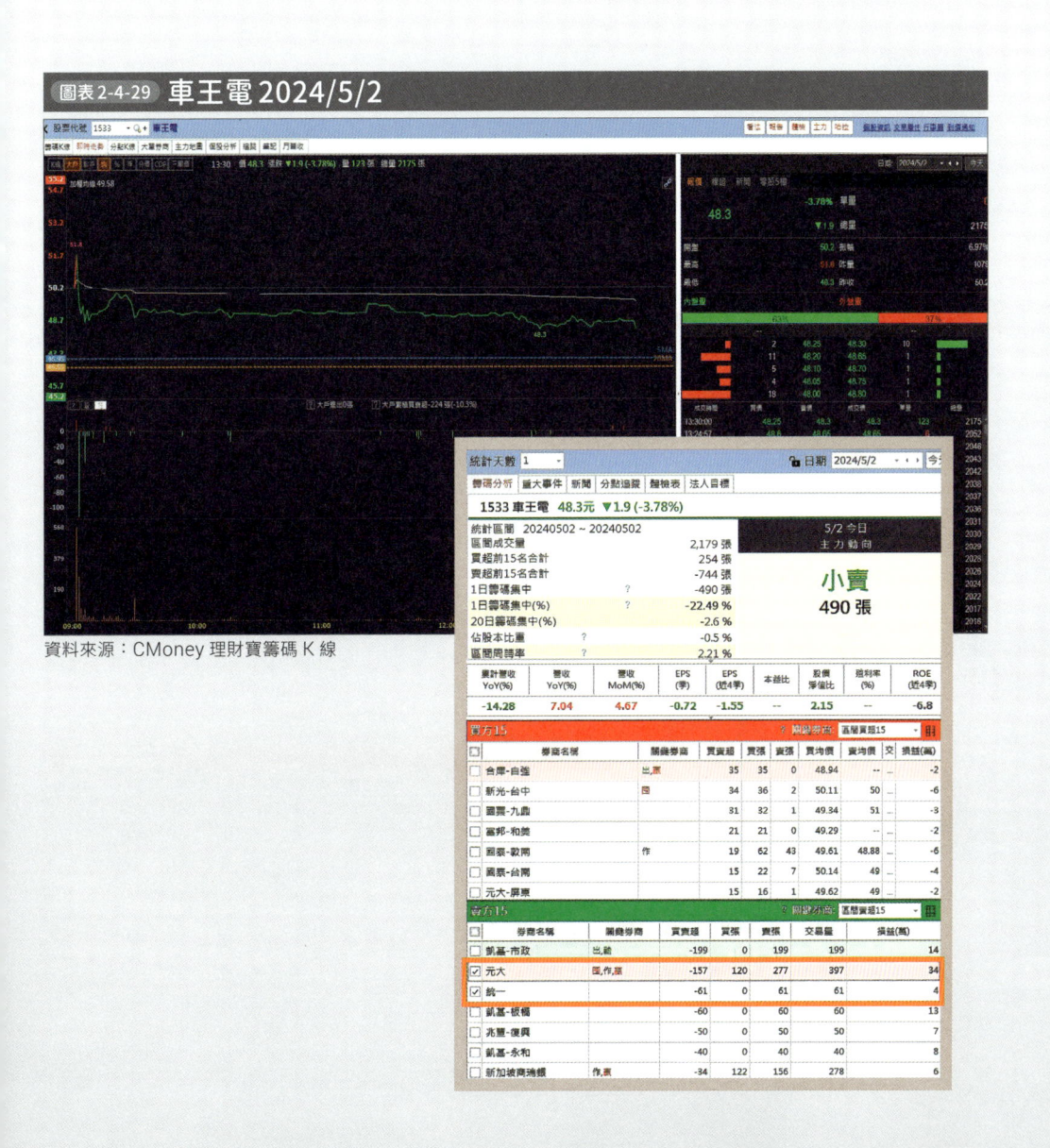

圖表 2-4-29 車王電 2024/5/2

資料來源:CMoney 理財寶籌碼 K 線

137

案例 15　旭暉應材（6698）

2024/5/24漲停，隔日沖買超分點：元富-永和、元大-新竹、凱基-台北，買超占比18.08%。

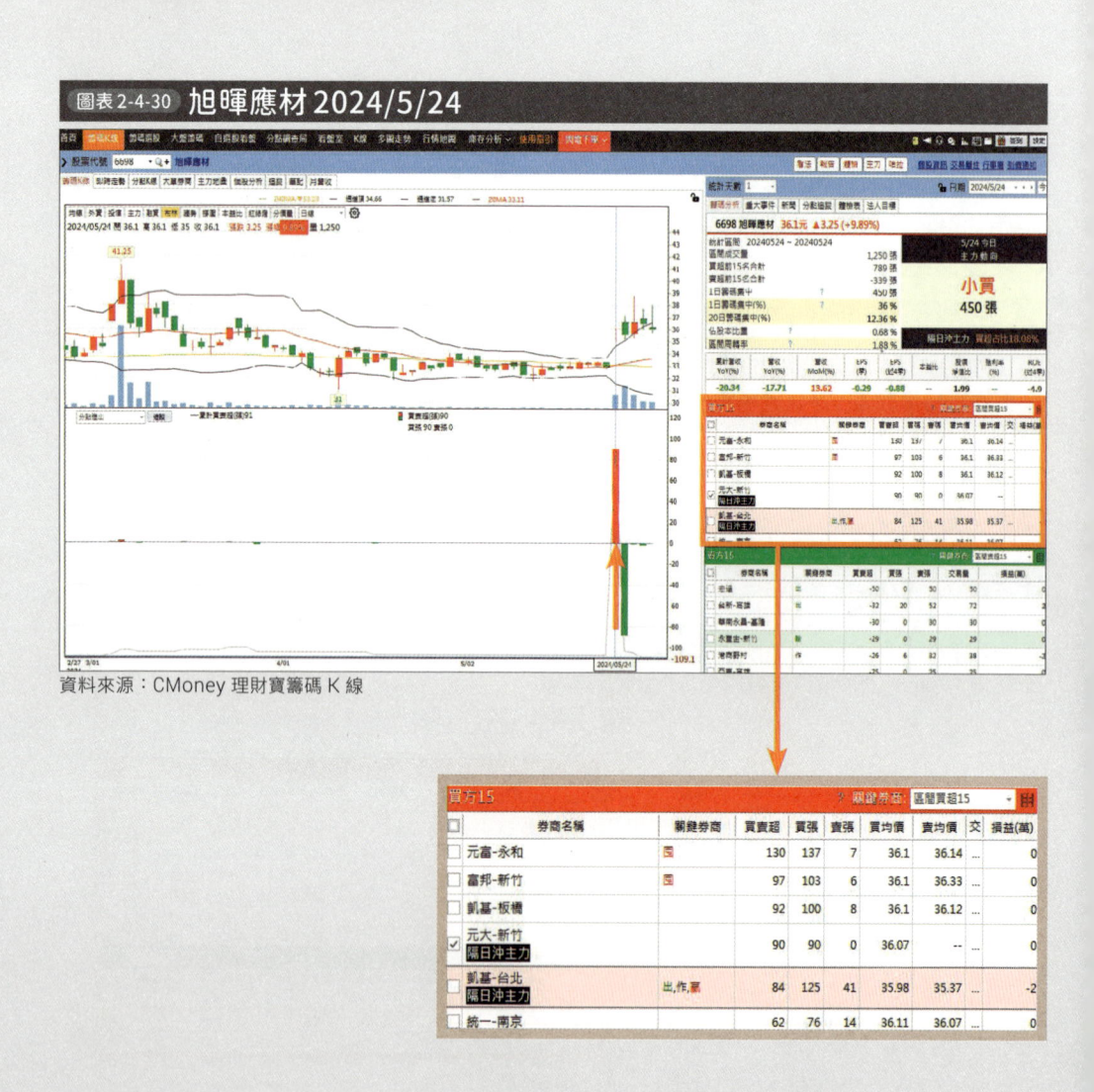

圖表 2-4-30　旭暉應材 2024/5/24

資料來源：CMoney 理財寶籌碼 K 線

2-4 | 現股隔日沖大戶

隔日出貨後，股價收黑。

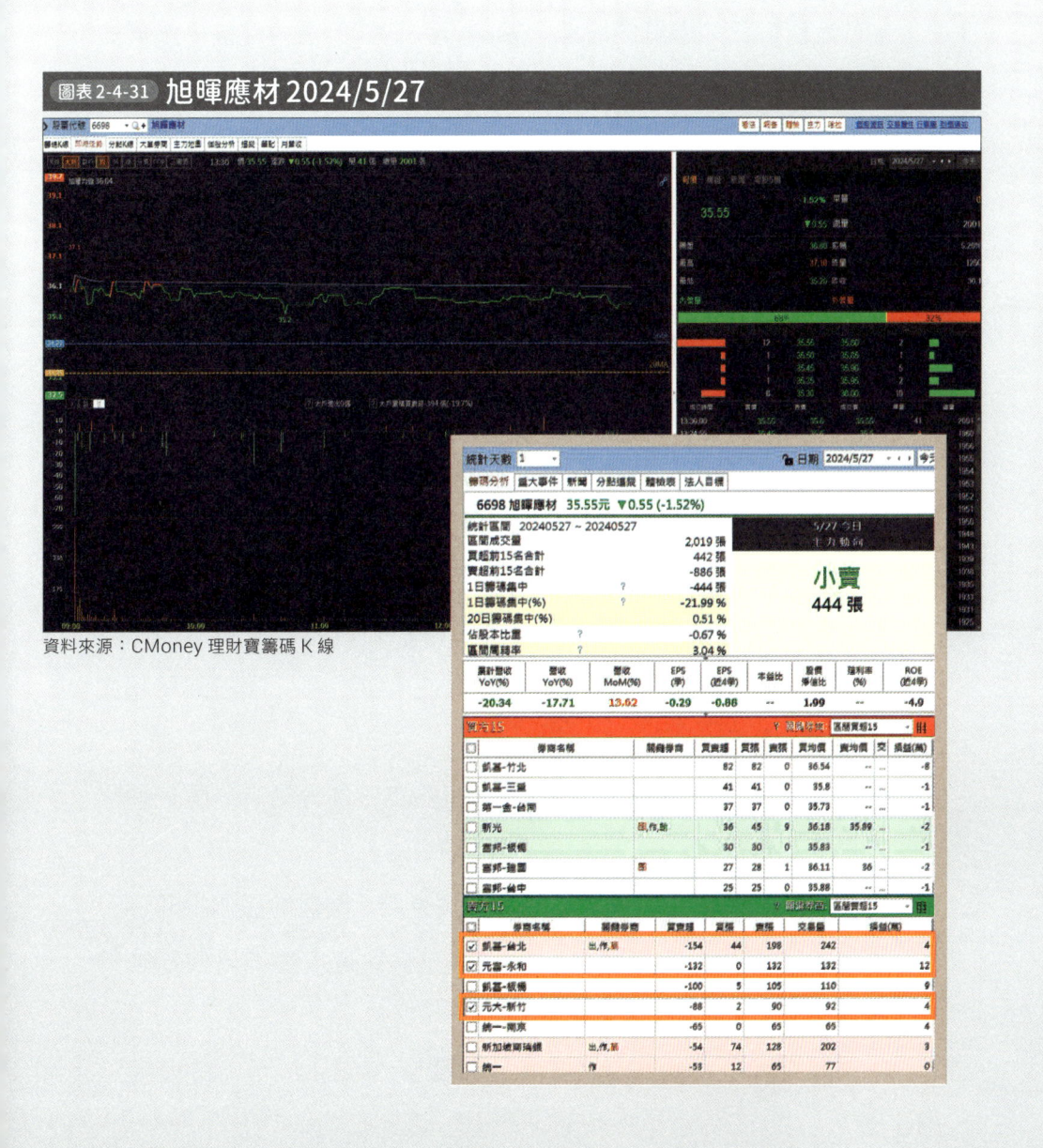

圖表 2-4-31 旭暉應材 2024/5/27

資料來源：CMoney 理財寶籌碼 K 線

從以上這些案例，我們可以發現：

- 長期觀察下來，發現鎖漲停的常常是隔日沖分點。
- 有大量隔日沖進駐的股票，如隔天沒有其他主力進駐，股價就容易收黑。

了解隔日沖操作特性，投資朋友要跟著隔日沖大戶進場操作時，每日必做功課及制定操作策略時要留意：

1. 在每日盤中交易時，當我們觀察到某檔股票，有大單進駐，而股價隨即鎖漲停時，就可以先記錄下來，盤後確認籌碼是否為隔日沖大戶進場。
2. 想要掌握個股是否有隔日沖分點進出，可從每日籌碼進出來觀察。觀察大買的分點操作習性，是否為隔日沖分點。也可從籌碼K線中的分點調查局來觀察隔日沖分點買入的標的。
3. 留意隔日沖進場的股票：如股價漲停板，買超有很多隔日沖分點。或股價大漲超過3%，成交量大於1,000張，隔日沖買超占當日成交量5%以上。
4. 當股票當天的買超前10大中，有很多隔日沖分點時，隔天通常容易開高走低。
5. 當發現標的股票日前有大量隔日沖買進時，開盤前股價攝漲停，這是為了出貨，開高時可別追。當你看到有大量隔日沖買進的股票：
① 委買掛大單：買盤掛大單時容易殺。

②委賣掛大單：賣盤掛大單容易拉。這是隔日沖常用的手法。

6. 開高別追高：當隔日沖大量出脫股票時，如未有其他主力接力進駐，股價就可能向下，跟著追高的投資人就可能被套而受傷。

7. 當股價走高買盤竭盡，周轉率爆高時，是當沖放空的最佳時機。

8. 投資操作要多方設想。放空時，最希望股價開高走低。黑K機率高的判斷：

   ① 當集保戶數暴增，又有很多隔日沖時，隔天黑K的機率很高。
   ② 關鍵分點大賣，遇上隔日沖大買，隔天賣壓容易大，賭黑K勝率就高。
   ③ 外資賣，隔日沖買了之後，隔天也容易黑K。

9. 有些隔日沖會開好幾個分點，有時候會匯撥股票讓人誤判，所以需要留意觀察。

📊 小結

1. 當你發現有一檔股票拉長紅K棒快要鎖漲停時，千萬不要盲目追高，要多角度觀察，了解原因。

2. 如果買進之後才發現是隔日沖拉高股價，怕遇到隔天隔日沖出貨收黑，這情況發生該怎麼做？如果是「短線」交易，就要評估是否隔天開高就賣出，設好自己可以接受的停損點，遵守投資紀律。不到停損價不亂賣，跌破停損價，絕不留戀。如果是波段，看好長期發展，就不需要太在意短線上的波動。

3. 股市交易變動因素大，沒有絕對，隔日沖大戶也有隔天不出場

的時候，或是有另一批隔日沖大戶進場時，股價走勢就會不同，管控好投資風險，制定停損點是必要考量。當受到大環境或重大訊息發布影響，因而隔日盤勢發展不如預期時，有些大戶也有可能拗單。

4. 極短線交易，一定要花更多的時間來研究籌碼，多找幾個進場的理由，才能提高勝率。

5. 投資交易要能靈活面對市場變化，保持客觀理性，謹記風險管理，嚴格執行停損策略。因為投資市場永遠充滿不確定性，唯有堅持紀律、理性決策，才能長期立於不敗之地。

2-5 權證波段單分點

在深入研究券商分點的操作模式時，有一類特殊的主力，很值得投資時格外關注，那就是慣於操作波段權證、績效好的分點。仔細觀察他們的操作模式，我們可以發現以下特徵：

主力特色：精準掌握消息面，善於利用權證特性（高槓桿、高報酬）來布局。

操作特性：在低檔布局，波段持有，利多或利空消息見報時，就獲利出場。

▎常見的權證波段單主力分點

　　權證波段單分點中,有我們常說的權證老司機分點。所謂的「權證老司機」就是在權證市場上一直都是厲害的分點,長期觀察來看,當他們買認購的時候,常常有大利多;而他們買認售時,常有大利空,這種分點我們就稱為權證老司機。

　　常見的有:**富邦-仁愛**、永豐金-中正、凱基-信義。

　　近期厲害分點有:**凱基-松山、永豐金-內湖、元大-敦南、永豐金-竹科、台新-台南、華南永昌-台中、華南永昌-板橋、元大-北港、國泰-敦南**、第一金-高雄、新光-台中、凱基-三重。

　　國票-長城買立積(4968)認售是厲害分點。

跟著主力獲利的操作技巧

1. 利用「權證小哥-全方位獨門監控」的「大戶搜密」找出當日主力購買的權證標的。
2. 利用「權證小哥-全方位獨門監控」的「券商排行」來觀察單日券商進出明細,是每日必看的資料。
3. 觀察籌碼狀況,找尋可介入的機會進場。
4. 當有利多新聞一出時,就得找機會下車,或是權證波段主力出場時跟著出場。
5. 跟著權證波段分點做多。多頭的時候,挑選出來的認購標的,通常還不錯;而在盤整或空頭的時候,特定權證分點挑選出來

2-5 | 權證波段單分點

圖表 2-5-1 凱基 - 松山操作神達（3706）

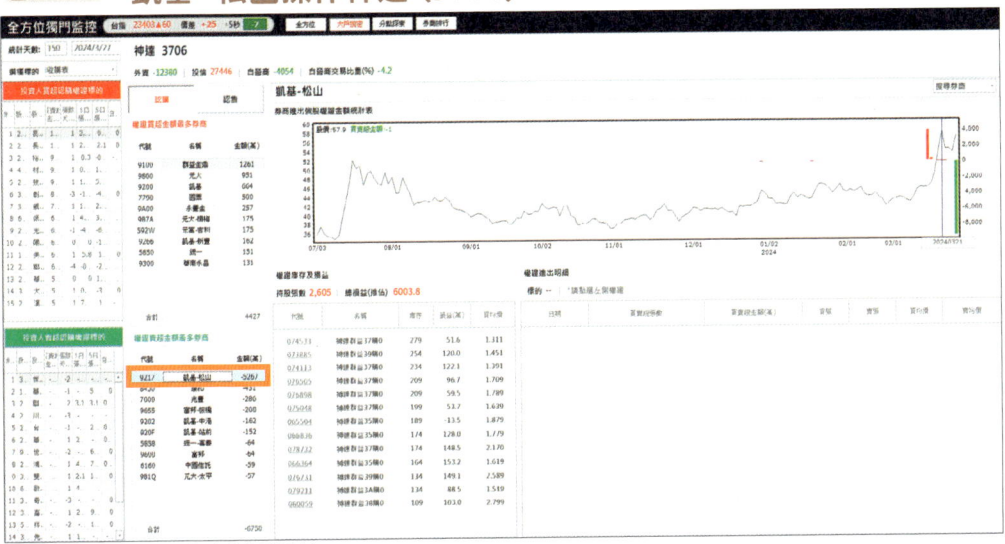

資料來源：權證小哥 - 全方位獨門監控

圖表 2-5-2 凱基 - 松山操作亞翔（6139）

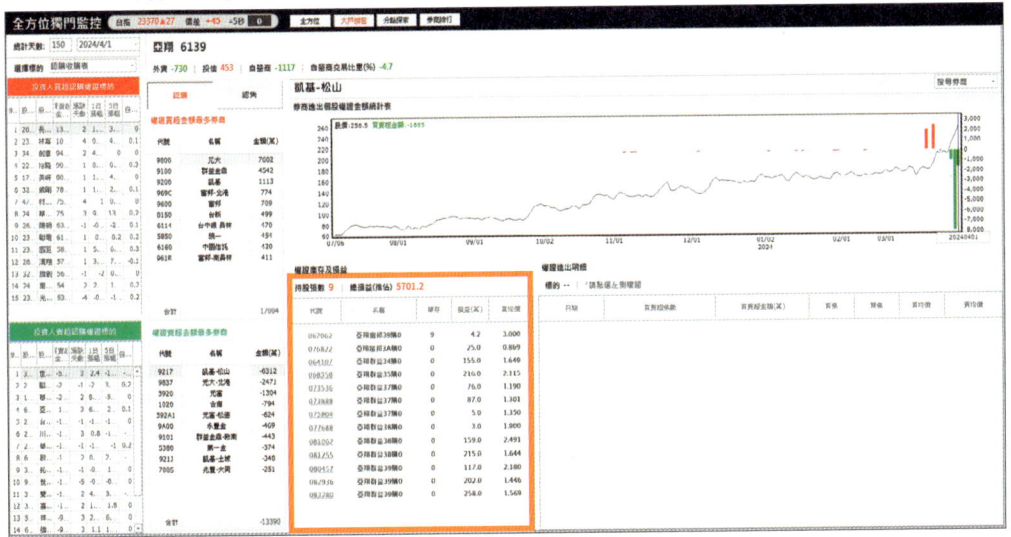

資料來源：權證小哥 - 全方位獨門監控

145

的認售標的,很值得追蹤,因為他們常常會提早知道利空。

經典案例

2024年操作權證波段單的分點,一定要提到凱基-松山。在2024年3～4月間,神操作神達(3706)和亞翔(6139),短短期間就讓凱基-松山賺進1億多元(參見圖表2-5-1～3)。

圖表2-5-3 凱基-松山獲利上億

代號	名稱	標的代號	標的名稱	委買價	均買價	買強	均賣價	賣強	買超(張)	買超金額(萬)	已實現損益(元)	未實現損益(元)	總損益(元)
030327	統奇元大3A購	2330	台積電	4.68	1.52	2,271	1.61	2,271	0	-21	191,996	0	191,996
716050	界herokuA購C	5347	世界	12.00	3.06	1,048	3.25	1,048	0	-19	179,902	0	179,902
085073	凱元富39購1	2603	長榮	1.83	1.56	1,996	1.66	1,996	0	-19	182,235	0	182,235
072597	凱元富3C購C	2603	長榮	2.34	2.08	1,497	2.17	1,497	0	-13	121,428	0	121,428
084942	凱元富39購C	2603	長榮	1.91	1.56	1,996	1.62	1,996	0	-13	114,494	0	114,494
084522	光群富3A購C	2385	群光	0.07	2.10	1,996	1.03	1,996	0	214	-2,146,939	0	-2,146,939
083857	潤群富3A購	6139	亞翔	5.70	2.01	998	4.23	998	0	-221	2,199,566	0	2,199,566
085157	凱群富39購1	2603	長榮	2.02	1.94	1,497	2.08	1,497	0	-21	201,951	0	201,951
060782					0.97	2,971	1.04	2,971	0	-20	189,022	0	189,022
060781					1.56	1,894	1.60	1,894	0	-7	58,228	0	58,228
072006	世達永富37購	2352	佳世達	0.02	1.46	2,016	1.38	2,016	0	16	-168,005	0	-168,005
082870	凱國豐43購C	2603	長榮	1.40	1.57	1,896	1.45	1,896	0	22	-230,877	0	-230,877
083280	凱富富39購C	6139	亞翔	0.00	1.57	998	4.16	998	0	-259	2,570,918	0	2,570,918
084941	凱元富39購C	2603	長榮	1.73	1.43	1,996	1.41	1,996	0	3	-43,070	0	-43,070
085300	凱元富3C購C	2603	長榮	1.35	1.36	2,006	1.42	2,006	0	-12	107,870	0	107,870
080964	凱元富3B購C	2603	長榮	4.10	2.85	998	2.67	998	0	18	-193,549	0	-193,549
074685	凱國豐38購C	2603	長榮	0.51	1.57	1,885	1.33	1,885	0	47	-474,068	0	-474,068
083429	凱群富39購C	6139	亞翔	0.00	1.49	998	3.97	998	0	-247	2,460,564	0	2,460,564
081255	凱群富38購C	6139	亞翔	0.00	1.64	998	3.79	998	0	-214	2,131,099	0	2,131,099
083777	凱群富39購C	6139	亞翔	0.00	1.54	998	3.87	998	0	-233	2,314,865	0	2,314,865
084187	賈票富3C購C	6605	帝寶	4.04	2.94	998	2.46	998	0	48	-486,904	0	-486,904
076790	凱票富3A購C	2603	長榮	2.74	2.70	998	2.83	998	0	8	-87,379	0	-87,379
713027	界herokuA購C	5347	世界	8.90	2.42	1,048	2.83	1,048	0	-23	219,208	0	219,208
070612	統一3C購C	2603	長榮	1.54	1.37	1,939	1.35	1,939	0	3	-34,368	0	-34,368
083942	大群富3B購C	9921	巨大	0.06	1.44	1,896	1.29	1,896	0	27	-281,839	0	-281,839
083343	光群富3A購C	2385	群光	0.06	3.74	998	1.37	998	0	237	-2,373,548	0	-2,373,548
712172	界herokuA37購C	5347	世界	14.30	2.69	908	2.80	908	0	-10	86,950	0	86,950
063598					0.34	6,160	0.47	6,160	0	-82	805,947	0	805,947
084533	凱群富41購C	2603	長榮	1.51	1.59	1,497	1.69	1,497	0	-15	136,013	0	136,013
082936	凱群富39購C	6139	亞翔	0.00	1.45	998	3.46	998	0	-201	1,997,249	0	1,997,249

資料來源:權證小哥 - 全方位獨門監控(分點探索)
註:為呈現過往資料,此為舊版軟體畫面,軟體已於2025年更新。

權證波段單主力觀察

其他權證波段單主力2024年1～6月的操作績效參考如下：

圖表2-5-4 波段權證富邦 - 仁愛

代號	名稱	標的代號	標的名稱	委買價	均買價	買張	均賣價	賣張	買超(張)	買超金額(萬)	已實現損益(元)	未實現損益(元)	損益(元)
071372					1.41	7,957	1.65	7,957	0	-193	1,879,621	0	1,879,621
059775					1.27	5,602	1.75	5,602	0	-269	2,650,818	0	2,650,818
709538					1.56	4,581	1.46	4,791	-210	17	-496,193		
076532	邦金運輸37購	2881	富邦金	0.00	1.15	5,017	2.09	3,777	1,240	-213	3,522,498	-1,424,045	2,098,453
713778	羅凱基3C購C	6143	振曜	4.03	1.80	2,781	2.89	2,781	0	-304	3,008,134	0	3,008,134
079406	耕統一44購C	6789	采鈺	0.76	0.63	10,611	0.64	9,356	1,255	70	74,825	156,012	230,837
716170	泰科凱基39購	6190	萬泰科	1.20	1.04	5,400	1.11	5,400	0	-39	363,640	0	363,640
063038					0.52	8,000	0.93	8,000	0	-330	3,274,319	0	3,274,319
715295	名元大39購C	8091	翔名	3.44	1.18	4,510	1.32	4,510	0	-65	628,890	0	628,890
715699	泰科聚匯3A購	6190	萬泰科	0.91	0.82	6,506	0.86	6,506	0	-27	246,023	0	246,023
714941	羅康豐39購C	6143	振曜	5.10	3.00	1,294	4.34	1,294	0	-174	1,721,836	0	1,721,836
710431					0.92	5,000	0.96	5,000	0	-20	178,848	0	178,848
070830					1.73	2,470	1.86	2,470	0	-33	311,679	0	311,679

統計天數 150 天　2024/7/6　已實現損益總計：48,326,311　未實現損益總計：-30,067,911　手續費折扣 2.0折

資料來源：權證小哥 - 全方位獨門監控（分點探索）
註：為呈現過往資料，此為舊版軟體畫面，軟體已於2025年更新。

圖表2-5-5 波段權證永豐金 - 中正

代號	名稱	標的代號	標的名稱	委買價	均買價	買張	均賣價	賣張	買超(張)	買超金額(萬)	已實現損益(元)	未實現損益(元)	損益(元)
710685					2.82	872	2.42	872	0	34	-351,634	0	-351,634
058083					1.14	1,469	1.02	2,389	-920	-78	-171,142		
083572	瑞鼎匯45購C	2317	鴻海	14.40	4.71	410	4.97	410	0	-11	98,758	0	98,758
708312					2.92	475	5.21	475	0	-109	1,081,475	0	1,081,475
707952					2.11	1,009	1.66	1,009	0	45	-451,121		-451,121
076137	臺灣統一3C購	2368	金像電	1.01	0.70	2,110	0.73	2,110	0	-6	58,520	0	58,520
710684					0.79	1,665	0.89	1,665	0	-17	161,778	0	161,778
054498					1.54	898	1.46	898	0	7	-76,697		-76,697
718143	元中信42購	3324	雙鴻	0.62	0.42	2,944	0.45	2,944	0	-7	68,308	0	68,308
709077	131統一3A購	6643	M31	2.41	1.00	1,000	1.24	1,000	0	-4	35,577	0	35,577
073953	群永豐38購	4763	材料-KY	0.65	1.59	650	2.02	650	0	-28	277,382	0	277,382
706445					1.60	670	1.79	670	0	-13	122,766	0	122,766
088295	元大38購K	4961	天鈺	1.63	1.30	850	1.32	850	0	-2	14,986	0	14,986
717717	凱凱基3A購C	8255	朋程	1.46	0.96	1,110	1.04	1,110	0	-9	88,889	0	88,889

統計天數 150 天　2024/7/6　已實現損益總計：2,508,193　未實現損益總計：-14,152,647　手續費折扣 2.0折

資料來源：權證小哥 - 全方位獨門監控（分點探索）
註：為呈現過往資料，此為舊版軟體畫面，軟體已於2025年更新。

權證小哥短線終極戰法

圖表2-5-6 波段權證凱基-信義

代號	名稱	權的代號	權的名稱	委買價	均買價	買張	均賣價	賣張	買超(張)	買超金額(萬)	已實現損益(元)	未實現損益(元)	總損益(元)
711437	緯關置37檔C	3675	德微		5.35	604	4.38	604	0	59	-598,603	0	-598,603
053123					7.97	271	8.07	271	0	-3	18,200	0	18,200
087602	錢凱基3C檔	6526	達邁	1.17	1.06	1,040	1.31	1,040	0	-25	249,217	0	249,217
076881	證群益37檔C	2409	友達	0.05	0.95	970	1.17	970	0	-22	212,017	0	212,017
06769T	證永豐3C檔C	2059	川湖	0.58	1.19	887	1.10	887	0	8	-85,511	0	-85,511
050540					5.32	154	5.65	199	-45	-31	48,510		
065186	證統一39檔C	2409	友達	0.54	0.66	1,369	0.74	1,369	0	-11	102,421	0	102,421
053728					0.98	730	1.16	730	0	-13	123,023	0	123,023
06381T	光電群益3A檔	2383	台光電	1.14	2.80	240	2.95	240	0	-4	33,479	0	33,479
07334T	源第一3B檔C	3035	智原	0.56	1.04	650	1.04	650	0	0	-3,403	0	-3,403
08462U					0.88	809	0.77	809	0	9	-87,248	0	-87,248
700664					0.49	1,517	0.36	1,517	0	20	-198,009	0	-198,009
717560	光電統一43檔	5271	中光電	0.43	0.65	998	0.63	998	0	3	-27,249	0	-27,249
06546T	證凱基38檔1	2376	技嘉	1.33	1.74	350	1.82	350	0	-3	27,731	0	27,731
081810	績電凱基4A檔	2330	台積電	3.94	2.60	222	2.79	222	0	-4	40,799	0	40,799
088122	投指元大3A檔	TWA00	加權微數	5.95	4.18	148	3.85	148	0	5	-51,049	0	-51,049
07096T	090凱基41檔	0050	元大台灣50	0.11	0.76	841	0.64	841	0	10	-98,958	0	-98,958
030167	上統一44檔C	8112	至上	0.58	0.58	998	0.58	998	0	-0	-74	0	-74

統計天數 150 天 2024/7/6 手續費折扣 2.0 折
已實現損益總計：**1,302,740** 未實現損益總計：-2,906,988

資料來源：權證小哥-全方位獨門監控（分點探索）
註：為呈現過往資料，此為舊版軟體畫面，軟體已於2025年更新。

圖表2-5-7 波段權證永豐金-內湖

代號	名稱	權的代號	權的名稱	委買價	均買價	買張	均賣價	賣張	買超(張)	買超金額(萬)	已實現損益(元)	未實現損益(元)	總損益(元)
086988	持豐憙3C檔C	1795	無評	0.90	0.91	8,335	0.91	7,089	1,246	113	-13,860	-15,592	-29,453
086540	投凱基3C檔	TWA00	加權指數	3.08	1.32	3,268	1.38	3,268	0	-20	183,985	0	183,985
061272	勝科群益38檔	3532	台勝科	0.00	1.87	2,403	1.76	2,403	0	27	-285,164	0	-285,164
071009	緯關憙38檔C	5269	祥碩	0.69	1.20	3,176	1.50	2,227	949	49	641,204	-489,281	151,923
088801	稼元富3A檔C	4968	立積	4.30	1.98	1,621	2.15	1,621	0	-27	258,643	0	258,643
088344	稼永憙3C檔C	4968	立積	4.77	2.85	1,069	2.80	1,069	0	6	-68,684	0	-68,684
079537	稼凱基3A檔C	4968	立積	3.47	2.00	1,398	2.22	1,398	0	-32	304,995	0	304,995
088459	稼凱基3A檔	4968	立積	1.70	0.87	2,868	1.00	2,868	0	-38	364,893	0	364,893
079010	稼群益38檔C	4968	立積	0.00	1.78	1,299	1.59	1,299	0	-14	132,287	0	132,287
089523	稼群益3A檔C	4968	立積	2.09	1.11	1,988	1.19	1,988	0	-17	161,573	0	161,573
078799	稼元大3C檔C	4968	立積	2.53	1.26	1,660	1.25	1,660	0	1	-14,428	0	-14,428
073530	貝群益41檔C	3305	昇貿	0.82	0.73	2,880	0.68	2,880	0	16	-162,016	0	-162,016
717781	光電統一45檔	5271	中光電	0.47	0.53	4,120	0.50	3,570	550	41	-121,953	-33,335	-155,288
8940					29.45	64	28.66	64	0	5	-57,562	0	-57,562
066178	力統一43檔C	8996	高力	2.19	1.36	1,290	1.43	1,290	0	-9	86,429	0	86,429
062638	證群益39檔C	5234	達興材料	0.00	0.58	2,922	0.66	2,922	0	-19	181,296	0	181,296
069251					0.94	1,697	1.17	1,697	0	-39	379,020	0	379,020
079538	稼進憙3C檔C	4968	立積	2.79	2.39	700	2.44	700	0	-3	24,922	0	24,922

統計天數 150 天 2024/7/6 手續費折扣 2.0 折
已實現損益總計：**12,552,550** 未實現損益總計：-8,836,618

資料來源：權證小哥-全方位獨門監控（分點探索）
註：為呈現過往資料，此為舊版軟體畫面，軟體已於2025年更新。

| 2-5 | 權證波段單分點

圖表2-5-8 波段權證元大 - 敦南

代號	名稱	標的代號	標的名稱	委買價	均買價	買張	均賣價	賣張	賣超(張)	買超金額(萬)	已實現損益(元)	未實現損益(元)	總損益(元)
077596	盈航元富37購	2618	長榮航	2.67	3.43	2,845	-	-	2,845	976	-	-2,175,392	
083394	同凱富3A購C	6139	亞翔	4.26	3.76	969	4.34	969	0	-57	550,153	0	550,153
713185	揚元富3A購C	6462	神斯	7.20	8.54	381	11.19	381	0	-101	994,072	0	994,072
075786	金群益39購C	2603	長榮	2.15	3.22	2,093	-	-	2,093	675	-	-2,256,756	
072842	碩群益38購C	2357	華碩	0.30	1.01	3,466	0.93	3,466	0	29	-301,564	0	-301,564
709473					3.41	625	5.93	625	0	-157	1,559,221	0	1,559,221
048942					11.48	490			490	562		-5,624,603	
707207					1.07	2,300	1.15	2,400	-100	-30	173,519		
713455	禾顓票38購C	3691	揚禾	6.80	6.18	430	5.73	430	0	20	-204,849	0	-204,849
701210					2.01	1,143	2.24	1,095	48	-16	246,844	-96,573	150,270
066519	盈航永豐37購	2618	長榮航	0.35	1.73	2,495	-	-	2,495	433	-	-3,456,105	
711043					3.79	236	13.26	236	0	-224	2,225,463	0	2,225,463
706607	統一38購C	5274	信驊	1.64	0.67	2,600	0.81	2,600	0	-37	358,561	0	358,561
081943	兆滿益39購C	6414	樺漢	0.75	1.28	1,497	1.26	1,497	0	4	-48,720	0	-48,720
714218	渔元大39購C	3293	鈊象	20.80	13.32	122	16.38	122	0	-37	365,973	0	365,973
711847	渔元大37購C	3293	鈊象	19.80	8.74	167	12.85	167	0	-69	679,535	0	679,535
066460	瑞麗豐37購C	2317	鴻海	76.00	1.47	186	16.54	186	0	-280	2,792,814	0	2,792,814
057047					3.63	390	4.78	390	0	-45	442,477		442,477

資料來源：權證小哥 - 全方位獨門監控（分點探索）
註：為呈現過往資料，此為舊版軟體畫面，軟體已於2025年更新。

圖表2-5-9 波段權證永豐金 - 竹科

統計天數 150 天　2024/7/6　手續費折扣 2.0 折
查權證　加入自選　JA9X　永豐金-竹科　新竹市東區光復路2段289號4樓　已實現損益總計：37,854,994　未實現損益總計：-76,976,620

代號	名稱	標的代號	標的名稱	委買價	均買價	買張	均賣價	賣張	賣超(張)	買超金額(萬)	已實現損益(元)	未實現損益(元)	總損益(元)
716942	竄群益3A購C	3483	力致	2.55	2.08	6,371	2.22	6,371	0	-95	894,700	0	894,700
075245	穗元大37購C	2520	冠德	1.58	3.16	2,592	6.67	2,592	0	-910	9,035,906	0	9,035,906
071363					3.71	1,216	14.30	1,216	0	-1,287	12,814,608	0	12,814,608
713047	汰群益38購C	8069	元太	2.84	1.51	4,924	1.26	4,914	10	127	-1,278,276	13,243	-1,265,033
704489							3.94	3,104	-3,104	-1,224			
710257					1.25	4,208	1.54	4,208	0	-126	1,236,154	0	1,236,154
705954					1.85	2,522	2.46	2,522	0	-153	1,510,292	0	1,510,292
708400					2.25	2,448	2.12	2,448	0	32	-338,609	0	-338,609
076260	陽元大37購3	2609	陽明	3.93	2.29	1,454	4.80	1,454	0	-365	3,625,136	0	3,625,136
074358	晶光大38購C	3406	玉晶光	9.50	5.94	560	11.76	560	0	-326	3,233,423	0	3,233,423
709890					1.88	2,210	1.92	2,210	0	-9	73,846	0	73,846
084470	潔元大39購C	2338	光罩	2.31	1.77	2,080	2.15	2,080	0	-80	780,248	0	780,248
714668	致元福3B購C	3483	力致	2.48	3.03	1,530	2.69	1,130	400	160	-394,901	-222,692	-617,593
703773							2.38	3,109	-3,109	-741			
702389					1.21	1,260	1.65	3,503	-2,243	-426	549,113		
708401					2.27	1,469	2.52	1,479	-10	-38	342,738		
705661					1.14	2,415	1.76	2,415	0	-150	1,489,820	0	1,489,820
072831	力群富37購C	1514	亞力	0.00	6.50	507	7.12	507	0	-31	300,205		300,205

資料來源：權證小哥 - 全方位獨門監控（分點探索）
註：為呈現過往資料，此為舊版軟體畫面，軟體已於2025年更新。

149

圖表 2-5-10 波段權證台新 - 台南

代號	名稱	標的代號	標的名稱	委買價	均買價	買張	均價	賣張	買超(張)	買超金額(萬)	已實現損益(元)	未實現損益(元)	總損益(元)
712894	統一41購C	6125	國碩	1.86	1.15	19,102	1.47	19,102	0	-622	6,124,332	0	6,124,332
065173	凱永豐39購C	2059	川湖	9.05	3.92	1,759	8.05	1,721	38	-695	7,055,682	194,289	7,249,970
709483					2.19	1,736	2.31	3,468	-1,732	-420	193,381		
713408	潤泰富38購C	5410	國眾	0.98	1.10	4,941	1.21	4,941	0	-56	534,853	0	534,853
063095	凱統一3C購C	2059	川湖	0.77	0.79	12,249		-	12,249	966		-247,144	
716901	統一4A購C	4123	晨暉	0.99	0.90	8,920	1.00	1,487	7,433	654	144,101	660,942	805,042
713323	凱統一41購C	2230	泰茂	0.48	0.60	7,983	0.85	4,880	3,103	67	1,188,681	-386,158	802,523
063093	凱統一3C購C	2059	川湖	1.10	0.79	4,040	1.33	4,040	0	-216	2,144,435	0	2,144,435
034408	華群益41購C	2204	中華	1.32	1.25	3,236	1.36	3,235	1	-36	345,656	71	345,727
068787	凱統一46購C	1795	益航	0.67	0.76	4,780	0.78	4,780	0	-10	81,718	0	81,718
046759					4.00	33	5.65	1,270	-1,237	-704	53,761		
716778	潤德統一46購C	4123	晨暉	0.96	0.92	3,493	0.97	3,493	0	-19	181,942	0	181,942
063148					2.26	1,402	2.38	1,416	-14	-19	147,868		
077232	凱統一47購C	1795	益航	0.57	0.65	4,578	0.68	4,578	0	-14	125,926	0	125,926
709371	錘統一3C購C	6125	國碩	2.00	1.07	2,522	1.29	2,522	0	-56	551,551	0	551,551
713878	凱群益37購C	8930	青鋼	0.44	1.10	2,498	1.20	2,498	0	-23	220,388	0	220,388
709919	凱統一41購C	2230	泰茂	0.63	0.74	4,870	0.69	1,748	3,122	239	-88,332	-340,322	-428,653
2204			中華	1.29	1.27	1,796	1.32	1,795	1	-9	86,837	21	86,858

資料來源：權證小哥 - 全方位獨門監控（分點探索）
註：為呈現過往資料，此為舊版軟體畫面，軟體已於 2025 年更新。

已實現損益總計：21,235,019　未實現損益總計：-13,460,347
統計天數 150 天　2024/7/6　手續費折扣 2.0 折

圖表 2-5-11 波段權證國票 - 長城

代號	名稱	標的代號	標的名稱	委買價	均買價	買張	均價	賣張	買超(張)	買超金額(萬)	已實現損益(元)	未實現損益(元)	總損益(元)
071386					1.77	2,272	2.29	2,272	0	-117	1,151,777	0	1,151,777
079218	力群益3C購C	8996	高力	4.64	1.58	1,171	1.95	1,171	0	-43	421,987	0	421,987
079925	樺統一46購C	3443	創意	1.19	1.25	1,335	1.18	1,335	0	9	-95,648	0	-95,648
712253	凱群益38購C	6231	系微	11.30	4.24	239	4.52	239	0	-7	63,160	0	63,160
066178	凱統一43購C	8996	高力	2.19	0.74	1,210	0.98	1,210	0	-28	276,864	0	276,864
065112					7.21	140	7.56	140	0	-5	45,233	0	45,233
705367					1.29	7	0.88	1,902	-1,895	-166	-2,891		
054818					9.16	73	9.01	73	0	1	-13,352	0	-13,352
074178					1.48	428	1.60	418	10	-4	48,436	-14,817	33,618
066332	凱永豐37購C	3035	智原	0.00	1.42	352	1.93	352	0	-18	176,627	0	176,627
060943					0.97	557	0.97	557	0	0	-2,935	0	-2,935
706557	薑光薑38購	3228	金麗科	11.70	13.74	39	13.92	39	0	-1	5,063	0	5,063
083935	凱群益3A購C	3563	牧德	0.90	3.67	155	3.08	155	0	9	-93,729	0	-93,729
708103					5.29	114	9.34	41	73	22	164,812	-386,242	-221,430
712157	凱大37購C	6290	良維	1.03	1.36	698	1.00	1	697	95	-359	-227,926	-228,285
061447	凱鴻元39購	2330	台積電	16.40	7.38	61	7.11	61	0	2	-17,554	0	-17,554
050227					2.49	160	2.95	160	0	-7	71,336	0	71,336
079761					1.50	280	1.54	280	0	-1	7,467	0	7,467

資料來源：權證小哥 - 全方位獨門監控（分點探索）
註：為呈現過往資料，此為舊版軟體畫面，軟體已於 2025 年更新。

已實現損益總計：2,375,809　未實現損益總計：-2,793,017
統計天數 150 天　2024/7/6　手續費折扣 2.0 折

2-5 | 權證波段單分點

圖表 2-5-12 波段權證第一金 - 高雄

代號	名稱	標的代號	標的名稱	委買價	均買價	買張	均賣價	賣張	買超(張)	買超金額(萬)	已實現損益(元)	未實現損益(元)	總損益(元)
030815	凱基元富3A購	3312	弘憶股	6.15	2.97	4,147	2.93	4,147	0	15	-192,454	0	-192,454
053729					2.84	2,173	2.92	2,173	0	-83	810,582	0	810,582
06349T	城城群益38鹽C	1519	華城	0.00	0.94	5,478	1.09	5,478	0	-86	833,831	0	833,831
708101					2.79	1,502	2.87	1,502	0	-12	104,644	0	104,644
708865	灣群益3A購C	6187	萬潤	5.75	2.27	1,831	2.36	1,831	0	-17	156,598	0	156,598
714281	倫圖證37購C	6584	南俊國際	2.08	2.23	1,818	2.40	1,818	0	-31	294,537	0	294,537
081792	力力統一49購C	8996	高力	1.86	1.52	2,535	1.57	2,535	0	-13	110,848	0	110,848
07066T	慶慶票3A售C	2404	漢唐	1.01	1.96	2,120	1.61	2,120	0	75	-758,372	0	-758,372
709346					6.49	538	6.68	538	0	-10	85,204	0	85,204
713565	1灣群益43購C	6187	萬潤	4.10	2.02	1,699	2.08	1,699	0	-10	88,395	0	88,395
708004					3.87	865	4.12	865	0	-22	208,332	0	208,332
708861	i有群益38購C	8227	巨有科技	0.34	2.66	1,183	2.97	1,173	10	-33	345,312	-23,256	322,056
035903	瀝元富3C購C	2392	正崴	1.26	2.36	1,378	2.35	1,378	0	2	-35,549	0	-35,549
06358T	積電凱基43售	2330	台積電	0.17	1.26	2,456	1.32	2,456	0	-14	132,442	0	132,442
714424	擇群益42購C	5443	均豪	9.00	1.88	1,551	2.19	1,551	0	-49	476,994	0	476,994
717704	統統一45購C	6231	系微	2.04	1.36	2,216	1.46	2,216	0	-23	215,491	0	215,491
07347T	海海群益39售C	2317	鴻海	0.01	0.78	4,039	0.73	4,039	0	20	-214,647	0	-214,647
710684					2.76	1,019	3.24	1,019	0	-49	476,344	0	476,344

已實現損益總計：6,830,044　未實現損益總計：-959,960　手續費折扣：2.0折　統計天數：150天　2024/7/6

資料來源：權證小哥 - 全方位獨門監控（分點探索）
註：為呈現過往資料，此為舊版軟體畫面，軟體已於 2025 年更新。

圖表 2-5-13 波段權證新光 - 台中

代號	名稱	標的代號	標的名稱	委買價	均買價	買張	均賣價	賣張	買超(張)	買超金額(萬)	已實現損益(元)	未實現損益(元)	總損益(元)
060984					11.36	1,233	10.51	1,233	0	105	-1,091,554	0	-1,091,554
065173	潤永豐39購C	2059	川湖	9.05	3.73	2,491	4.05	2,488	3	-78	759,422	15,909	775,332
711573	1福圈圖37購C	6125	廣運		4.83	1,869	4.91	1,869	0	-14	102,309	0	102,309
086157	海海群益47購C	2317	鴻海	4.03	3.98	1,560	3.82	1,560	0	25	-270,345	0	-270,345
049576					3.46	1,416	3.46	1,837	-421	-146	-18,074		
085481	1珂群益38購C	6414	樺漢	1.38	1.50	3,490	1.42	3,490	0	27	-284,790	0	-284,790
086758	海海群益3C購C	2317	鴻海	0.00	2.41	2,200	2.22	2,200	0	41	-423,569	0	-423,569
710450					6.24	625	8.67	625	0	-152	1,497,086	0	1,497,086
073755	及1元富44購	00632R	元大台灣50反1	0.07	0.26	19,150	0.26	14,900	4,250	114	-31,500	-820,629	-852,129
066969	英達群益37購	2356	英業達	0.00	1.22	3,480	1.26	3,480	0	-11	95,420	0	95,420
070099	立元富39購	3008	大立光	2.06	1.22	3,189	1.25	3,189	0	-9	76,767	0	76,767
713126	緯群益38購C	3363	上詮	0.00	2.69	1,326	3.24	1,326	0	-73	718,876	0	718,876
710451					3.28	917	4.44	917	0	-107	1,056,754	0	1,056,754
058410	鑽群益37購C	6515	穎崴	0.00	1.65	2,225	1.47	2,225	0	39	-404,814	0	-404,814
080365	潤元富38購	2059	川湖	1.83	2.36	1,430	2.29	1,430	0	10	-108,737	0	-108,737
081138	力力凱基38購C	1514	亞力	9.10	4.00	497	12.80	340	157	-236	2,977,004	799,001	3,776,005
059921					3.06	866	4.12	867	-1	-92	906,409		
707416					2.18	1,436	2.09	1,437	-1	12	-135,869		

已實現損益總計：9,940,366　未實現損益總計：-8,409,433　手續費折扣：2.0折　統計天數：150天　2024/7/6

資料來源：權證小哥 - 全方位獨門監控（分點探索）
註：為呈現過往資料，此為舊版軟體畫面，軟體已於 2025 年更新。

圖表 2-5-14 波段權證凱基-三重

代號	名稱	標的代號	標的名稱	委買價	均買價	買張	均賣價	賣張	買超(張)	買超金額(萬)	已實現損益(元)	未實現損益(元)	總損益(元)
712346					1.90	5,000	1.87	5,000	0	17	-207,426	0	-207,426
045503					1.80	4,646	1.78	4,646	0	6	-84,597	0	-84,597
065416	榮航凱基38購	2618	長榮航	1.18	2.03	3,385	1.87	3,385	0	54	-559,762	0	-559,762
065911					1.15	5,320	1.14	5,320	0	3	-54,754	0	-54,754
086299	威擎凱基38購	2027	大成鋼	1.19	2.06	2,852	2.12	2,852	0	-15	126,504	0	126,504
030722	石化凱基38購	1314	中石化	0.80	0.72	8,240	0.74	8,090	150	-0	89,067	11,538	100,605
5343					141.49	51	136.03	33	18	273	-196,254	-2,547,549	-2,743,803
066733	運盈基3A購C	2409	友達	0.78	1.29	4,457	1.30	4,457	0	-5	31,284	0	31,284
065670					2.72	2,150	2.59	2,150	0	30	-317,934	0	-317,934
076340	1購元大38購C	1795	益萃	0.21	0.65	7,700	0.59	7,700	0	40	-416,450	0	-416,450
072926					1.00	4,400	1.01	4,400	0	-8	59,110	0	59,110
031180	f創凱基3C購	3481	群創	1.09	0.97	4,350	0.97	4,350	0	-1	-10,007	0	-10,007
068598					1.18	3,450	1.18	3,450	0	-1	-9,489	0	-9,489
063015					1.56	2,570	1.53	2,570	0	8	-91,031	0	-91,031
050797					1.57	2,462	1.62	2,462	0	-11	99,813	0	99,813
031169	1運盈基3A購C	2504	國產	1.45	2.13	1,750	2.09	1,750	0	7	-78,081	0	-78,081
718297	運建元大38購	5508	永信建	2.13	1.92	1,780	1.92	1,780	0	0	-14,196	0	-14,196
080033	群50購基3A42購	0050	元大台灣50	0.11	2.76	1,139	3.15	1,139	0	-45	435,408	0	435,408

統計天數 150 天　2024/7/6　手續費折扣 2.0 折
已實現損益總計：**6,675,477**　未實現損益總計：1,666,288

資料來源：權證小哥 - 全方位獨門監控（分點探索）
註：為呈現過往資料，此為舊版軟體畫面，軟體已於 2025 年更新。

圖表 2-5-15 波段權證華南永昌-台中

代號	名稱	標的代號	標的名稱	委買價	均買價	買張	均賣價	賣張	買超(張)	買超金額(萬)	已實現損益(元)	未實現損益(元)	總損益(元)
076600	1創凱基3A購C	3231	緯創	0.61	3.93	4,589	2.29	4,589	0	754	-7,575,672	0	-7,575,672
714320	1購群益39購C	6274	台燿	1.64	1.74	7,026	2.19	6,517	509	-205	2,890,230	-54,019	2,836,211
714239	1購票盈39購C	6274	台燿	1.21	1.89	6,534	2.16	6,534	0	-182	1,774,029	0	1,774,029
711468	1運盈基37購	6138	茂達		1.47	8,092	1.55	8,092	0	-69	640,285	0	640,285
716942	1購群益3A購	3483	力致	2.55	1.37	7,279	1.91	7,279	0	-392	3,871,409	0	3,871,409
079751	逆2X解盈3B購	00633L	富邦上証正2	1.42	2.80	4,407	3.10	4,407	1,775	417	761,246	-2,448,273	-1,687,028
073115					1.20	4,491	2.57	4,491	0	-617	6,125,581	0	6,125,581
081798	逆2X凱基39購	00650L	聖華薪港正2	1.11	1.08	7,207	1.14	6,362	845	52	366,724	28,055	394,779
714110	1購元基38購C	6274	台燿	1.80	1.88	3,448	2.29	3,448	0	-143	1,400,222	0	1,400,222
089491	1購群益38購C	1532	勤美	0.83	1.63	5,241	1.72	3,132	2,109	316	258,802	-1,693,718	-1,434,916
05104T					0.82	8,483	1.00	3,992	4,491	299	690,420	-3,699,525	-3,009,105
713435	1購凱基39購C	6274	台燿	2.09	1.97	2,624	2.32	2,367	257	-32	807,899	30,033	837,932
711188					1.20	4,387	1.19	4,387	0	2	-42,646	0	-42,646
710686					2.35	1,997	2.60	1,997	0	-51	486,616	0	486,616
066452					2.38	2,397	1.74	2,397	0	154	-1,550,317	0	-1,550,317
06399T	1創元益58購C	3231	緯創	0.97	1.24	3,493	1.35	3,493	0	-41	391,248	0	391,248
06934T	1購凱基39購C	3017	奇鋐	0.27	1.20	3,439	1.27	3,439	0	-24	227,454	0	227,454
07772T	群50購凱基3A購	0050	元大台灣50		2.38	2,000	1.76	2,000	0	124	-1,248,919	0	-1,248,919

統計天數 150 天　2024/7/6　手續費折扣 2.0 折
已實現損益總計：**22,105,775**　未實現損益總計：-47,760,229

資料來源：權證小哥 - 全方位獨門監控（分點探索）
註：為呈現過往資料，此為舊版軟體畫面，軟體已於 2025 年更新。

| 2-5 | 權證波段單分點

圖表 2-5-16　波段權證元大 - 北港

代號	名稱	標的代號	標的名稱	委買價	均買價	買張	均賣價	賣張	買超(張)	買超金額(萬)	已實現損益(元)	未實現損益(元)	總損益(元)
081782	指數群益3A購C	3017	奇鋐	7.20	6.65	4,435	7.30	4,435	0	-286	2,745,265	0	2,745,265
711004					1.45	8,721	4.84	6,720	1	-2,275	22,638,933	-1,450	22,637,483
064230					1.04	7,723	4.17	7,723	0	-2,416	24,048,977	0	24,048,977
067535	鴻翔永豐37購C	6139	亞翔	5.50	1.56	4,995	6.03	4,995	0	-2,234	22,235,788	0	22,235,788
077688	鴻翔群益38購C	6139	亞翔	0.00	1.67	3,692	7.29	3,692	0	-2,074	20,653,879	0	20,653,879
717848	新唐群益3C購C	6186	新唐	1.76	1.45	6,404	1.77	4,385	2,019	156	1,350,393	615,381	1,965,774
084609	泰鼎國泰3A購	9945	興泰新	2.05	2.56	2,856	2.86	2,856	0	-87	843,078	0	843,078
030744	光寶群益3A購C	2393	億光	2.17	1.63	4,556	1.76	4,556	0	-58	554,535	0	554,535
087639	鴻悅永豐3C購C	2348	海悅	3.60	1.56	3,722	2.58	3,722	0	-380	3,768,779	0	3,768,779
717578	臨建國泰3B購	5508	永信建	2.86	2.05	2,995	3.04	2,995	0	-295	2,920,333	0	2,920,333
055984					3.34	38	4.69	3,207	-3,169	-1,491	50,600		
717826	新唐國泰3B購C	6186	新唐	3.40	3.36	3,984	3.58	38	3,946	1,323	7,992	152,911	160,903
089327	德麥富邦3C購C	2520	冠德	3.59	2.58	2,112	3.80	2,112	0	-258	2,554,058	0	2,554,058
078864	鴻統一42購C	6139	亞翔	1.19	1.45	3,893	1.52	3,893	0	-24	221,010	0	221,010
717554	漢翔群益3A購C	6186	新唐	2.39	1.22	3,467	2.09	3,467	0	-301	2,983,996	0	2,983,996
030390	光寶群益3A購C	2393	億光	2.81	2.52	2,361	2.32	2,360	1	48	-496,147	286	-495,862
066097					1.38	3,971	1.41	3,971	0	-11	89,050	0	89,050
058285	鴻統一37購C	6139	亞翔	3.83	1.57	2,403	1.59	4,504	-2,101	-340	42,486		

已實現損益總計：**94,269,443**　未實現損益總計：6,233,824

資料來源：權證小哥 - 全方位獨門監控（分點探索）
註：為呈現過往資料，此為舊版軟體畫面，軟體已於 2025 年更新。

圖表 2-5-17　波段權證國泰 - 敦南

代號	名稱	標的代號	標的名稱	委買價	均買價	買張	均賣價	賣張	買超(張)	買超金額(萬)	已實現損益(元)	未實現損益(元)	總損益(元)
06896T	元50富邦39售	0050	元大台灣50	0.01	2.04	7,474	1.94	7,474	0	77	-824,950	0	-824,950
04857I	發指凱基3A售	TWA00	加權指數	0.00	1.09	13,618	1.07	13,268	350	64	-306,836	-382,133	-688,969
049851					0.37	35,629	0.37	35,720	-91	1	-91,132		
053729					1.25	9,127	1.50	9,431	-304	-281	2,303,814		
066471					1.70	6,434	2.42	4,425	2,009	24	3,145,318	-3,421,646	-276,328
069546					0.35	29,804	0.37	29,804	0	-51	471,025	0	471,025
089240	積電元大3A購	2330	台積電	3.53	2.81	3,570	2.92	3,570	0	-41	371,867	0	371,867
033092	華航國泰4L購C	2610	華航	2.22	1.84	4,775	1.86	4,775	0	-9	56,391	0	56,391
037118	鴻翔群益3C購C	2317	鴻海	2.39	1.00	6,035	1.66	5,935	100	-382	3,887,075	138,482	4,025,557
077577	美2X元富47購	00680L	元大美債20正2	0.83	0.90	9,381	0.93	7,697	1,684	133	164,796	-126,770	38,026
087577	川湖群益3A購C	2059	川湖	0.53	0.71	11,642	0.59	11,642	0	135	-1,369,948	0	-1,369,948
087085	鴻海群益3C購C	2317	鴻海	4.72	3.77	2,006	3.83	1,916	90	23	83,004	85,020	168,024
035910	粵半元晶3B購	8028	昇陽半導體	7.90	2.22	2,513	3.19	2,513	0	-243	2,406,091	0	2,406,091
083643	積電元富39購	2330	台積電	2.05	1.06	5,005	1.57	4,912	93	-241	2,482,503	92,100	2,574,603
067862	發指群益3B購	TWA00	加權指數	32.00	1.89	3,196	2.09	3,186	10	-36	353,054	299,868	652,921
048537					0.94	6,811	0.96	6,787	24	-17	164,169	-22,459	141,710
082964	元50元大3A購	0050	元大台灣50	11.30	2.29	2,611	2.28	2,611	0	4	-64,825	0	-64,225
710980					0.36	16,854	0.33	16,804	50	55	-546,885	-18,102	-564,987

已實現損益總計：**88,192,135**　未實現損益總計：61,555,479

資料來源：權證小哥 - 全方位獨門監控（分點探索）
註：為呈現過往資料，此為舊版軟體畫面，軟體已於 2025 年更新。

圖表 2-5-18 波段權證華南永昌 - 板橋

代號	名稱	標的代號	標的名稱	委買價	均買價	買張	均賣價	賣張	買超(張)	買超金額(萬)	已實現損益(元)	未實現損益(元)	總損益(元)
076093	洋永豐3C購C	2476	鉅祥	3.03	0.98	19,719	0.98	19,719	0	0	-70,734	0	-70,734
064883					1.84	6,550	2.42	6,556	-6	-380	3,727,053		
031857	力元富3B購C	8996	高力	0.00	4.53	3,743	5.14	997	2,746	1,184	586,750	-12,450,418	-11,863,668
077851	凱狐基37購C	6139	亞翔	4.86	1.23	5,194	1.49	5,194	0	-136	1,331,673	0	1,331,673
084277	力群益3A購C	8996	高力	2.19	0.95	5,379	1.58	5,358	21	-334	3,327,751	25,968	3,353,719
065173	湖永豐39購C	2059	川湖	9.05	4.43	626	8.03	616	10	-218	2,204,246	46,090	2,250,336
066268					3.25	797	2.75	797	0	40	-405,942	0	-405,942
709145					1.26	280	1.73	1,862	-1,582	-287	129,969		
063148					2.01	820	2.17	820	0	-13	125,687	0	125,687
710343	機開富37購	3444	利銘	0.05	1.31	670	1.33	1,600	-930	-125	11,592		
709786						-	2.32	1,259	-1,259	-292			
076531	廣暉群和37購	2368	金像電	0.02	1.30	999	1.62	999	0	-32	318,298	0	318,298
03637B					1.97	710	1.95	710	0	1	-14,954	0	-14,954
709878					1.05	150	1.11	2,106	-1,956	-217	7,364		
03647B	股指凱基45購	TWA00	加權指數	1.47	2.08	600	1.94	600	0	8	-87,179	0	-87,179
087450	海群益3A購C	2317	鴻海	0.00	0.95	1,121	1.11	1,121	0	-18	179,608	0	179,608
03928C	股指凱基3A牛	TWA00	加權指數	5.50	2.70	400	2.76	400	0	-2	19,076	0	19,076
070197	廣暉元大37購	2368	金像電	0.00	0.45	2,006	0.59	2,006	0	-27	263,885	0	263,885
066198					2.38	400	2.76	400	0	-15	145,108	0	145,108
065240			2458	義隆	0.84	1,205	0.74	1,205	0	13	-132,207	0	-132,207
714482	鴻聯富3A購	6125	廣運	5.95	3.50	250	4.08	250	0	-15	141,403	0	141,403
030247	鴻聯富38購C	2317	鴻海	4.81	2.39	380	2.33	380	0	2	-26,162	0	-26,162
064595					3.89	235	3.74	235	0	4	-38,144	0	-38,144
046505					4.34	200	4.34	200	0	0	-4,095	0	-4,095
032402	力元富3B購C	8996	高力	0.74	3.12	499	-	499	156		-1,188,658		
084177	群聯富3A購C	1795	美時	1.70	2.36	650	-	650	154		-433,858		
066925					0.08	300	4.98	300	0	-147	1,466,082	0	1,466,082

統計天數 150 天 2024/7/6 手續費折扣 2.0 折
已實現損益總計：11,720,428 未實現損益總計：-15,414,156

資料來源：權證小哥 - 全方位獨門監控（分點探索）
註：為呈現過往資料，此為舊版軟體畫面，軟體已於 2025 年更新。

Note

第3章

短線交易贏家策略❶：
當沖、隔日沖

3-1 當沖做多？放空？放空比做多好賺？

3-2 用4個指標 找出弱勢做空股

3-3 提高當沖獲利的關鍵小訣竅

3-4 用2個訊號 抓住當沖進出場點

3-5 當沖的資金控管和停利停損

3-6 跟著權證主力搭上獲利列車（隔日沖）

在接下來的章節中，我們將深入探討當沖操作，以實際案例來說明當沖操作細節。透過具體案例，幫助投資朋友們更理解當沖操作流程，也會探討如何制定適合自己的當沖策略。我們先再來複習一下當沖交易。

當沖具有：交易成本低，可以利用價格波動快速賺取價差利益，在極短時間內獲利，可避開長期投資的風險。而當沖交易模式有多空兩種：

1. 做多（期待紅K）：期待股價開低走高，預期價格會上揚先買進股票，價格更高的時候賣出就賺錢，價格走低，賣出就會虧損。
2. 做空（期待黑K）：這是當沖客比較常做的放空，期待股價開高走低，預期價格會下跌先賣出股票，價格更低的時候回補就賺錢，價格走高回補就會虧損。但做空常有很多限制，也會遇到融券強制回補，通常建議做空的股票不要擺太久，除非你有很多空的理由。

當沖交易可以用股票，也可以用股票期貨當沖。但要留意：股票期貨的優勢是成本低，但價差大，掛單量較小，流動性較差。股期買賣價差超過成本時，建議用股票當沖就好。

當沖操作前一定要做功課，建立策略，要有良好的紀律、不拗單，一定不可以存有僥倖心理。如果沒有密切關注市場，沒有做好資金控管、掌控好風險，沒有即時對策，就可能會輸得很慘。如果操作失當，當日無法沖銷股票時，就需要借券[1]或籌措足夠的資金進

行交割，否則就會產生違約的風險，投資朋友一定要謹慎小心操作。

我們以2023年的個股違約交割紀錄來提醒說明當沖要留意的點：

圖表3-0-1　2023年個股違約交割紀錄

申報日期	證券代號	證券名稱	證券商名稱	個股違約總金額(註1)
112.03.22	2603	長榮	永豐鳳山	39,852,000
總計				39,852,000
112.07.19	6235	華孚	元富新竹 / 永豐苓雅	元大發財	25,223,500
總計				25,223,500
112.08.02	3231	緯創	群益中山 / 元富新莊 / 元大和平 / 元大四維 / 企銀埔南	中信票票 / 永豐金 / 國票新莊 / 永豐松山	48,650,549
總計				48,650,549
112.08.21	8478	東哥遊艇	凱基高雄	77,921,000
總計				77,921,000
112.08.30	2449	京元電子	元大竹東 / 華南永昌	群益西松	34,242,400
總計				34,242,400

資料來源：證交所違約公告專區（https://www.twse.com.tw/zh/announcement/bfigtu.html）

---

1 備註說明：

- 證交所為避免開放雙向當沖後，先賣後買當日無法沖銷，投資人可透過證券商詢問有沒有其他投資人有意願借券。出借雙方的收益費用與手續費如下：1. 借券費率：借券當日標的收盤價之7%內（視出借人簽訂費率而定），2. 券商手續費率（出借人）：借券費之10%。
- 券商會於交易日下午時段調券，並於隔日盤前掛市價單回補。
- 券商調券作業，會尋找願意出借股票的投資人，並支付出借者借券費用。
- 借券費用計算是以營業日逐日計算加總，借券費率一日7%，還要另加手續費用，是很嚇人的數字，成本相當高。
- 當沖借券投資人共需支付：借券費用＋借券手續費＋回補價差。
- 交易所與櫃買中心每日傍晚會公告所有股票之借券費費率，有 0.1%～7% 上限不等，資料連結如下：
  i. 上市應付現股當日沖銷券差借券費率：https://www.twse.com.tw/zh/trading/day-trading/bfif8u.html
  ii. 上櫃應付現股當日沖銷券差借券費率：https://www.tpex.org.tw/web/stock/trading/intraday_fee/intraday_trading_fee.php?l=zh-tw
- 借券投資人需在次日將券差費用金額匯入指定帳戶。

- **做當沖時最忌有量就沖進去，沒有謀略，沒做好資金控管**：2023年熱門飆股東哥遊艇（8478），在2023/8/21爆出凱基證券高雄分公司申報7,792.1萬元的違約，是2023年來最高金額違約交割案，這是投資人判斷錯誤，當沖賠錢，加上資金調度失利而無法交割。

- **當沖做多最怕跌停板，沒錢交割**：2023年違約金額爆第2高的緯創（3231），先前股價屢屢創新高，2023/7/25攻上天價161.5元後就開始大跌，2023/8/2再遭摜殺至跌停板121.5元收市，讓許多當沖客來不及逃命停損。合計違約金額達4,865萬餘元。

圖表 3-0-2　**緯創 2023/8/2 摜殺跌停**

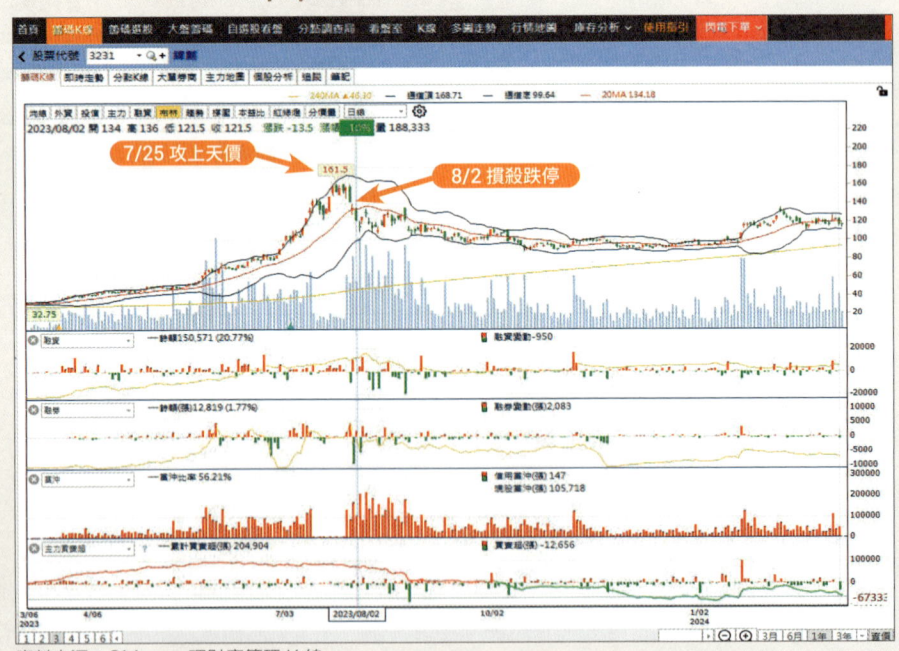

資料來源：CMoney 理財寶籌碼 K 線

- **當沖放空最怕鎖漲停**：一定要設好觸價單，避免做空漲停鎖死，沒錢交割、沒法融券。沒法融券只能付昂貴的借券費，有些券商是一律收 7%，以日計價。這是除了價差之外，另加一筆很高的借券利息費用。

而 2024 年到 7 月止，個股違約交割紀錄也相當驚人，台積電（2330）違約交割高達 2.5 億元。

圖表 3-0-3　2024 年 1～7 月個股違約交割紀錄

申報日期	證券代號	證券名稱	證券商名稱	個股違約總金額(註1)
113.04.12	1503	士電	康和南崁 華南中正	26,161,000
總計				26,161,000
113.06.21	2330	台積電	國票安和	28,920,000
總計				28,920,000
113.07.12	2454	聯發科	臺銀	57,400,000
總計				57,400,000
113.07.23	2330	台積電	元大北府　美好蘆洲 群益東門　國泰敦南 富邦台南	227,611,920
總計				227,611,920

113年01月01日至113年07月25日 個股達違約資訊揭露標準之證券資訊　單位:元

資料來源：證交所違約公告專區（https://www.twse.com.tw/zh/announcement/bfigtu.html）

所有投資一定都要量力而為，也要再次提醒投資朋友，風險管控是投資必要因素，也是成為成功投資者的關鍵因素。
1. 每次交易前，要制定清楚的投資策略。
2. 在進場時，就設好觸價單，將停損設在可掌控範圍內。

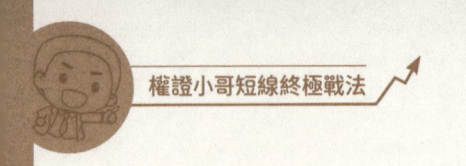

3. 嚴守紀律，避免情緒化，導致更大的損失。

　　有了當沖心態面的落實，接下來我們來看實務面。當沖心法有兩種：

1. 日內波：看當日內的波動是漲是跌，盤中不須花太多心力盯盤，是佛系當沖法，下單後，就等尾盤，把命運交給上帝。進行步驟依序如下：
   - 會在盤前或開盤時挑選標的，制定策略交易。
   - 設好停損點策略是必要步驟，例：放空漲停板時一定要回補，放空大漲 6% 以上，設好觸價單。
   - 設定停利點：做空設跌停，做多可設漲停或留倉等到明天開高再出。
   - 在收盤前平倉（建議在 13：15 前平倉）。

2. Tick 流：每個 Tick 都想做到的 Tick 流，這是較難的一種模式，盤中需要認真緊盯盤，頻繁進出交易，在短時間內就平倉。Tick 流通常是發動者比較好做，發動者一次敲很多張，股價往上後就賣掉，如果沒有法人進場，股價很容易就掉下來，追價進場做多的人，很容易受傷，一定務必設好停損點。Tick 流當沖常見主力有凱基 - 台北，大部分是程式交易單。

　　當沖交易可以透過學習相關技巧，讓勝率提高，從中培養對市場的敏銳度，提升快速反應的能力，讓資金在短時間內有高槓桿的

運用。初入門的朋友,可以先用「股市大富翁」模擬下單。熟悉操作的盤感後再開始投資操作。

CMoney 股市大富翁
https://www.cmoney.tw/vt/default.aspx

股市每日的交易量大,個股進進出出,每分都是關鍵,尤其是當沖,瞬間的變化就影響損益。建議投資朋友,要從股市中賺錢,輔助軟體是必要工具。找到適合自己的軟體來輔助,能更有效率地掌握投資眉角。小哥每日當沖交易,一定要用的軟體:「權證小哥-盤中當沖神器」。

權證小哥 - 盤中當沖神器
https://www.cmoney.tw/app/itemcontent.aspx?id=3070

這個軟體最主要的功能是可以抓出「竭盡點」,也就是盤中股價的轉折點。當主力短時間內快速強拉一檔股票時,股價會往上衝,此時容易出現竭盡,提供「竭盡點」,讓投資朋友來制定進出場策略,是這個軟體的特色。接下來的案例,也會利用軟體介面來說明,如何更深入的學習,找到投資致勝的訣竅。

3-1
當沖做多？放空？放空比做多好賺？

在瞬息萬變的股市中，投資者常面臨多空抉擇。對於當沖交易，是該做多還是放空？放空是否比做多更有利可圖？在回答這些問題之前，我們需要思考一個更為根本的問題：「股市中進進出出，你知道主力大戶今天會買哪檔股票嗎？」

答案通常是不知道，股市受眾多因素影響，預測主力大戶的行動極其困難，除非擁有可靠的內線消息，即便面對重大利多消息，我們也無法確保主力大戶必然站在買方。但有一類股票，有研究籌碼的朋友就會肯定的說：「我們不知道誰會買，但我們知道誰會賣。」那就是隔日沖大戶大買的股票。因為有隔日沖大戶進駐的股票，高機率都會隔日賣，所以可以很確定該股會有主力大戶賣。

| 3-1 | 當沖做多？放空？放空比做多好賺？

投資交易要順勢而為。在多頭走勢時，做多策略通常是更容易獲利，而當股市震盪時，靈活運用放空策略可能創造更多勝率機會。還有值得注意的一點：股市崩盤的速度往往比大漲快得多；突發利空也會導致股價快速下跌，此時放空可能比做多更容易獲利。如果再加上有隔日沖，放空的勝率可能會更高。

股價不會永遠上漲，也不會永遠下跌，常會有漲多拉回，跌深反彈的情況，因此，投資者需要培養敏銳的市場洞察力，緊跟趨勢找對主流股，在高點賣出，低點買入，靈活運用多空操作，以實現穩定獲利。當方向做錯時，錯了就認錯，停損換股，絕不硬拗。

透過觀察分析市場變因和股價走勢，可以有效提高獲利機會。多空策略可以依據前一日的籌碼進出場狀況來研究制定。以空方來說，絕不盲目放空股票，而是要密切觀察籌碼動向，要結合股價趨勢及隔日沖占比，來做為空單進場的判斷依據。進場操作，一定要先做足功課：

1. 充分研究：尤其是短線籌碼的慣性。
2. 做空時機：隔日沖分點越多越有利。
3. 風險規避：發現波段分點連續買進時，避免放空以減少被軋空的風險。
4. 關注大盤：大盤大幅上漲時，應謹慎放空操作。

　　進場操作的建議：
1. 確保籌碼分析完備，待訊號明確後再下單。

2. 如果大盤走勢較弱時，可以觀察高檔出貨個股，有機會獲得短線獲利。

3. 可以參考專業軟體輔助，小哥會利用「權證小哥-盤中當沖神器」來挑選當沖標的。用「權證小哥-全方位獨門監控」軟體，來監控大單。當大單賣出或認購大單賣出時就放空，遇到急拉當下，就立即停損，如果慢了，可以等買盤耗竭，回檔量縮時出場。

4. 做錯了就停損，下次再挑戰。記得每次交易都要檢討失敗原因，不斷優化，修正策略。

小結

無論是選擇做多還是放空，成功的關鍵在於深入市場研究及籌碼分析、嚴格的風險控制，和不斷的學習調整。透過仔細觀察市場變化和股價走勢，結合對籌碼的深入理解，投資者可以顯著提高獲利機會。

3-2
用4個指標找出弱勢做空股

投資操作絕對不能只會做多，也要學會做空。當盤勢偏空時，要減碼多單，並增加空頭部位。無論是做多或做空，進場時都要多找幾個理由，勝率才會提高。

短多進場，最好也有長多的條件；短空進場，最好也要有長空的條件。通常我們會喜歡有主力大買的股票，進場做多要多找幾個理由，如果投資標的有主力、投信買，加上關鍵分點買，而股價在低檔，這樣的標的投資報酬，一定比只有主力買的勝率高。

而想要放空一檔股票時，最好是找弱勢股，讓勝率提高。要找出弱勢股，弱勢指標有哪些呢？我們利用「權證小哥-盤中當沖神器」軟體來找出弱勢標的。可以設立條件：

> 主10＜0、帶寬＞20、月斜線率＜0、位階由大到小排序

1. 主10：表示主力10天買進的力道，即10日主力買超÷成交量。主10＞0，表示主力買進；主10＜0，表示主力賣出。數字代表買進（賣出）力道。

2. 帶寬：帶寬指的是「布林通道帶寬」，即：（上通÷下通）－1。當帶寬＜5，股價長期振幅小，不適合當沖；當帶寬＞20，股價短線振幅大，較適合當沖。

3. 月線斜率：月線代表近一個月買進這檔股票的平均成本。月線斜率（％）：〔月（今）÷月（昨）－1〕。月線斜率＞1是超級強勢股，若要做空只能短空。月線斜率＜–1，是超級弱勢股，若要做多只能短多。

4. 位階：位階在0，代表股價介於中間，位階在–10，代表股價基期較低，不適合放空，位階在10，代表股價基期較高。投資最怕買在高檔、空在低檔，所以參考位階，最好挑選位階較高且主力籌碼不佳的股票來放空。

以2024年6月28日為例，若依照以上4大弱勢觀察指標，用當沖神器軟體來挑選，有以下股票：

3-2 | 用 4 個指標 找出弱勢做空股

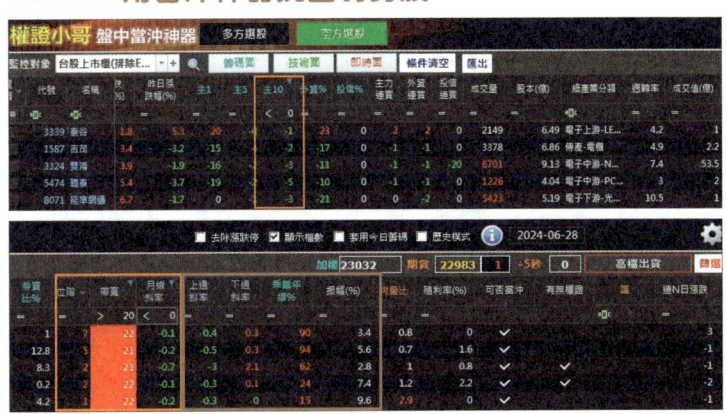

圖表3-2-1 用當沖神器挑出弱勢股

資料來源：權證小哥 - 盤中當沖神器

　　用當沖神器軟體來挑選當沖標的，還可以觀察以下指標：

1. 上通斜率＞3，位階亮紅燈：是超級強勢股，若要空，只能短空。
2. 下通斜率＜–3，位階亮綠燈：是超級弱勢股，若要做多，只能短多。
3. 振幅：股票當天震盪的幅度，越大越適合當沖。
4. 乖離年線：股價÷年線－1。當乖離年線越大，代表該股票近期走勢較強。若是強勢股，切忌波段空。
5. 乖離年線越大，月線下彎，長期主力賣時，就可以抓住黑K的節奏來放空。

　　結合多項指標來篩選適合當沖的標的，符合篩選條件越多，勝率就越高。

3-3 提高當沖獲利的關鍵小訣竅

除了上節所述指標外,投資交易還可以充分利用籌碼軟體提供的各項數據來觀察研究,以提高獲利機率。以下是各資料面向的關鍵觀察重點,協助投資者把握當沖交易的核心要素。透過系統性地觀察分析這些關鍵指標,可以更有效地掌握市場動態,提高當沖交易的成功率。

▌籌碼面

1. **觀察主力籌碼集中度**:從「當沖神器」中觀察,主1就是主力的籌碼集中度。籌碼集中度:0～10就小買,10～20中買,

20以上大買。

2. **觀察主投買（賣）標的：**
   - 做多：觀察投信＋主投買的第一天。做多可以盡量看主力跟投信，主投買而且要第一天，隔天一早容易有追價買盤，投信連買時適合偏多操作。觀察籌碼有沒有隔日沖進來，有隔日沖進來就不能做多，因為有隔日沖進來，隔天就不一定是紅K了。
   - 做空：觀察主投賣。當投信突然大賣時，隔天又續賣，續賣的話黑K機率就比較高，如果又有隔日沖進場的話，更容易黑K。

3. **融資**：股價在低檔時，融資跟主力同時大買，後市會看多。股價在高檔，融資買主力賣，則這個融資是散戶追的，後市偏空。

4. **融券**：融券回補日前，券資比＞30%，主力買，容易軋空。

5. **關鍵分點**：關鍵分點大賣時遇上隔日沖大買，隔天賣壓大。關鍵分點大買，遇上低檔長黑爆量，隔天容易走強。

6. 外資有分波段外資跟短線外資，下單前記得先看外資近期的交易狀況。外資連賣，隔日沖大買，隔天易黑K。

7. 自營避險買超通常跟權證有關。若權證買超的是隔日沖分點，那麼隔天早盤9：30前，容易有權證賣壓，權證賣壓就會導致自營商賣壓，股價容易小殺（可以每晚利用「全方位獨門監控」來研究觀察）。

8. 自營商大賣的當天易黑K。

9. 集保戶數爆增，籌碼容易凌亂，股價未來走勢易變差；集保戶數下降，籌碼趨於穩定，股價未來走勢較好。

圖表 3-3-1 用全方位獨門監控進行觀察

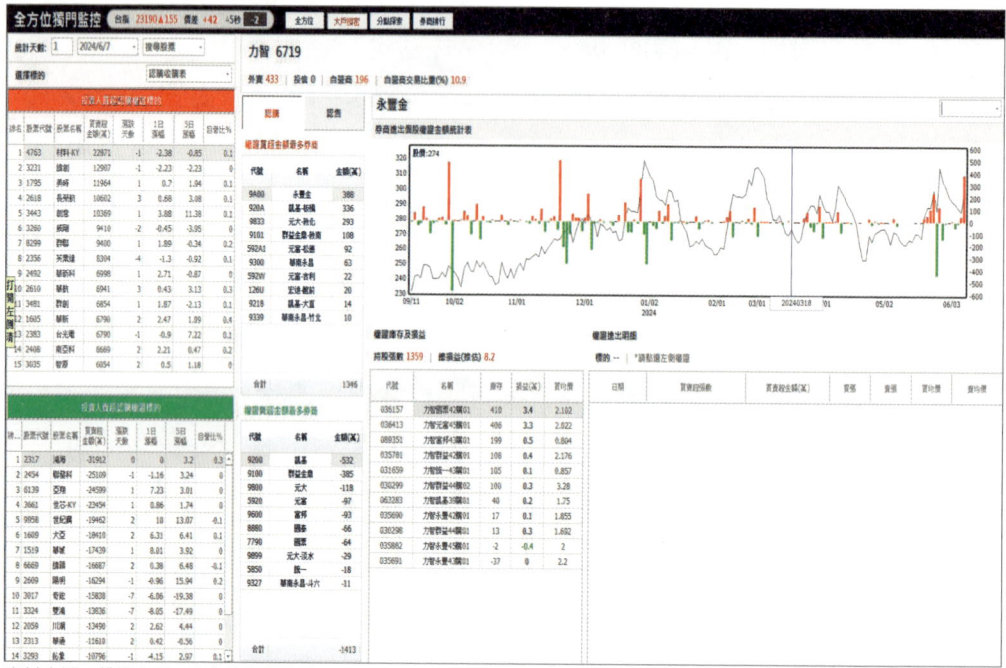

資料來源：權證小哥 - 全方位獨門監控

| 3-3 | 提高當沖獲利的關鍵小訣竅

圖表 3-3-2 自營商大賣當天易出現黑K

資料來源：CMoney 理財寶籌碼 K 線

173

技術面

1. 均線價格越來越高、趨勢往上；均線價格越來越低、趨勢往下。
   - 做短線：通常看 5 日線（週線、5MA）、10 日線（雙週線、10MA）。
   - 做隔日沖及追強勢股時，都會看 5 日線。
   - 觀察投信買賣超，可以觀察 10 日線。
   - 20 日線是小哥蠻常參考的，假設今天要做多的話，我蠻喜歡那種黑 K 回檔到月線的標的。做很短線時，也要記得看一下長線的走勢怎麼樣。

2. 依據布林通道來判別進出場點：
   - 往上帶量開布林是個好買點，離開上軌的黑 K 是短線賣點。
   - 往下帶量開布林是個好空（賣）點，離開下軌的紅 K 是短線回補（買）點。

圖表 3-3-3　用布林通道判斷好買點

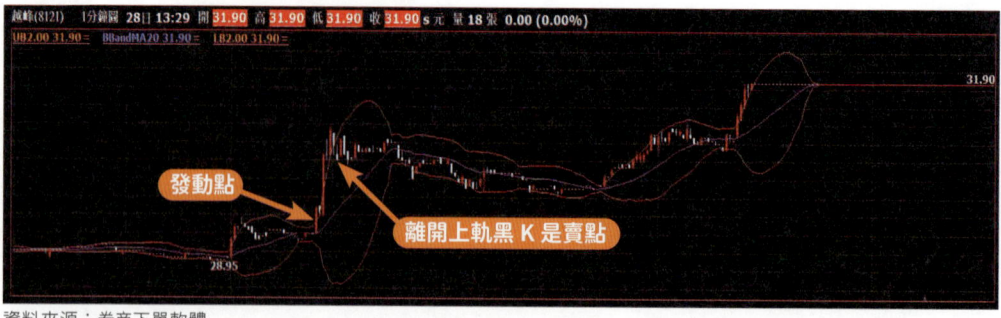

資料來源：券商下單軟體

| 3-3 | 提高當沖獲利的關鍵小訣竅

圖表3-3-4　用布林通道判斷好空點

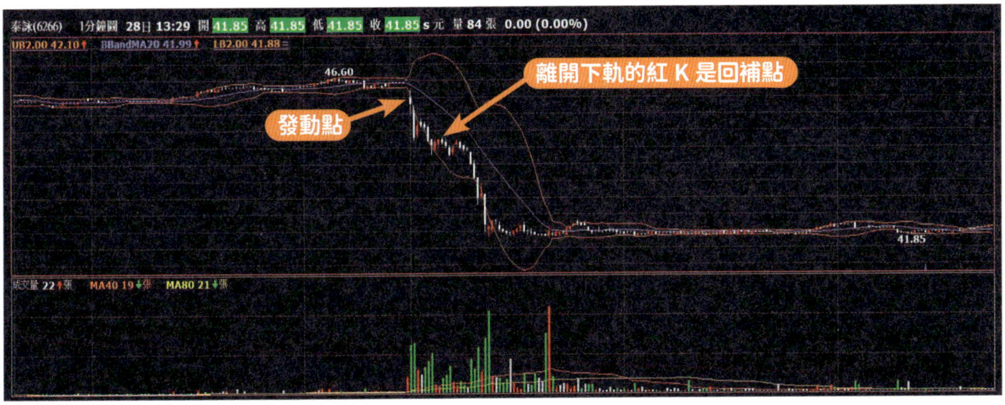

資料來源：券商下單軟體

　　空頭的股票，通常往下殺會出量，反彈會沒量。操作手法就是：反彈找機會空，或空在發動點。發動點可以用「當沖神器」看得出來，因為量會突然爆出來，我們看到第一次的很大量、第一筆的很大量，那通常都是發動點。做短線要手腳快，在發動點就趕快跟上去。離開下軌紅K是回補點，因為這個是竭盡點。

五檔報價

　　當沖時利用五檔判斷，如有很多短線客，隔日沖進場時：

1. 當五檔報價欄左邊（內買盤）掛大單，主力可能壓低出貨。右邊（外賣盤）掛大單，主力可能拉高出貨。
2. 因為很多隔日沖主力它要出貨，它的方法是拉高出貨，先把價格拉高，然後再把貨給倒掉。先在外盤掛上大單，然後自己把

它吃過去，這對隔日沖而言，是賺錢的成本，要把貨出掉的成本。假如這檔股票，是短線客多，有很多隔日沖，五檔報價很常都掛假單，就是你看它外盤掛很多，事實上是它要往上吃，你看它內盤掛很多，事實上它要往下殺。很多投資者會因為外盤掛很多，以為壓力重重，因壓力重重去放空，結果就被軋了。

3. 第一筆的大量外盤成交，容易誘發追價。成交在買方開價第一筆的大量內盤成交，容易誘發殺盤。

另外，觀察試撮漲跌停：
1. 試撮漲停，開盤沒漲停，今日有潛在賣壓。
2. 試撮跌停，開盤沒跌停，今日有潛在買盤。

記得搭配籌碼與線型位階研究，再次確認。

股票 vs 期貨

觀察正逆價差比：
1. 正價差比大，主力壓股票、買期貨，偏多看待。
2. 逆價差比大，主力拉股票、空期貨，偏空看待。

必須再利用籌碼判斷多空狀況後，再下單。

3-3 | 提高當沖獲利的關鍵小訣竅

圖表3-3-5 用全方位獨門監控觀察正逆價差比

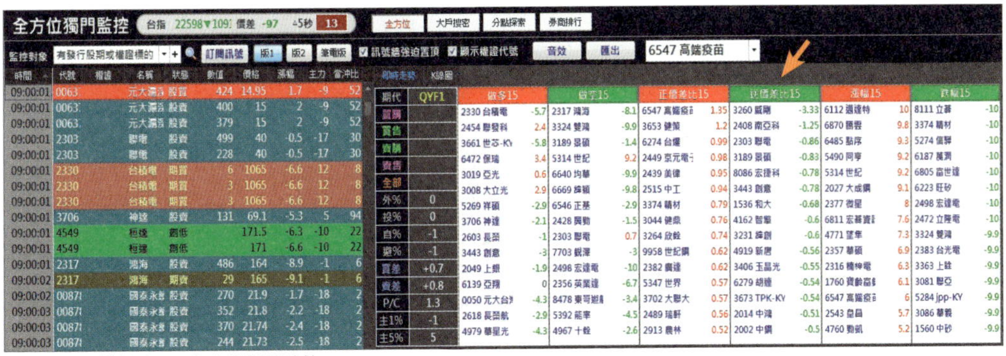

資料來源：權證小哥 - 全方位獨門監控

3-4
用2個訊號抓住當沖進出場點

掌握了當沖獲利關鍵籌碼要素之後,接下來就要實際演練,如何抓住當沖的進出場點。

步驟有二:①先鎖定標的,決定多空方向;②抓住進出場最佳點位。

▎鎖定標的

當沖客最喜歡:成交量大的股票,振幅大的股票,以及市場熱度高的股票。

1. 成交量:當沖的標的一定要有成交量,若沒成交量,會有買了賣

不掉，容易滑價的風險。成交量至少要有日成交 1,000 張以上。
2. 振幅：振幅大、價差大，股票可快速賺取價差利潤。
3. 市場熱度高：這類股票，波動幅度也較大。我們可以看周轉率高的股票，周轉率又稱為換手率，也就是一段時間內股票換手的比率，可用來判斷個股的交易熱度與籌碼穩定度，這是短線投資人一定要會看的數據。周轉率（換手率）＝某段時期內成交量÷發行總股數×100%。周轉率越高，代表股票換手的次數越高，交易也越活絡。振幅大，股性活潑流動性佳，短線進出容易。

挑選出標的後，在每天交易前，要先有的關鍵準備：
1. 先評估大盤走勢：每日開盤前，首先分析大盤走勢。當大盤呈現大紅K時，個股大紅K的機率也較高。
2. 決定多空方向。
3. 確認標的股票的交易限制：有些股票只能先買後賣，不能先賣後買。
4. 制定盤中先買再賣當沖法（多方）以及盤中先賣再買當沖法（空方）策略。

多方 盤中先買再賣當沖法
1. 趁著台指期急漲時做多。
2. 挑選盤面主流股，例如：上日報頭條者，同族群大漲。

3. 找同類型股票今日都大漲的股票標的。

4. 行情剛發動者最為有利，跟單時速度要快。

5. 急漲不追多。

6. 有軟體來輔助，可快速掌握標的。小哥利用全方位獨門監控，在盤中觀察找標的，最喜歡有出現：股買（股票大量買進）、期買（期貨大量買進）、買購（有認購權證大量買進）、創高（股價今日創高）的標的。也可觀察在全方位獨門監控表中，做多的行中的標的。

7. 先研判主力是波段買，還是隔日沖。觀察研究技術線型：月線

圖表3-4-1 用全方位獨門監控尋找大量出現「股買」、「買購」訊號標的

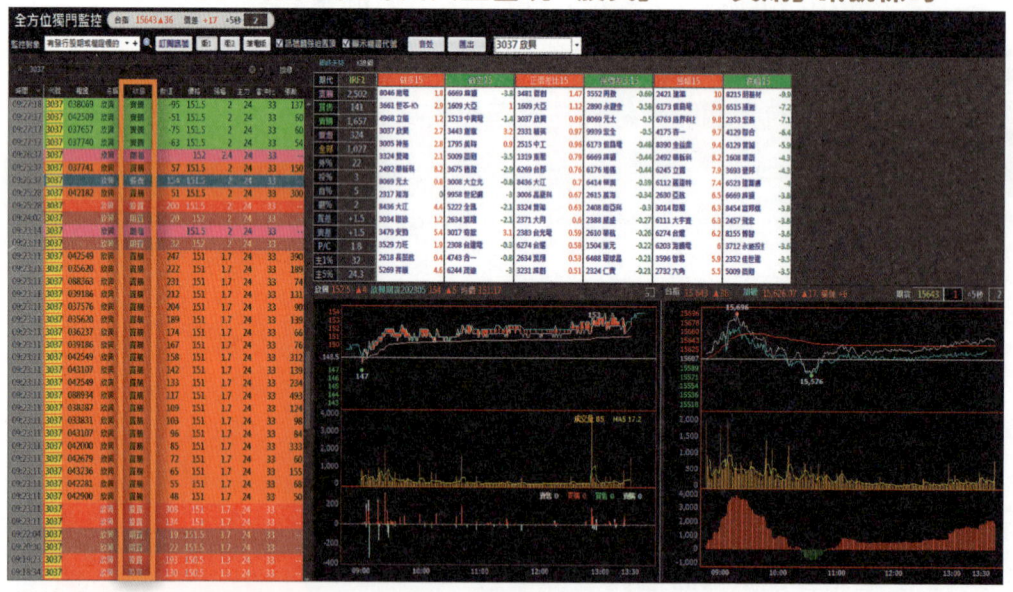

資料來源：權證小哥-全方位獨門監控
註：為呈現過往資料，此為舊版軟體畫面，軟體已於2025年更新。

3-4 | 用 2 個訊號 抓住當沖進出場點

斜率和布林位階。

8. 在第一根大量時就進場，或是在拉回時找買點。

9. 可以找主力波段買，權證是多空節奏，來找出今天是紅 K 機率高的標的。亦或是找籌碼好，股票回到上升月線，主力並未大賣的標的。或是用「當沖神器」找飆股（開布林、延上軌、主力買）的股票。參考案例如下：

圖表 3-4-2　主力波段買且權證是多空節奏

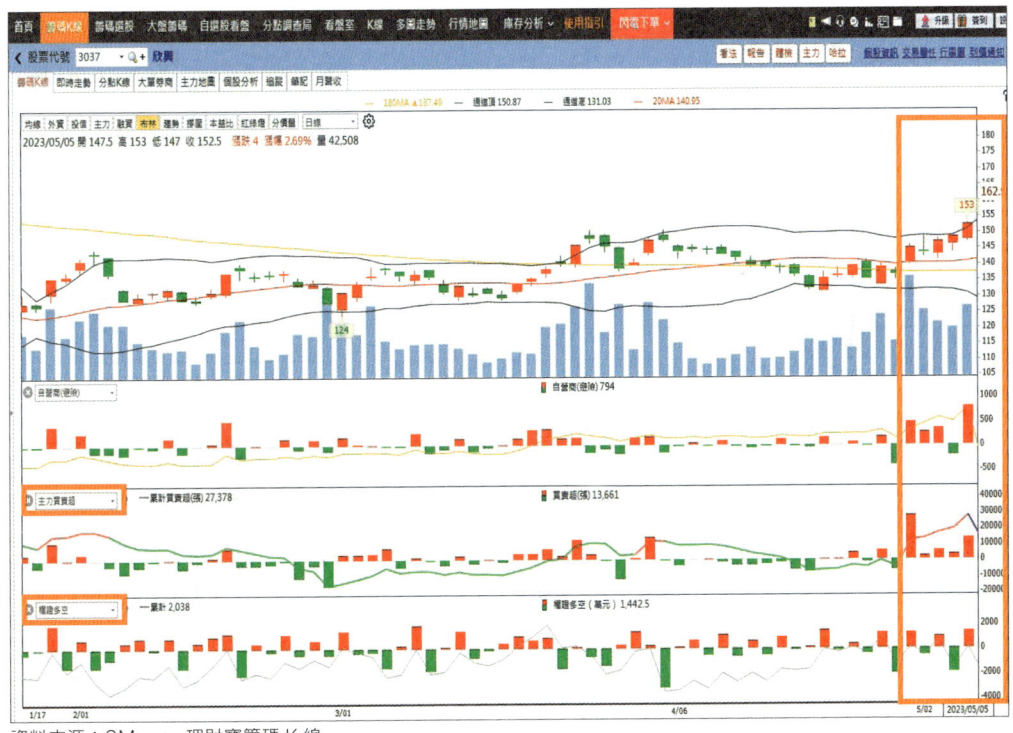

資料來源：CMoney 理財寶籌碼 K 線

權證小哥短線終極戰法

圖表3-4-3 利用盤中當沖神器找飆股（開布林、延上軌、主力買）

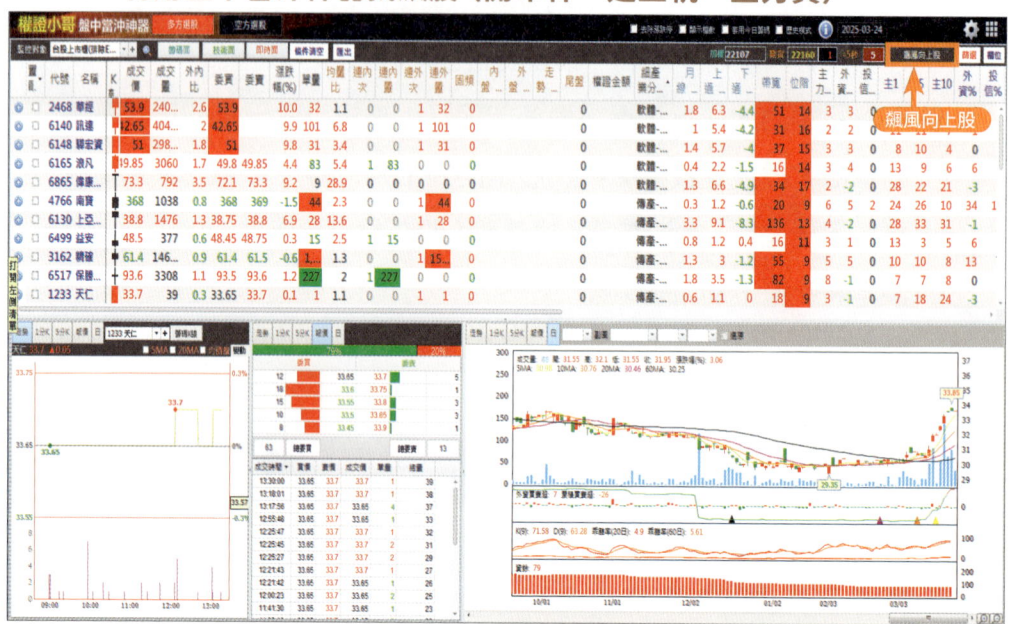

資料來源：權證小哥 - 盤中當沖神器

　　當沖做多，嚴格設好停損，掛好觸價單。可掛漲停下一檔出掉，然而當趨勢對時要抱緊。

　　記得：「上漲要量增，下跌要量縮。」假如發現上漲量縮，下跌量增，那就是抱錯了。最好找主投買、上軌翹的標的來做多，勝率會大增。

空方 盤中先賣再買當沖法

1. 趁著台指期急跌做空。
2. 有波段空的行情更好（月線或季線下彎更好）。

3-4 | 用 2 個訊號 抓住當沖進出場點

3. 記得研究隔日沖手法，可以提高放空勝率。有隔日沖的賣壓或權證的賣壓才空。

4. 不要一次空滿，要分批空；急跌時有些單子務必回補，免得心理壓力過大。

5. 急跌不追空。

6. 可觀察全方位監控表中前一天「隔日沖分點」認購權證大買的標的，以及觀察今天認購權證大賣標的。挑選在全方位監控有出現：股賣（股票大量賣出）、期賣（期貨大量賣出）、賣購（有認購權證大量賣出）的標的。或是出現在全方位監控表中，做空的排行中。

圖表 3-4-4 **用全方位獨門監控尋找大量出現「股賣」、「賣購」訊號標的**

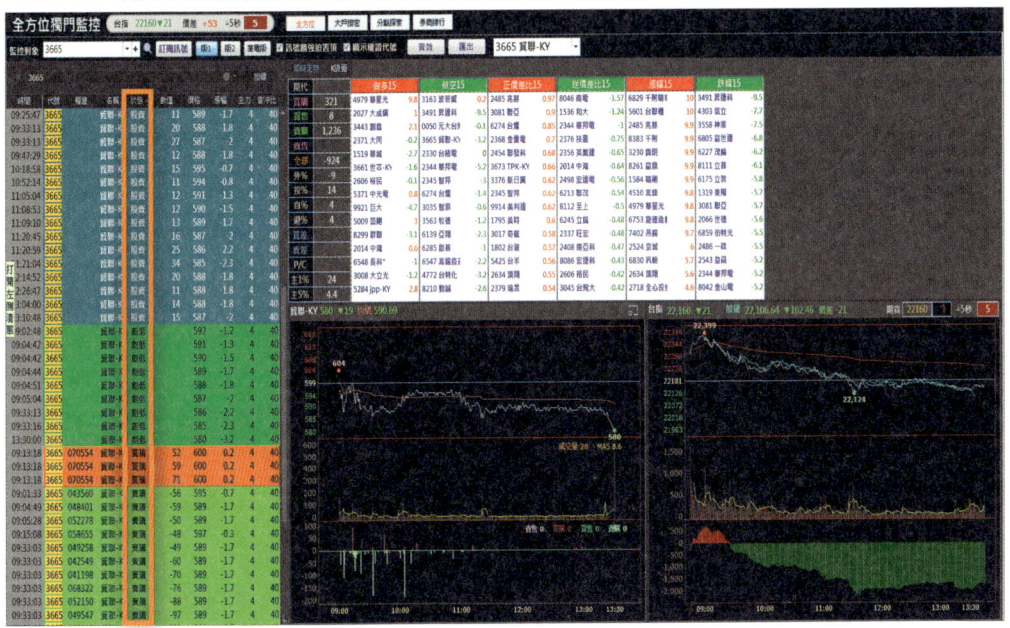

資料來源：權證小哥 - 全方位獨門監控

權證小哥短線終極戰法

7. 空方進場最喜歡波段賣，有隔日沖最好。當月線斜率是負的，就是月線下彎，股價在上通道（布林位階在10）時最好空。
8. 在挑選先賣後買的標的時，都會確認是否符合以下條件，符合條件越多項越好：籌碼判斷有出現主力一買一賣，自營避險一

圖表3-4-5 **主力、自營避險、權證多空、外資一買一賣 投信波段多轉賣**

資料來源：CMoney 理財寶籌碼 K 線

買一賣，權證多空一買一賣，外資一買一賣，投信波段多轉賣的情形就很好當沖。

9. 主力續賣，線型空頭的標的，月線下彎，均線反壓最好；有大量申報轉讓，也正在出貨的標的；以及隔日沖主力大買的標的（避開上通道斜率超過3%的股票）。

進行**空方**盤中先賣再買當沖操作時要留意：當現股賣出後被軋漲停，得改成融券賣出，但若沒有券時，就得付昂貴的標借（標的證券借貸）費了，所以建議當沖流程是：**先融券賣出（先確保有券），現買，現賣（可以省交易稅），最後再融資買進**，之後再請營業員改成現股當沖，這樣交易稅可以減半，也不怕付標借費。

觀察2訊號 抓住進出場點

挑選了多空操作標的後，進場當沖交易最重要的是：要抓住最佳進出場點位。

台股交易是逐筆交易模式，交易量非常龐大，藉由軟體輔助，我們可以利用「權證小哥-盤中當沖神器」來觀察2個訊號（連次、連量）。

連次就是連續買賣的次數，連量就是連續買賣的數量。當沖神器軟體在盤中，每隔5秒會計算一次，計算5秒內買盤的量多還是賣盤的量多，是外盤成交多，還是內盤成交多。當內盤成交多時我

們就計1次，紀錄為連內次1，用綠色表示。再5秒還是內盤多，就連內次2，以此累加。然後把內盤成交量加起來，就是連內量，累次就累加。

外盤也是同做法，外盤成交量多，就連外次1次，用紅色表示。當連次量達10次以上，就會亮燈。連次連續內盤成交次數為綠色，連續外盤次數為紅色，連10次會有聲音的提醒。連內量和連外量如果爆量，也會亮燈。連次、連量是我們抓轉折很需要留意的點。

要抓住當沖進出點，我們常用竭盡點判斷。竭盡點顧名思義就是去抓它的轉折，轉折就是竭盡訊號。通常買盤竭盡會有幾個徵兆：
1. 短時間內有急拉。
2. 連次或連量會爆量。
3. 當股票急拉，連次連量亮紅燈，當燈熄滅時，可能買盤竭盡，爆量越大會越準。
4. 當股票急殺，連次連量亮綠燈，當燈熄滅時，可能賣盤竭盡，爆量越大會越準。

當沖交易抓住轉折、掌握買賣盤竭盡點，勝率就會高。股票交易買賣時時變化，當買盤竭盡時，股價還是快速的洗刷，股價仍會往上走，這有可能是第一階段的買盤竭盡，後續還會有可能出現買盤竭盡。盤中一直出現買盤竭盡的股票，會是強勢股；一直出現賣盤竭盡的股票，可能是弱勢股。

| 3-4 | 用 2 個訊號 抓住當沖進出場點

圖表 3-4-6　買盤竭盡觸發

資料來源：權證小哥 - 盤中當沖神器

圖表 3-4-7　賣盤竭盡觸發

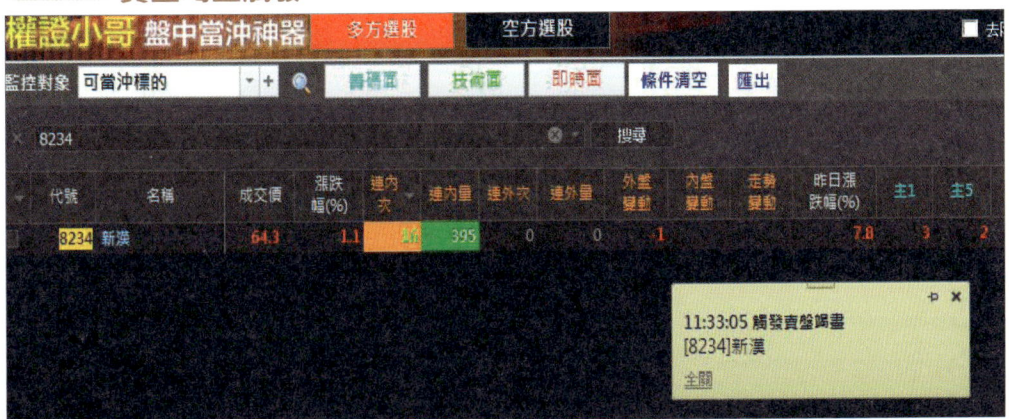

資料來源：權證小哥 - 盤中當沖神器

在股價急拉買盤竭盡時，或急殺賣盤竭盡時，我們會依多空選擇進行動作：

1. 賣盤竭盡：當進場做多時，賣盤竭盡時可以買；做空時，賣盤竭盡時就回補。
2. 買盤竭盡：當進場做多時，買盤竭盡時可以賣；做空時要確認有無隔日沖進場再做空。因為隔日沖大戶常會利用散戶追高殺低的心理，很喜歡拉一波股價讓散戶進場追價。

想進場當沖操作一檔股票前，必須先了解該檔股票的主力習性。如果個股的主力喜歡做隔日沖，盤中就可以用「買盤竭盡」的方式，抓到適合放空的時機。

當急拉出現「買盤竭盡」時放空，通常我們會看到：

1. 連續大量委賣價（外盤）成交，表示目前市場追價意願高，也有可能是隔日沖主力故意拉抬股價，為了出脫昨天的持股。
2. 股價短時間內急拉。
3. 股票成交價推不上去。
4. 拉升力道減弱。
5. 這時就可考慮極短線放空。

當急殺出現「賣盤竭盡」時做多：

1. 會先看到連續大量委買價（內盤）成交。
2. 股價短時間內急殺。

3. 股票成交價跌不下去。

4. 下跌力道減弱。

5. 可考慮極短線做多。

　　掌握了當沖標的，決定進場多空方向，利用連次、連量抓轉折，再利用買賣盤竭盡訊號判斷進出場點。也要記住當沖交易的 2 個精髓：「**空在爆量漲不動，買在爆量跌不動**」。

- 當股價往上拉，出很大量了，有人追，也一直有人提供賣單，爆大量漲不動，漲不動就代表該跌了，所以空在爆量漲不動。
- 當股價往下一直殺，但也一直有人掛買單，都出很大量，而股價跌不下，這就是個好買點，買在爆量跌不動。

當沖案例解析

　　接下來我們來看以下當沖案例：

案例 1 ─ 陽明（2609）當沖做多

進場理由

1. 2024/4/26 的陽明在全方位監控出現：「股買」、「買購」、「創高」、「期買」等偏多訊號。
2. 查詢籌碼：前一天「無隔日沖」主力大買，也符合「價漲量增」、「價跌量縮」的節奏。
3. 期貨「正價差」，代表主力偏多。
4. 加上有程式單買購（程式單特徵：「同一秒」內買很多檔權證，股價「過高」後，會有另一批買購進來）。

決定進場做多，股價當天鎖漲停。當當沖做多遇到漲停板時，就可留倉變成隔日沖。隔日再出場。

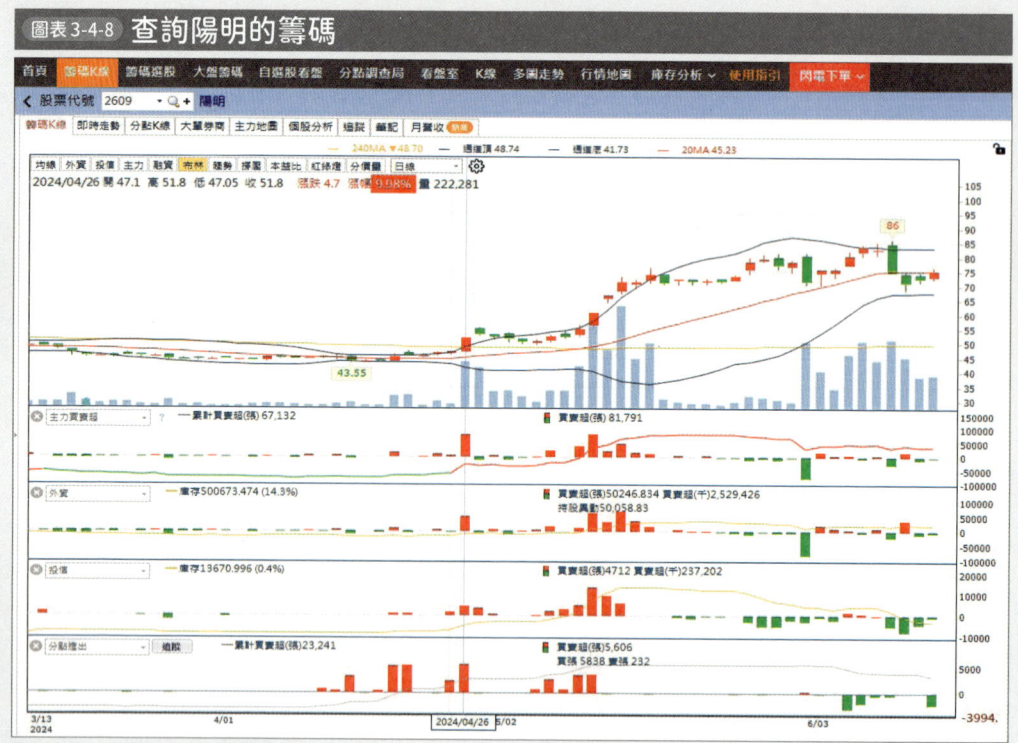

圖表3-4-8　查詢陽明的籌碼

資料來源：CMoney 理財寶籌碼 K 線

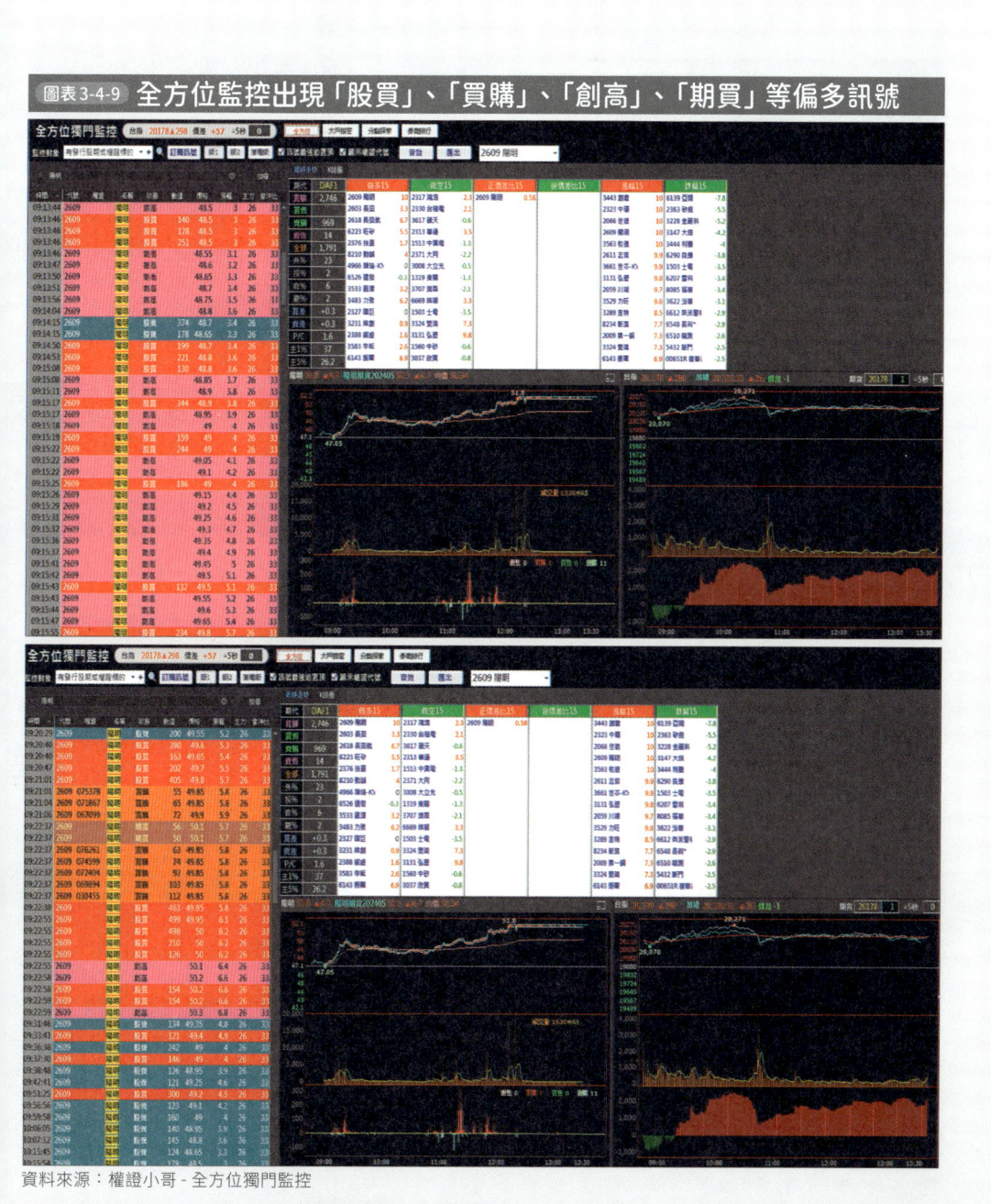

3-4 | 用 2 個訊號 抓住當沖進出場點

圖表3-4-9 全方位監控出現「股買」、「買購」、「創高」、「期買」等偏多訊號

資料來源：權證小哥 - 全方位獨門監控

權證小哥短線終極戰法

圖表3-4-10 期貨「正價差」代表主力偏多

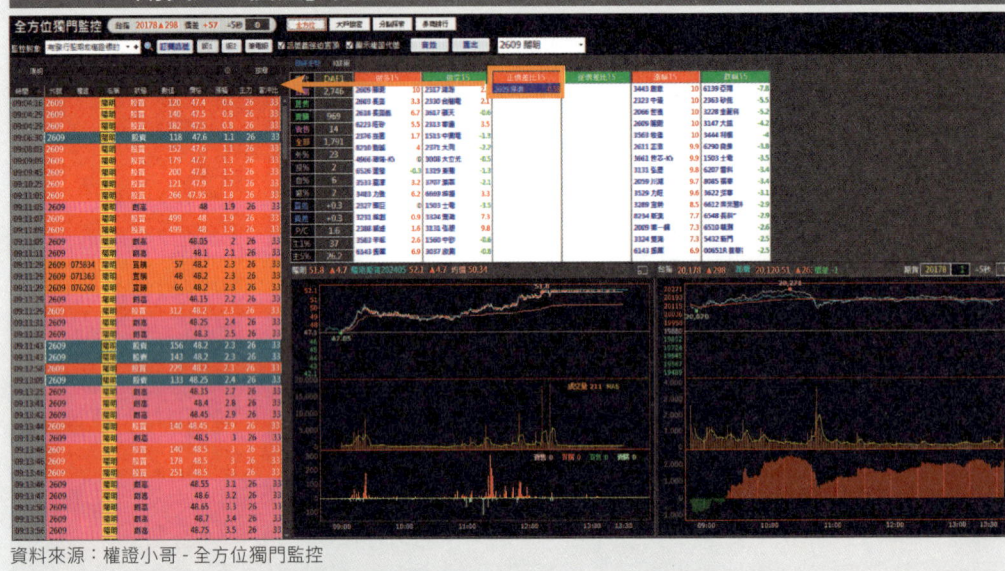

資料來源：權證小哥 - 全方位獨門監控

圖表3-4-11 有程式單買購

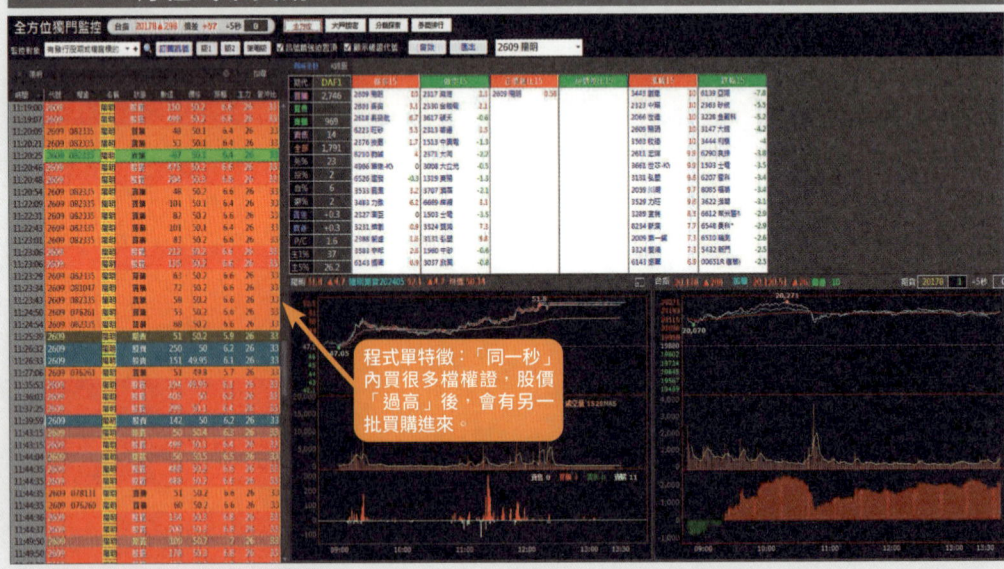

程式單特徵：「同一秒」內買很多檔權證，股價「過高」後，會有另一批買購進來。

資料來源：權證小哥 - 全方位獨門監控

圖表 3-4-12　進場做多 交易當日漲停 所以隔日才獲利了結

買賣日期	2024/04/26 ~ 2024/04/28	商品名稱 □全部 DAFE4	期權 陽明期貨05	查詢

成交日期	委託日期	成交時間	網路單號	委託單號	買賣	商品名稱	成交均價▲	成交口數	交易稅
2024/04/26	2024/04/26	09:24:56	Yz0068	z0068	買	陽明期貨 05	50	1	2.00
2024/04/26	2024/04/26	09:23:57	Yz0065	z0065	買	陽明期貨 05	50.1	1	2.00
2024/04/26	2024/04/26	09:23:57	Yz0064	z0064	買	陽明期貨 05	50.1	1	2.00
2024/04/26	2024/04/26	09:23:18	Yz0067	z0067	買	陽明期貨 05	50.2	1	2.00
2024/04/26	2024/04/26	09:23:23	Yz0069	z0069	買	陽明期貨 05	50.2	1	2.00
2024/04/26	2024/04/26	09:23:23	Yz006a	z006a	買	陽明期貨 05	50.2	1	2.00
2024/04/26	2024/04/26	09:23:23	Yz006b	z006b	買	陽明期貨 05	50.2	1	2.00
2024/04/26	2024/04/26	09:23:23	Yz006c	z006c	買	陽明期貨 05	50.2	1	2.00
2024/04/26	2024/04/26	09:23:24	Yz006d	z006d	買	陽明期貨 05	50.2	1	2.00
2024/04/26	2024/04/26	09:23:18	Yz0066	z0066	買	陽明期貨 05	50.2	1	2.00
2024/04/26	2024/04/26	09:23:17	Yz0063	z0063	買	陽明期貨 05	50.2	1	2.00
2024/04/26	2024/04/26	09:23:17	Yz0062	z0062	買	陽明期貨 05	50.2	1	2.00
2024/04/26	2024/04/26	11:51:39	Yz00hM	z00hM	買	陽明期貨 05	51.5	1	2.00
2024/04/26	2024/04/26	11:51:39	Yz00hN	z00hN	買	陽明期貨 05	51.5	1	2.00

資料來源：券商下單軟體

案例 2 ── 所羅門（2359）做空

> **進場理由**

1. 2024/4/26 將所羅門列為做空標的。因為 2024/4/25 研究籌碼留意到所羅門有隔日沖主力元富和富邦 - 南屯大買（做空要件，有隔日沖主力最好，如有多家隔日沖更好）。
2. 前幾日有「分點大賣」最好，發現「兆豐 - 中壢」前日大賣。
3. 符合「價跌量增」、「價漲量縮」的節奏。
4. 做空時最好避開「開布林」、「主力連買」的標的。
5. 盤中利用當沖神器觀察，連次 22 次綠色亮燈，連量爆量綠色，急殺出現賣盤竭盡點，右下角跳通知。
6. 連次 9 次綠色，連量爆量綠色，出現急殺竭盡點。
7. 連次 33 次紅色亮燈，連量爆量亮燈，容易出現在短線高點轉折。
8. 反彈連次量爆量加空。

當沖操作，兩個戶頭獲利約 83 萬元（含退傭）。

圖表3-4-13 研究2024/4/25所羅門籌碼

資料來源：CMoney 理財寶籌碼 K 線
註：請參照進場理由 1.～3.。

| 3-4 | 用 2 個訊號 抓住當沖進出場點

圖表3-4-14 當沖神器顯示「連次」22次綠色亮燈

盤中利用當沖神器觀察，連次 22 次綠色亮燈，連量爆量綠色，急殺出現賣盤竭盡點，右下角跳通知。

資料來源：權證小哥 - 全方位獨門監控

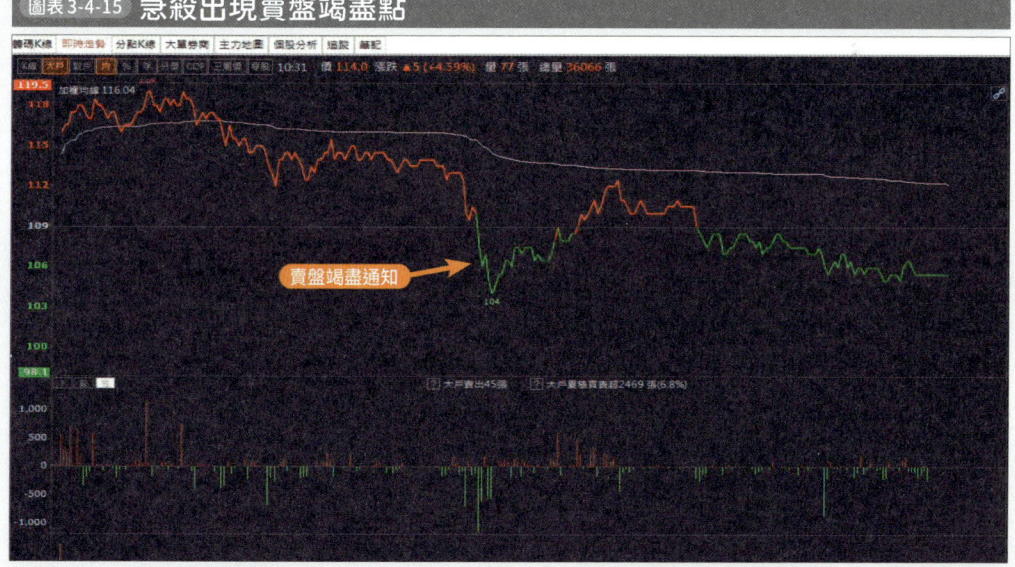

圖表3-4-15 急殺出現賣盤竭盡點

賣盤竭盡通知

資料來源：CMoney 理財寶籌碼 K 線

195

權證小哥短線終極戰法

圖表 3-4-16 連次 9 次綠色，連量爆量綠色，出現急殺竭盡點

資料來源：權證小哥 - 全方位獨門監控

圖表 3-4-17 連量爆量亮燈，容易出現在短線高點轉折

資料來源：權證小哥 - 全方位獨門監控

圖表 3-4-18 反彈連次量爆量加空

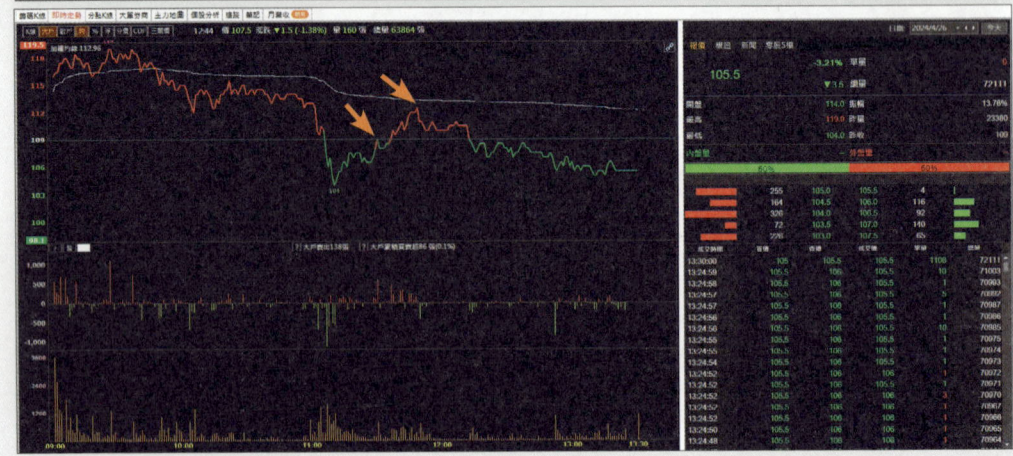

資料來源：CMoney 理財寶籌碼 K 線

| 3-4 | 用 2 個訊號 抓住當沖進出場點

圖表 3-4-19 當日獲利對帳單

成交日期	種類	代號	商品名稱	數量	成交價	成交價金		交易稅	證所稅	融資金額/券差商品	資自償款/券保證金	利息	借券費		客戶...	損益	報酬率(%)	
2024/04/26	現沖賣	2359	所羅門	5,000	116.50	582,500		873	0	-	-	-	-		581,496	55,881	10.63%	
2024/04/26	現沖賣	2359	所羅門	5,000	116.00	580,000		870	0	-	-	-	-		579,000	51,383	9.74%	
2024/04/26	現沖賣	2359	所羅門	5,000	116.00	580,000		870	0	-	-	-	-		579,000	51,382	9.74%	
2024/04/26	現沖賣	2359	所羅門	5,000	116.00	580,000		870	0	-	-	-	-		579,000	49,384	9.32%	
2024/04/26	現沖賣	2359	所羅門	5,000	116.00	580,000		870	0	-	-	-	-		579,000	48,895	9.22%	
2024/04/26	現沖賣	2359	所羅門	5,000	116.00	580,000		870	0	-	-	-	-		579,000	48,893	9.22%	
2024/04/26	現沖賣	2359	所羅門	5,000	116.00	580,000		870	0	-	-	-	-		579,000	47,383	8.91%	
2024/04/26	現沖賣	2359	所羅門	5,000	116.00	580,000		870	0	-	-	-	-		579,000	46,384	8.71%	
2024/04/26	現沖賣	2359	所羅門	5,000	116.00	580,000		870	0	-	-	-	-		579,000	45,380	8.50%	
2024/04/26	現沖賣	2359	所羅門	5,000	116.00	580,000		870	0	-	-	-	-		579,000	43,380	8.10%	
2024/04/26	現沖賣	2359	所羅門	5,000	116.00	580,000		870	0	-	-	-	-		579,000	33,890	6.22%	
2024/04/26	現沖賣	2359	所羅門	5,000	115.50	577,500		866	0	-	-	-	-		576,505	19,382	3.48%	

| | 總計 | 買入金額 | 16,587,000 | 賣出金額 | 17,114,500 | 差額 | -527,500 | 淨收付差 | 494,325 | 買/賣均價 |
| | | 買入股數 | 150,000 | 賣出股數 | 150,000 | 差股 | 0 | 損益 | 494,325 | 手續費/交易稅 |

起始日期 2024/04/26　結束日期 2024/04/26　明細　□濾除買進成本為0的股票　□不含除息試算

筆數	成交日	股票代號	股票名稱	交易別	成交數量	成交價格	買進金額	賣出金額	損益	報酬率
6	2024/04/26	2359	所羅門	現股	3,000	116.50	328,934	348,513	19,579	5.95 %
2	2024/04/26	2359	所羅門	現股	3,000	116.50	330,437	348,513	18,076	5.47 %
3	2024/04/26	2359	所羅門	現股	3,000	116.50	330,435	348,513	18,078	5.47 %
4	2024/04/26	2359	所羅門	現股	3,000	116.50	330,435	348,513	18,078	5.47 %
5	2024/04/26	2359	所羅門	現股	3,000	116.50	330,435	348,513	18,078	5.47 %
25	2024/04/26	2359	所羅門	現股	1,000	112.00	105,140	111,684	5,544	5.22 %
小計					142,000		15,543,546	15,836,790	293,144	1.89%

資料來源：券商下單軟體

案例 3 — 台耀（4746）做空

進場理由 利用有隔日沖的賣壓來做空

1. 2023/8/1 隔日沖鎖漲停。
2. 2023/8/2 在當日股價拉高時空，殺低時回補。

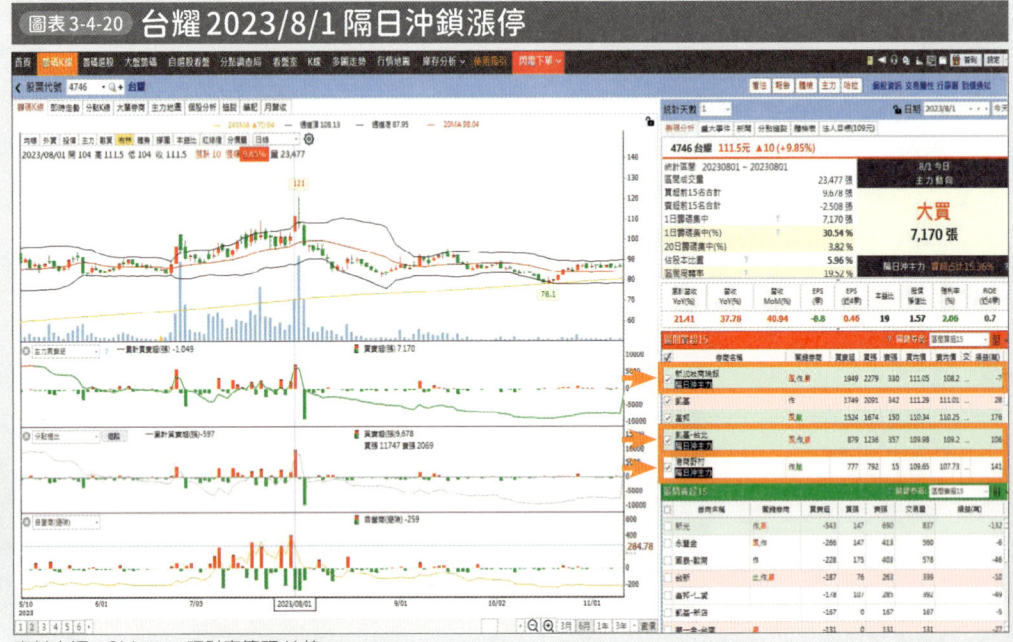

圖表 3-4-20 台耀 2023/8/1 隔日沖鎖漲停

資料來源：CMoney 理財寶籌碼 K 線

3-4 用 2 個訊號 抓住當沖進出場點

圖表 3-4-21 台耀 2023/8/1 ～ 8/2 個股分析

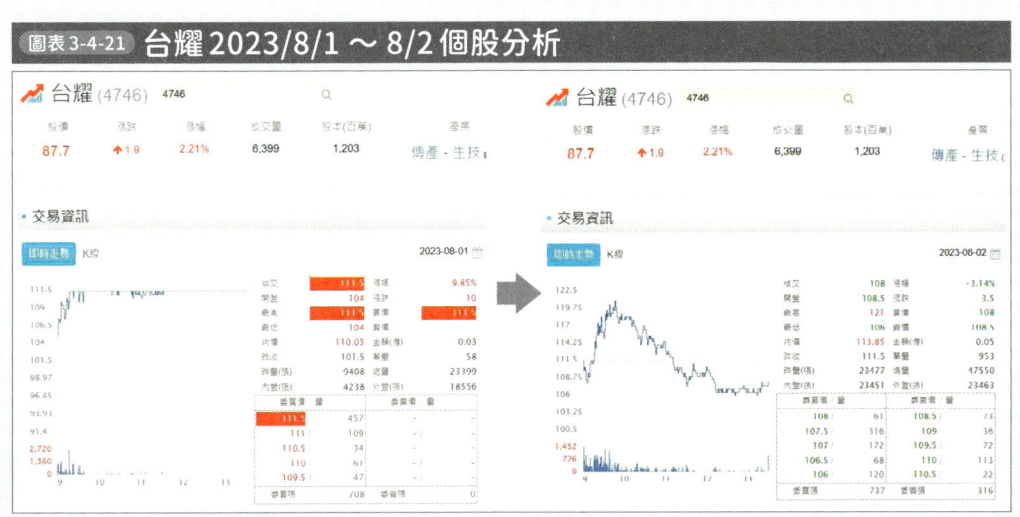

台耀 (4746)	2023-08-01	台耀 (4746)	2023-08-02
股價 87.7 漲跌 ↑1.9 漲幅 2.21% 成交量 6,399 股本(百萬) 1,203 產業 傳產-生技		股價 87.7 漲跌 ↑1.9 漲幅 2.21% 成交量 6,399 股本(百萬) 1,203 產業 傳產-生技	

2023-08-01		2023-08-02	
成交 111.5	漲幅 9.85%	成交 108	漲幅 -3.14%
開盤 104	漲跌 10	開盤 108.5	漲跌 3.5
最高 111.5	買價	最高 121	買價 108
最低 104	賣價	最低 106	賣價 108.5
均價 110.05	差額(億) 0.03	均價 113.85	差額(億) 0.05
昨收 101.5	單量 58	昨收 111.5	單量 953
總量(張) 9408	總量 23399	總量(張) 23477	總量 47550
內盤(張) 4238	兌盤(張) 18556	內盤(張) 23451	兌盤(張) 23463

資料來源：CMoney 理財寶籌碼 K 線

圖表 3-4-22 當日獲利對帳單

筆數	成交日	股票代碼	股票名稱	交易別	成交數量	成交價格	買進金額	賣出金額	損益	報酬率
1	2023/08/02	4746	台耀	現股	6,000	114.50	683,904	685,060	1,156	0.17 %
2	2023/08/02	4746	台耀	現股	6,000	114.50	677,894	685,060	7,166	1.06 %
3	2023/08/02	4746	台耀	現股	6,000	114.50	672,888	685,060	12,172	1.81 %
4	2023/08/02	4746	台耀	現股	6,000	114.50	667,381	685,060	17,679	2.65 %
5	2023/08/02	4746	台耀	現股	6,000	114.50	658,869	685,060	26,191	3.98 %
6	2023/08/02	4746	台耀	現股	6,000	114.50	647,855	685,060	37,205	5.74 %
小計					36,000		4,008,791	4,110,360	101,569	2.53 %

資料來源：券商下單軟體

199

案例 4 — 力致（3483）做空

進場理由 利用有隔日沖的賣壓來做空

1. 2023/8/9 隔日沖鎖漲停。
2. 2023/8/10 在當日股價拉高時空，殺低時回補。

當日獲利 39 萬元。股價在盤中反彈，這檔如未在殺低時回補，就可能賠錢了。

圖表 3-4-23 力致 2023/8/9 隔日沖鎖漲停

資料來源：CMoney 理財寶籌碼 K 線

3-4 | 用 2 個訊號 抓住當沖進出場點

圖表 3-4-24 力致 2023/8/9 ～ 8/10 個股分析

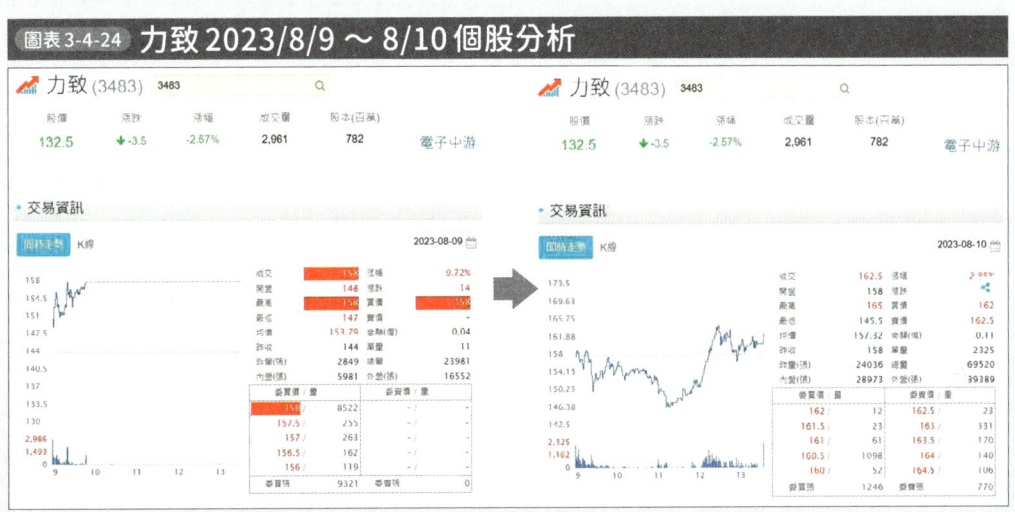

資料來源：CMoney 理財寶籌碼 K 線

圖表 3-4-25 當日獲利對帳單

筆數	成交日	股票代碼	股票名稱	交易別	成交數量	成交價格	買進金額	賣出金額	損益 ▼	報酬率
45	2023/08/10	3483	力致	現股	18,000	159.00	2,702,733	2,853,915	151,182	5.59 %
44	2023/08/10	3483	力致	現股	18,000	159.00	2,760,801	2,853,915	93,114	3.37 %
43	2023/08/10	3483	力致	現股	18,000	159.00	2,792,998	2,853,915	60,917	2.18 %
42	2023/08/10	3483	力致	現股	18,000	159.00	2,828,743	2,853,915	25,172	0.89 %
41	2023/08/10	3483	力致	現股	18,000	159.00	2,838,755	2,853,915	15,160	0.53 %
54	2023/08/10	3483	力致	現股	1,000	157.00	149,178	156,577	7,399	4.96 %
小計					236,000		36,942,367	37,334,820	392,453	1.06%

資料來源：券商下單軟體

案例 5　建準（2421）做空

進場理由　利用有隔日沖的賣壓來做空

1. 2023/8/21 隔日沖鎖漲停。
2. 2023/8/22 在當日股價拉高時空，殺低時回補。

當日獲利 12.8 萬元。

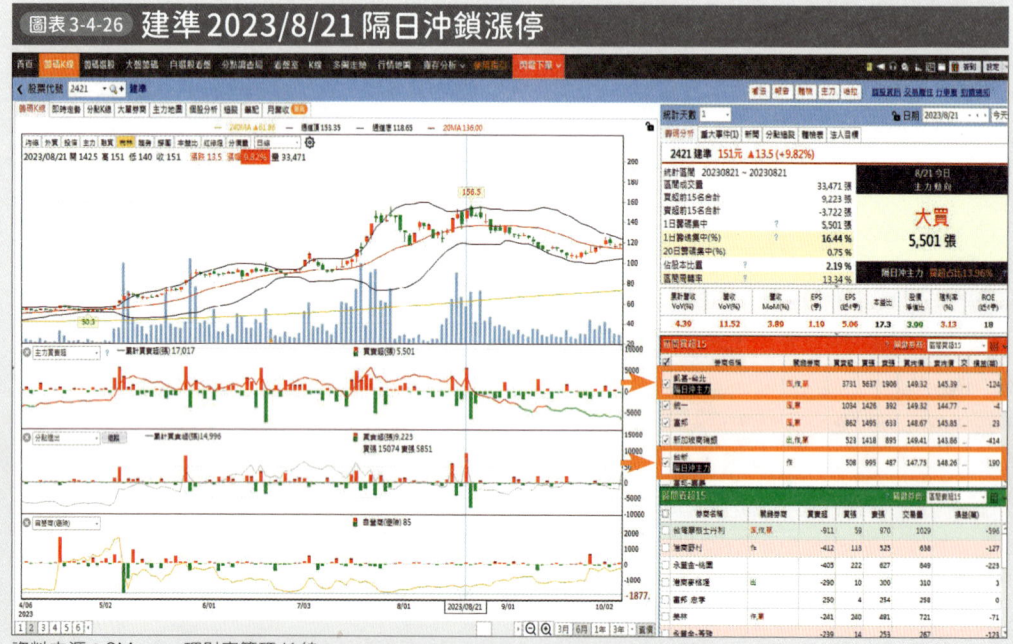

圖表 3-4-26　建準 2023/8/21 隔日沖鎖漲停

資料來源：CMoney 理財寶籌碼 K 線

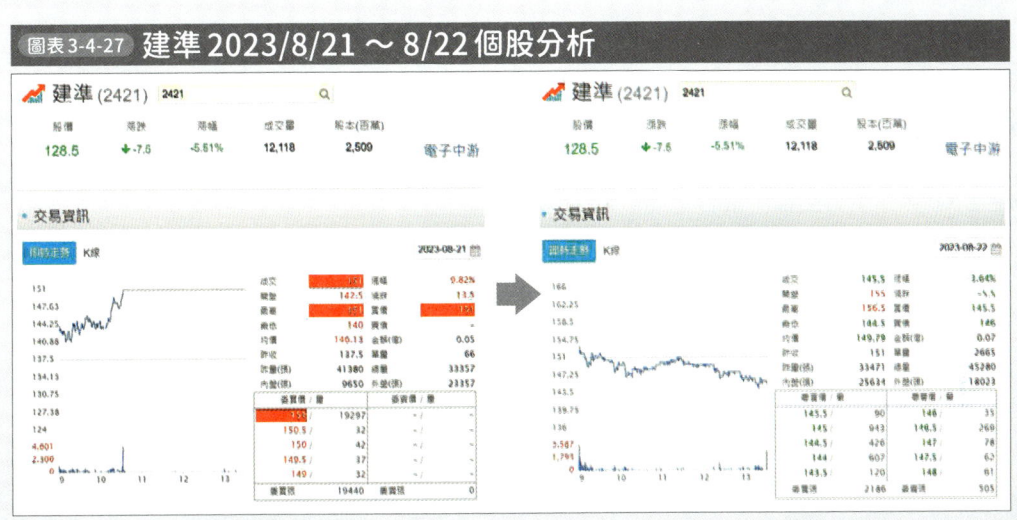

| 3-4 | 用 2 個訊號 抓住當沖進出場點

圖表 3-4-27 建準 2023/8/21 ～ 8/22 個股分析

資料來源：CMoney 理財寶籌碼 K 線

圖表 3-4-28 當日獲利對帳單

筆數	成交日	股票代碼	股票名稱	交易別	成交數量	成交價格	買進金額	賣出金額	損益	報酬率
9	2023/08/22	2421	建準	現股	5,000	150.00	725,960	747,882	21,922	3.02 %
8	2023/08/22	2421	建準	現股	5,000	150.00	726,961	747,882	20,921	2.88 %
5	2023/08/22	2421	建準	現股	4,000	151.00	586,776	602,294	15,518	2.64 %
6	2023/08/22	2421	建準	現股	4,000	150.00	583,773	598,305	14,532	2.49 %
4	2023/08/22	2421	建準	現股	4,000	150.50	586,776	600,300	13,524	2.29 %
1	2023/08/22	2421	建準	現股	3,000	152.00	444,588	454,712	10,124	2.27 %
小計					37,000		5,419,668	5,548,285	128,618	2.37 %

資料來源：券商下單軟體

203

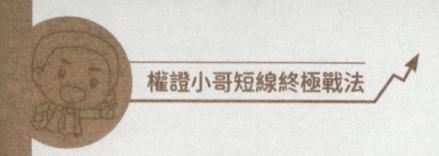

案例 6　波若威（3163）做空

進場理由　利用有隔日沖的賣壓來做空

1. 2023/8/21 隔日沖鎖漲停。
2. 2023/8/22 在 9：34 發現委買掛假單準備出貨，就進場空了。

空了 60 張，當日回補，獲利 16 萬元。

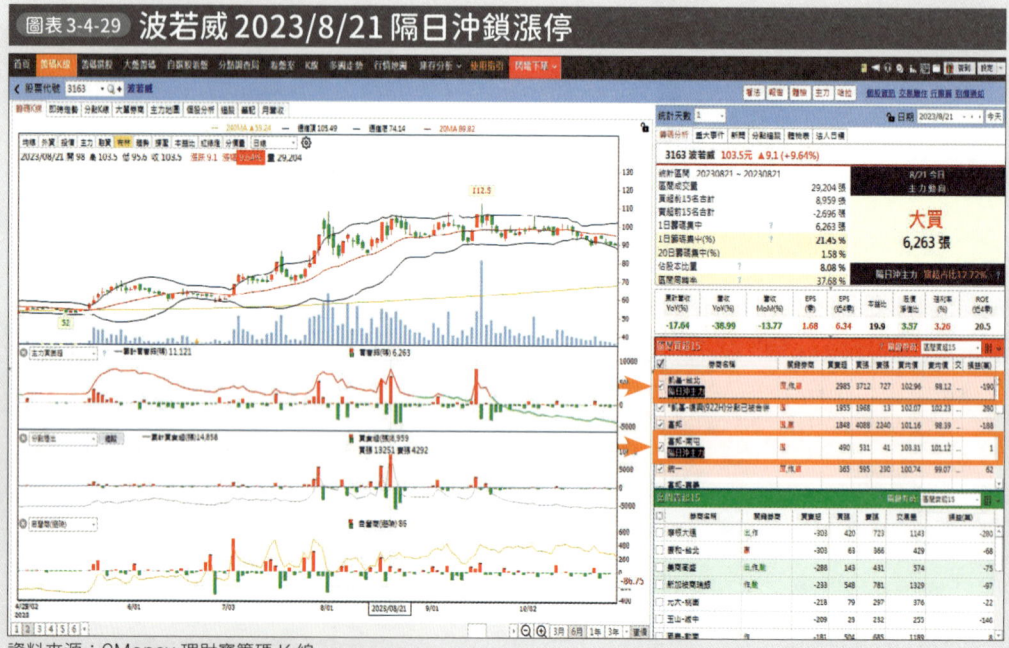

圖表 3-4-29　波若威 2023/8/21 隔日沖鎖漲停

資料來源：CMoney 理財寶籌碼 K 線

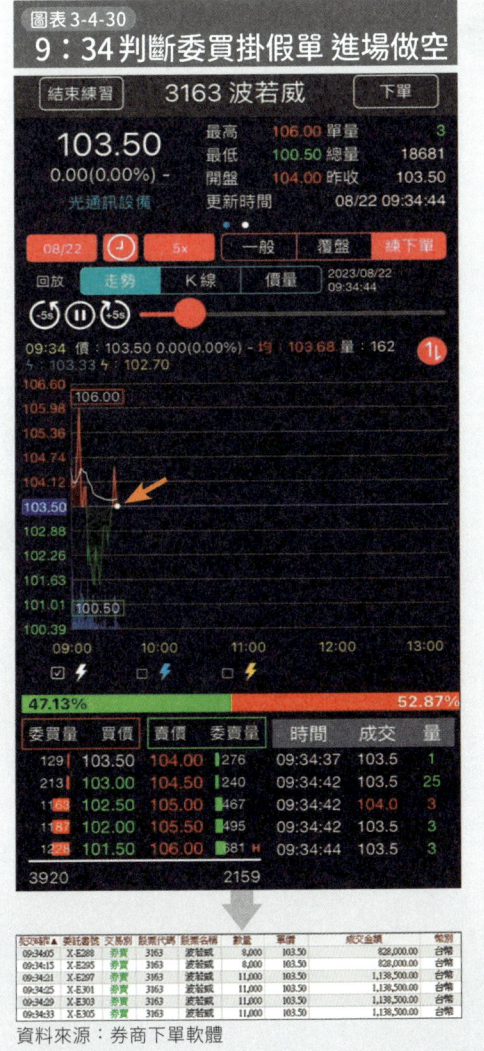

| 3-4 | 用 2 個訊號 抓住當沖進出場點

圖表 3-4-30
9：34 判斷委買掛假單 進場做空

資料來源：券商下單軟體

圖表 3-4-31
波若威 2023/8/21～8/22 個股分析

資料來源：CMoney 理財寶籌碼 K 線

圖表 3-4-32 當日獲利對帳單

資料來源：券商下單軟體

案例 7 — 華榮（1608）做空

進場理由 利用有隔日沖的賣壓來做空

1. 2023/5/4 進場買方第一名是元大 - 竹科，是隔日沖大戶。
2. 主力買賣超呈現一買一賣。

此檔是用佛系當沖法，開盤空賭黑 K，收盤回補。當日獲利 12.8 萬元。

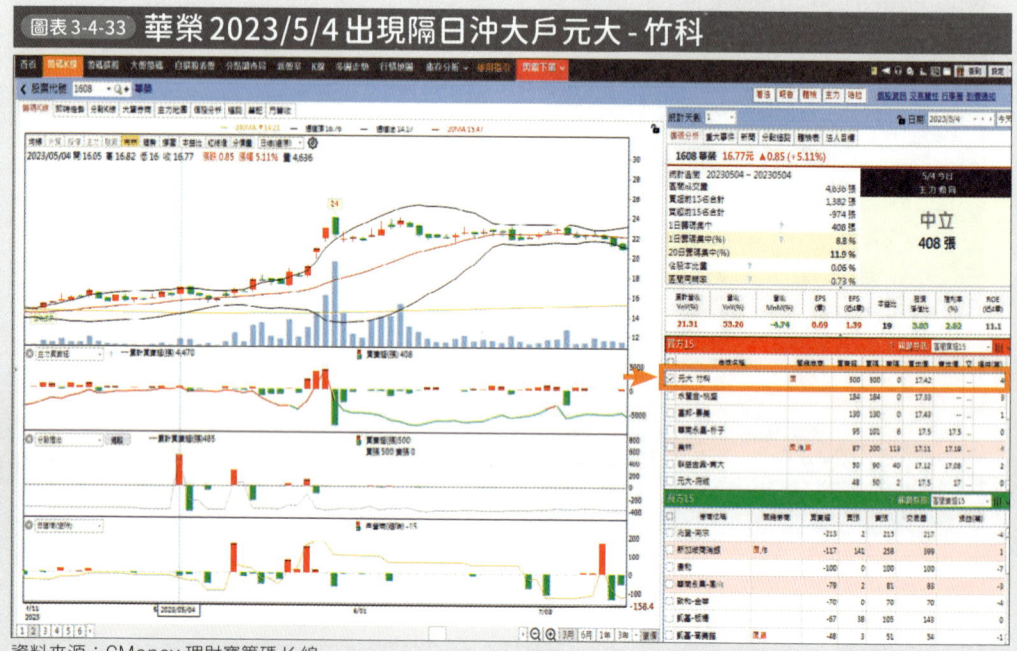

圖表 3-4-33　華榮 2023/5/4 出現隔日沖大戶元大 - 竹科

資料來源：CMoney 理財寶籌碼 K 線

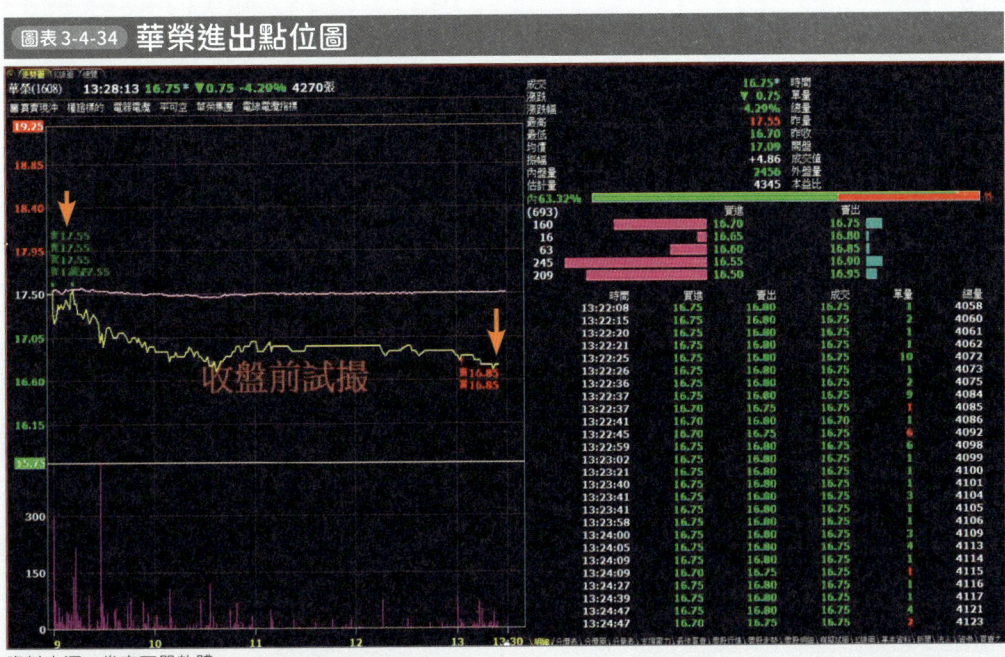

3-4 | 用 2 個訊號 抓住當沖進出場點

圖表3-4-34 華榮進出點位圖

案例 8 — 欣技（6160）做空

進場理由 利用有隔日沖的賣壓來做空

1. 2023/5/4 買方第一是凱基 - 台北（隔日沖大戶）。
2. 主力長期賣，一買一賣。

急拉買盤竭盡空，急殺賣盤竭盡補。

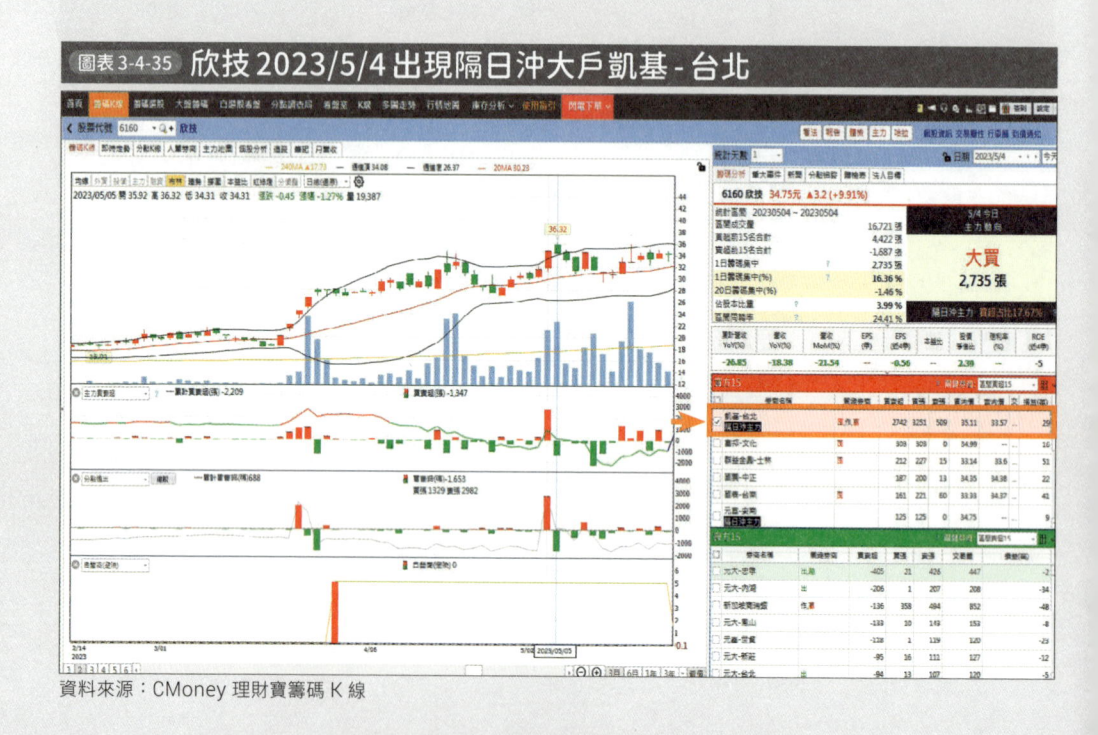

圖表3-4-35 欣技2023/5/4出現隔日沖大戶凱基 - 台北

資料來源：CMoney 理財寶籌碼 K 線

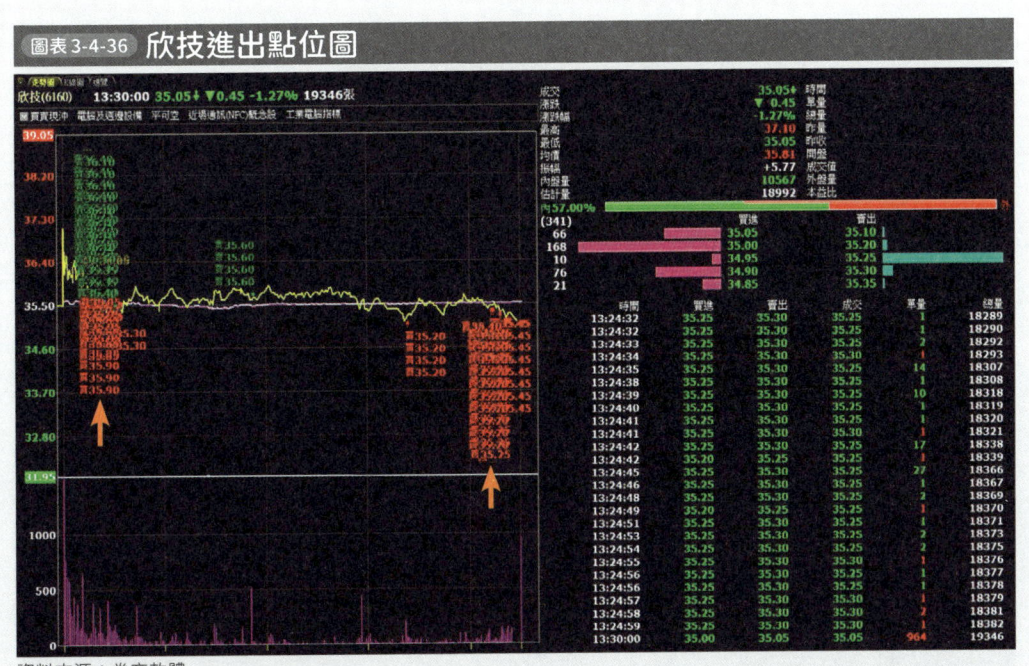

| 3-4 | 用 2 個訊號 抓住當沖進出場點

圖表 3-4-36 欣技進出點位圖

資料來源：券商軟體

權證小哥短線終極戰法

接下來舉 2 個虧錢的案例。

案例 9　來頡（6799）做空虧錢案例

進場理由　利用有隔日沖的賣壓來做空

1. 原是要利用有隔日沖的賣壓來做空。
2. 2023/8/11 隔日沖鎖漲停，隔日沖占比高。

失敗檢討

1. 在 2023/8/12 股價開盤時空。
2. 但股價急殺時補太少。
3. 加上主力在盤下不想出貨，導致股價又拉高。

這個案例賠了 4 萬多元。

圖表 3-4-37　來頡 2023/8/11 隔日沖主力大買鎖漲停

資料來源：CMoney 理財寶籌碼 K 線

| 3-4 | 用 2 個訊號 抓住當沖進出場點

圖表3-4-38 來頡2023/8/11～8/14個股分析

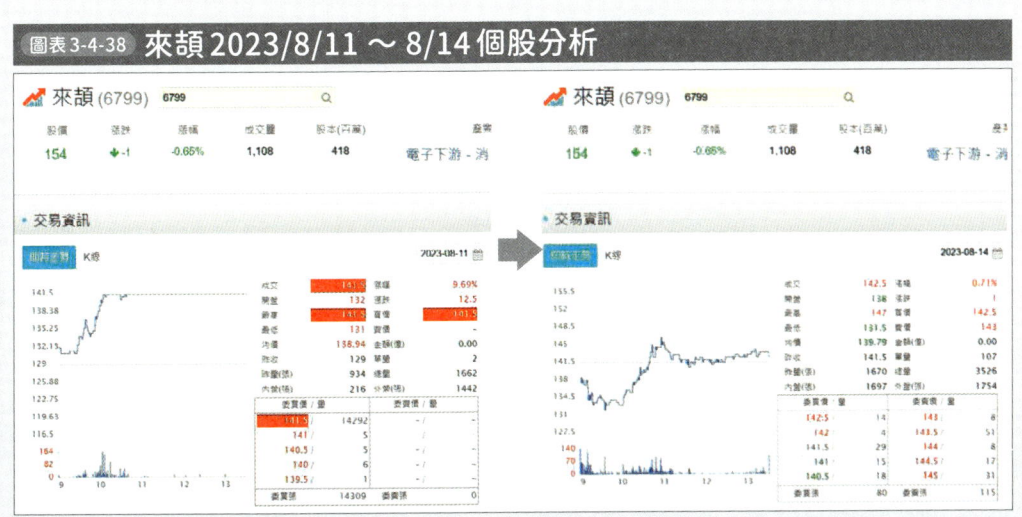

資料來源：CMoney 理財寶籌碼 K 線

圖表3-4-39 當日虧損對帳單

筆數	成交日	股票代碼	股票名稱	交易別	成交數量	成交價格	買進金額	賣出金額	損益 ▲	報酬率
18	2023/08/14	6799	來頡	現股	5,000	139.50	718,450	695,530	-22,920	-3.19 %
13	2023/08/14	6799	來頡	現股	1,000	140.00	143,690	139,605	-4,085	-2.84 %
12	2023/08/14	6799	來頡	現股	1,000	140.00	143,690	139,605	-4,085	-2.84 %
16	2023/08/14	6799	來頡	現股	1,000	140.00	142,688	139,605	-3,083	-2.16 %
17	2023/08/14	6799	來頡	現股	1,000	140.00	142,688	139,605	-3,083	-2.16 %
5	2023/08/14	6799	來頡	現股	1,000	140.00	142,688	139,605	-3,083	-2.16 %
小計					24,000		3,398,989	3,356,505	-42,484	-1.25 %

資料來源：券商下單軟體

案例 10 — 辛耘（3583）做空虧錢案例

進場理由 利用有隔日沖的賣壓來做空

1. 2023/8/4 隔日沖鎖漲停。
2. 2023/8/7 開高時空。

失敗檢討

1. 在股價急殺時補太少。
2. 雖然股價價籌背離，但遇到有另一批隔日沖進場買。
3. 8/7 股價再拉漲停。

這個案例慘賠近 30 萬元。

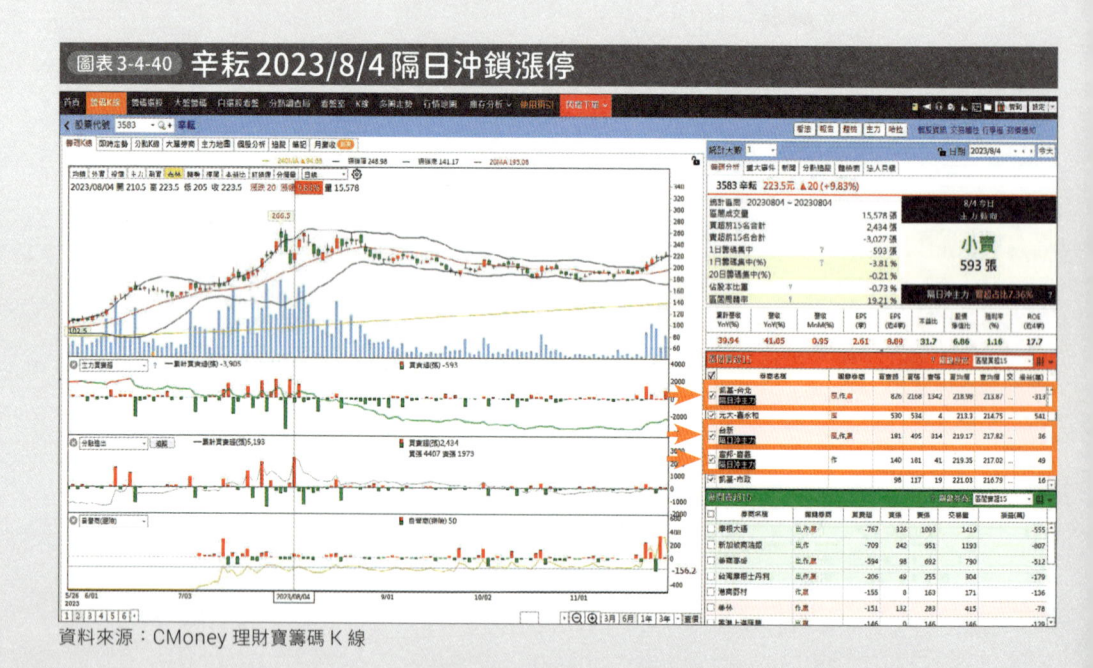

圖表 3-4-40　辛耘 2023/8/4 隔日沖鎖漲停

資料來源：CMoney 理財寶籌碼 K 線

| 3-4 | 用 2 個訊號 抓住當沖進出場點

圖表 3-4-41　辛耘 2023/8/7 另一批隔日沖進場買

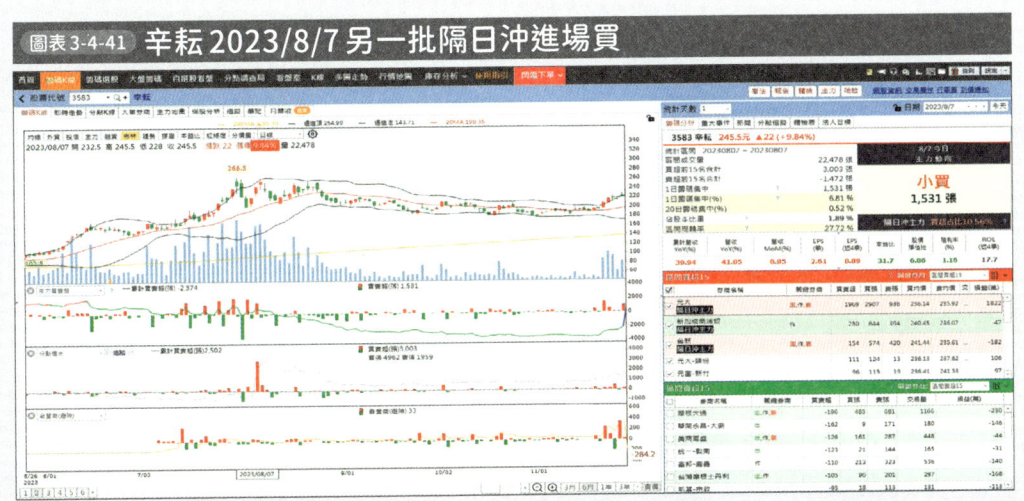

資料來源：CMoney 理財寶籌碼 K 線

圖表 3-4-42　辛耘 2023/8/4～8/7 個股分析

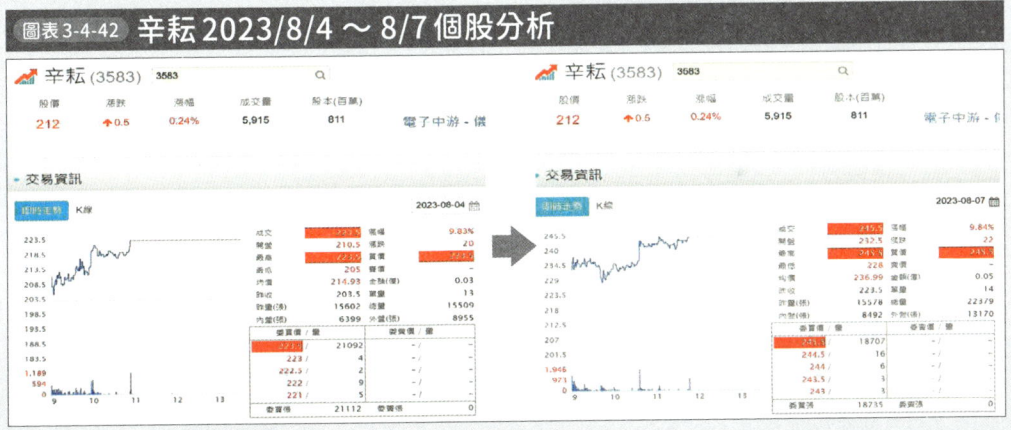

資料來源：CMoney 理財寶籌碼 K 線

圖表 3-4-43　當日虧損對帳單

筆數	成交日	股票代號	股票名稱	交易別	成交數量	成交價格	買進金額	賣出金額	損益 ▲	報酬率
73	2023/08/07	3583	辛耘	現股	1,000	232.50	245,825	231,844	-13,981	-5.69 %
72	2023/08/07	3583	辛耘	現股	1,000	232.50	245,825	231,844	-13,981	-5.69 %
71	2023/08/07	3583	辛耘	現股	1,000	232.50	245,825	231,844	-13,981	-5.69 %
70	2023/08/07	3583	辛耘	現股	1,000	232.50	245,825	231,844	-13,981	-5.69 %
69	2023/08/07	3583	辛耘	現股	1,000	232.50	245,825	231,844	-13,981	-5.69 %
小計					75,000		17,841,597	17,545,851	-295,746	-1.66 %

資料來源：券商下單軟體

小結

當沖交易，要留意：

1. 極短線當沖交易，記得放空要避開強勢股，強勢股軋空太恐怖。
2. 當趨勢對時就抱緊，強勢股多單、弱勢股空單要抱緊，空單有賺就要跑。記住：上漲量縮，下跌要量增。
3. 當大盤大跌時，挑選當沖個股，可以挑籌碼差的做空，也可以挑選籌碼好的做反彈的短多。
4. 在進場前務必要先研究籌碼看買賣方前15名券商的習性，再決定進場。
5. 結合各種變動因素，我們進場當沖勝率高的選股可以參考：
   - 挑選是高檔出貨股，又有隔日沖的股票。
   - 找前一日有一堆隔日沖，又有關鍵大賣時，當天黑K的機率高。
   - 股價前一天是漲停板，但同族群拉高卻殺尾盤的股票。
   - 當買盤竭盡時，委買掛大單時，可以空方操作。
   - 當股價反彈到下降均線時，或是到了布林通道平行中線的上軌又有隔日沖時。
   - 月線下彎，主力、投信賣超，散戶買進，集保戶數增，地緣分點大賣，可波段空。
6. 方向看對，抱久一點，才能大賺小賠。
7. 當股價急跌時，出現賣盤竭盡點時記得回補。當虧損多單有急拉，買盤竭盡可以先出；虧損空單有急殺，賣盤竭盡可以先補（記得：忘掉成本）。

8. 要找出最適合的交易模式。適合自己,且最適合目前盤勢的交易,勝率才會高。

3-5
當沖的資金控管和停利停損

投資交易，要能留在市場，除了抓住訣竅關鍵外，資金配置及風險控管是很重要的因素。

在開始當沖前就必須：

1. 充分了解當沖風險並做好心理準備，且充分評估自己的風險承受能力。
2. 當沖交易時不宜投入生活必需的資金或借貸資金來交易，也不要將所有資金押注在同一標的上。
3. 制定合適的資金配置管理策略。記得部位不要押太大，當部位的漲跌會影響心情、左右判斷力的時候，一定要記得，找機會減小你的部位。

4. 要保有一定比例的備用金，以應對市場突如其來的變化。
5. 建議進場時，先將資金分3批進場放空，空好後要嚴格設好停損點，掛好觸價單，避開大賠，避免漲停空單留倉。我們在當沖進場時，建議的資金分配比例：
   - 當沖第一筆大單出現，要追上去的順勢單，資金配比要分3筆，比例為3：2：1。
   - 當沖的逆勢單，也就是買盤竭盡時殺下來，投入資金比例1：2：3（第一次買盤竭盡投入1）。

配置好資金，還要設好停損機制。停損機制有3種設定方式：

方式1 **絕對金額停損**：當金額虧損達到多少金額就停損，例如：虧損5千元就停損。

方式2 **百分比停損**：當股價跌幅達到預設的百分比時就停損，例如：下跌3%就停損。

方式3 **觸價單停損**：設定觸價單，只要價格到，就讓系統幫你自動停損。

小哥建議做當沖的投資朋友：
1. 先想好每天可以輸的金額，達到最大損失金額時，就務必停損。
2. 多單急拉，買盤竭盡，可以停利。
3. 空單急拉，買盤竭盡，先不停損，等拉回量縮再停損。
4. 拉回急殺，賣盤竭盡，務必減碼。

5. 空單急殺，賣盤竭盡，可以停利。
6. 多單急殺，賣盤竭盡，先不停損，等反彈無力再停損，若急拉買盤竭盡，務必減碼。

　　當沖一定要量力而為，千萬不要因為賭錯方向，失去了最寶貴的信用。提醒投資朋友在當沖交易時，要嚴守以下紀律：
1. 大單短進短出，小單贏到最後。投降輸一半，虧損一定得減碼。
2. 不要有太大的執念，唯有仔細判讀籌碼，才有機會在當沖裡長期賺錢。
3. 資券沖的投資人記得改現股當沖，交易稅減半。
4. 極短線當沖時，強勢股多單盡量抱緊，強勢股空單有賺就跑，且建議只短空一次。
5. 極短線當沖時，弱勢股多單有賺就跑，弱勢股空單要盡量抱緊。

3-6
跟著權證主力搭上獲利列車（隔日沖）

權證具有小資金、高槓桿的特性，利用權證進場投資操作，當標的股價未來看漲時，買進認購權證，賣出庫存的認售權證；標的股價未來看跌時，買進認售權證，賣出庫存認購權證。這兩個基本方向，投資人容易懂，但要「如何挑選出股票標的來投資」才是令投資朋友困擾的。觀察主力進場的操作模式來挑選標的，可以當作選股的參考。

　　權證的主力有2種：

1. 波段主力：「看好消息面，波段持有伺機而出」是慢慢布局的主力。通常會先默默持續買進一陣子，等待股價發動，等漲足了一個波段後再賣掉。

權證小哥短線終極戰法

2. 隔日沖主力：「今日買，明日高機率賣」，通常隔日沖進場交易，會在當天盤中低價大量買進權證，而在隔天開盤後開高就賣出權證。

要掌握是否有主力進場，可用軟體工具來輔助。每天開盤交易可以即時顯示大單進駐、買賣超排行，以及成交明細的「權證小哥-全方位獨門監控」軟體，可以有效率地提供參考數據，供投資人了解主力的進出。

圖表 3-6-1 權證小哥-全方位獨門監控：即時盤中交易明細

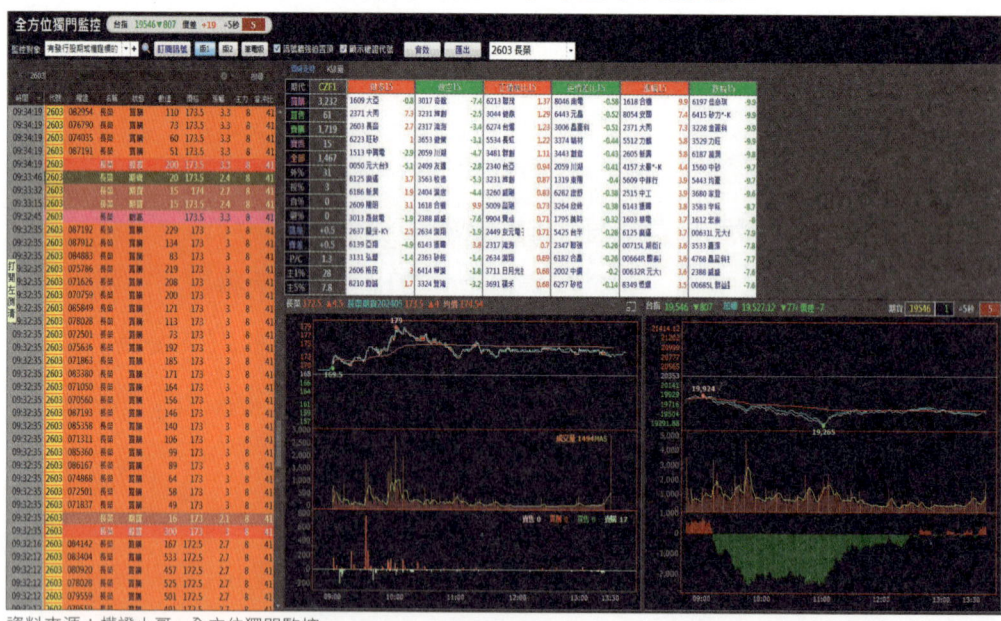

資料來源：權證小哥-全方位獨門監控

3-6 | 跟著權證主力搭上 獲利列車（隔日沖）

　　小哥每天看盤必定會用「全方位獨門監控表」來輔助，大大提升了投資效益。在每天的股市交易中，我們會發現在權證大單敲進後，會帶動股價上漲。會有「股票買進→買進認購權證→股票買進→股價創高」的情形。我們可以藉由這套軟體，清楚看到有主力大戶進駐的足跡。盤中交易無所循形，從主力大單流水牆就可一目了然，掌握主力操作的標的及進出情形，跟上主力搭順風車。圖表3-6-1是全方位獨門監控中顯示的即時盤中交易明細，從這個軟體可以看到多空大單進出狀況。其中有的訊號如下：

圖表3-6-2　全方位獨門監控：多方訊號與空方訊號

資料來源：權證小哥 - 全方位獨門監控

1. 多方訊號：買進認購權證（買購）、股票買進（股買）、股價創當日高點（創高）、期貨買進（期買）、賣出認售權證（賣售）（此為短線反彈），和主力數字（正為佳）。
2. 空方訊號：買進認售權證（買售）、股票賣出（股賣）、股價跌至當日低點（創低）、期貨賣出（期賣）、賣出認購權證（賣購）。

　　當操作短線交易，做多時可以留意以下訊號：股買、買購、創高。通常股買會帶領買購，帶動權證程式交易買盤，進而帶動自營商避險買盤，就會形成股價創高的良性循環。跟著「全方位獨門監控」軟體來挑選股票標的布局，在權證大買時，就進場適時布局，就能參與當天和隔天開盤的波動，這樣就可以輕鬆搭上主力順風車。

　　盤後再搭配「全方位獨門監控」的「大戶搜密」查看認識主力的操作手法，是隔日沖主力還是波段主力，並查看進場主力的過往交易勝率，來制定進一步的交易策略。如果是隔日沖大戶，隔日的賣壓就會很重。如果是波段大戶，可以選擇跟他一起長抱，並每天緊盯這些大戶的交易。當波段大戶出場時，也要跟著出場。

　　這章節先帶著投資朋友跟著權證隔日沖主力來操作。

　　以中砂（1560）為例，2024年6月12日我們在盤中利用「全方位獨門監控」就發現權證大單進駐，盤後從「大戶搜密」中發現是當日買超認購第一名，自營占比16.5%。買超第一名券商是群益金鼎-敦南，是習慣隔日沖的分點。隔日股價容易開高，早盤9：

3-6｜跟著權證主力搭上 獲利列車（隔日沖）

30前會有權證賣壓，股價來到當日低點，而在10：00又有另一波主力買盤進駐，股價就又向上拉高。細部說明如下：

每日投資交易時，在盤中利用「全方位獨門監控」軟體觀察大單的進出（見圖表3-6-3）。

圖表3-6-3 用全方位獨門監控觀察大單

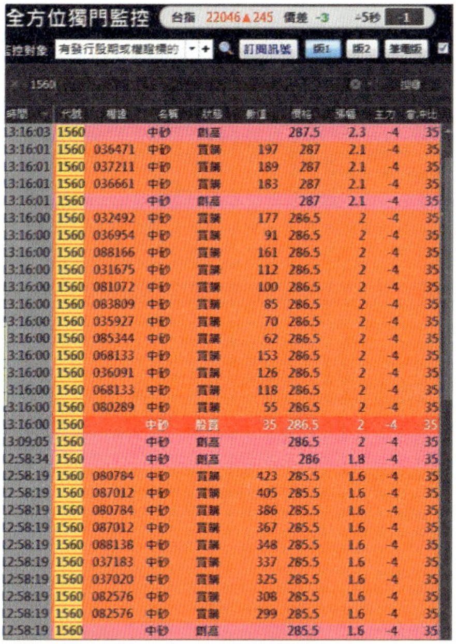

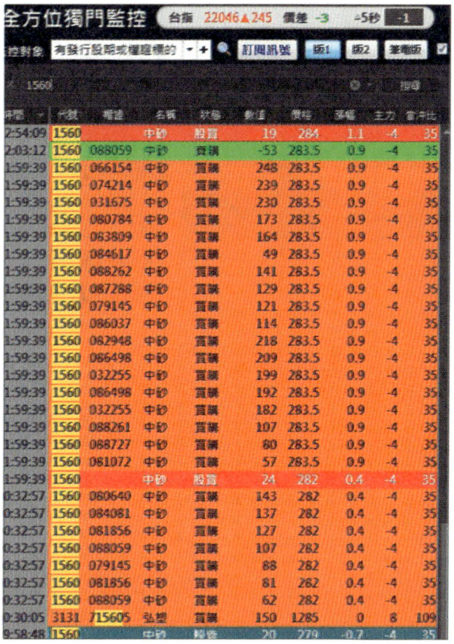

資料來源：權證小哥-全方位獨門監控

如果發現有權證被大買時，紀錄下來，盤後再進行籌碼研究，研究是什麼樣的大戶買進。我們可以利用「全方位獨門監控」的「大戶搜密」，來觀察是哪個分點大買權證，再觀察確認那個分點的操作習性，是否是隔日沖（見圖表3-6-4）。

圖表3-6-4 用全方位獨門監控觀察分點

資料來源：權證小哥 - 全方位獨門監控

註：為呈現過往資料，此為舊版軟體畫面，軟體已於2025年更新。

在盤中低價大量買進權證，而在隔天開盤後開高就賣出權證。這類的分點就是隔日沖權證大戶。根據隔日沖的習性，通常會在買進權證的隔日股價一早開高後就賣出權證（通常會在9：30前），權證賣出後，自營商避險股票也跟著賣出，如未有其他主力進駐，股價就容易開高走低。

3-6 | 跟著權證主力搭上 獲利列車（隔日沖）

圖表3-6-5 大戶大量賣出

資料來源：權證小哥－全方位獨門監控

圖表3-6-6 9：30前股價開高走低

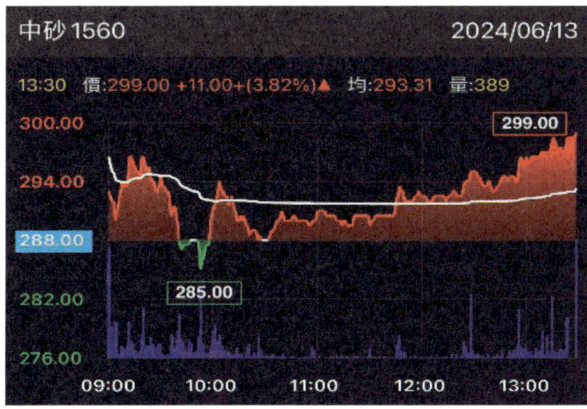

資料來源：台股時光機

權證小哥短線終極戰法

　　投資人掌握了籌碼，知道有隔日沖權證主力進場時，隔天很可能會有權證賣壓，就可以制定布局策略。可以在股價開高時先放空，在9：30前股價下跌後回補，通常獲利都不錯，尤其遇到盤勢不好的時候，獲利更是可觀。

　　如果盤中無法看盤，盤後我們也可以從「全方位獨門監控」來觀察權證大戶交易。從圖表3-6-7可以觀察到今日投資人買超與賣

圖表3-6-7　用全方位獨門監控觀察權證大戶交易

資料來源：權證小哥-全方位獨門監控
註：為呈現過往資料，此為舊版軟體畫面，軟體已於2025年更新。

3-6｜跟著權證主力搭上 獲利列車（隔日沖）

超的認購權證標的排名，有買（賣）超金額，漲跌天數的統計，以及1日和5日的漲幅和自營比。此外還有買賣權證前5大券商排名，也可以藉由觀察他們的進出情形，了解主力券商的操作慣性以及買進的成本。

圖表 3-6-8　觀察個別券商進出情況

代號	名稱	庫存	損益(萬)	買均價
036082	中矽兆豐42購01	132	0.4	1.25
036471	中矽凱基43購02	75	0.1	1.067
036555	中矽元大45購01	52	0.6	0.846
036661	中矽凱基44購01	78	-0.4	0.846
036870	中矽國泰42購01	77	0	1.286
036954	中矽富邦43購01	75	-0.2	0.6
037116	中矽群益42購02	50	-0.2	1.3
079552	中矽統一42購01	69	0.5	0.913
080640	中矽統一42購03	101	0.5	0.614
080900	中矽統一42購04	48	0.3	0.667
080901	中矽統一42購05	47	0.4	0.702
081229	中矽群益42購01	23	0	3.348
081450	中矽統一43購01	48	0.5	0.5
083139	中矽統一43購02	48	-0.1	0.604
083593	中矽統一43購03	50	-0.1	0.76
084081	中矽統一43購04	124	0.4	0.798

持股張數 1097　總損益(推估) 2.7

標的 中矽兆豐42購01　*請點選左側權證

日期	買賣超張數	買賣超金額(萬)	買張	賣張	買均價	賣均價
2024/6/12	132	17	132	0	1.25	0

資料來源：權證小哥 - 全方位獨門監控

探索「權證認購主力」的4個步驟：

1. 察看「今日投資人買超權證標的」，找出潛在對象：可以根據下列2項指標來挑選潛在的分析對象：
   - 投資人買超金額大於1,000萬元以上。
   - 自營比超過10%以上（自營比＝自營商個股買賣超張數占個股成交量的比重）。

2. 觀察分析「收購權證的券商」，評估是否有主力大戶的蹤跡。
   - 評估最近 1 日，前 5 大買進權證的證券商是自營商？還是一般券商？
   - 自營商只有總公司名稱，例如：元大、凱基、統一、永豐金等。而一般券商會有分公司的名稱，例：凱基 - 板橋、元大 - 台北等。
   - 自營商賣出籌碼時，具備推升股價上漲的力道。
3. 近一步觀察「券商進出統計」，了解是何種主力？
   - 檢查前 5 大證券商買進的習性，是隔日沖大咖？還是抱波段的主力？
   - 觀察分點過去 180 天的進出狀況，如果是波段大戶，則可以觀察過去的戰績如何？如果是隔日沖大戶，要避開明日盤中獲利了結的賣壓。
4. 觀察交易明細，了解主力成本價位。

案例解析

接下來我們再用幾個實際案例來說明，讓投資朋友可以更清楚了解。每日跟著權證主力，搭上獲利列車的方法步驟如下：

| 3-6 | 跟著權證主力搭上 獲利列車（隔日沖）

案例 1　2024/4/3 的南寶（4766）

步驟一　打開「全方位獨門監控」觀察權證大買標的

2024/4/3 打開「全方位獨門監控」的「大戶搜密」來挑選標的。發現當日買超＞1,000 萬元且自營比超過 10% 的，有南寶買超 1,055 萬元。

步驟二　觀察買超券商

觀察南寶買進權證的前 5 大券商有自營商：永豐金，還有一般券商分點：凱基 - 板橋、凱基 - 站前、元大 - 莒光和華南永昌。

步驟三　觀察進出統計

依序點選檢視券商分點，觀察圖表 3-6-9 位置③的「券商歷史統計」。發現都是隔日沖大咖進場。因為是隔日沖大戶，隔日容易有盤中獲利了結的賣壓。

圖表 3-6-9　買超＞1,000 萬元且自營比超過 10% 的南寶

資料來源：權證小哥 - 全方位獨門監控

229

圖表3-6-10 檢視前5大券商的進出

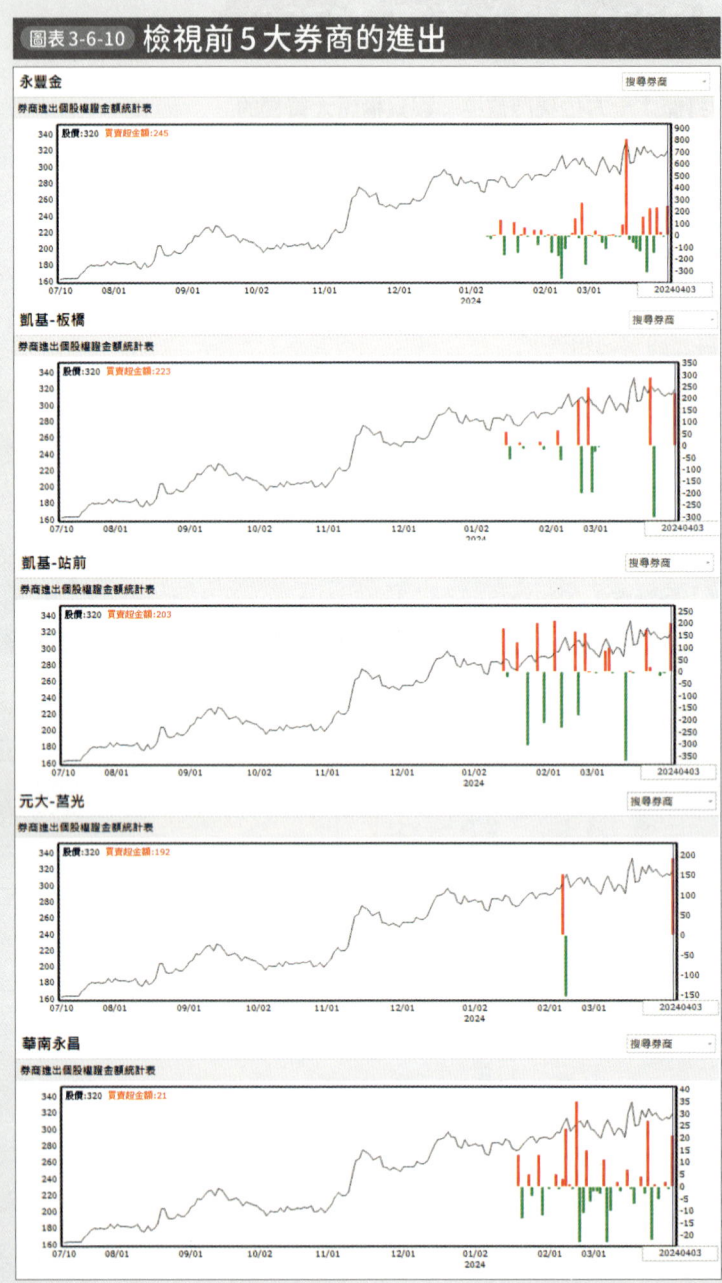

永豐金

凱基-板橋

凱基-站前

元大-莒光

華南永昌

資料來源：權證小哥-全方位獨門監控

發現這些券商分點都是習慣隔日沖，這些分點如在隔天把權證賣掉，自營商也要把避險的現股賣掉，隔日現股就容易產生賣壓的情形。

我們看 2024/4/8 的股價走勢：果不其然，9：00 開盤開高 325 元，隨即有權證賣壓，股價下跌至當日低點 318 元。

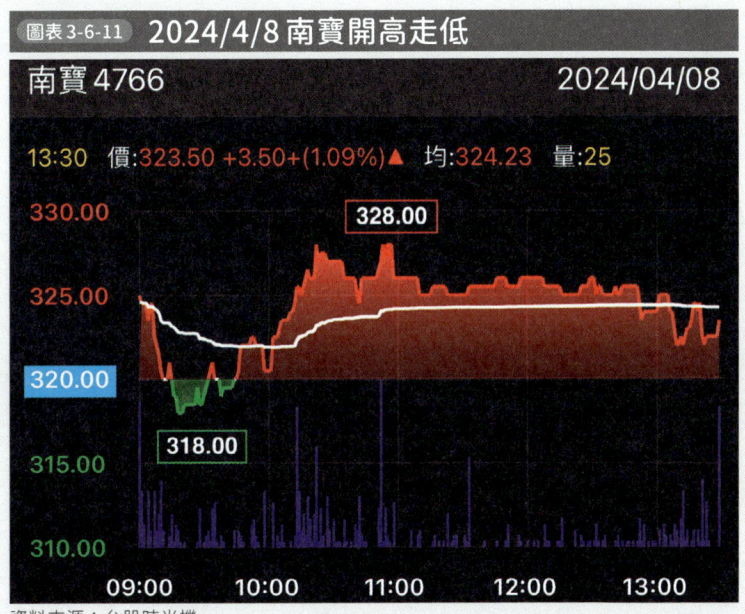

圖表 3-6-11　2024/4/8 南寶開高走低

資料來源：台股時光機

通常有權證賣壓的股票，會在 9：00～9：30 以前有權證賣壓出來，可以在 9：00 開盤後找機會空，9：30 以前回補，賺取短線利潤。

案例 2 — 2024/3/21 的晶心科（6533）

步驟一 打開「全方位獨門監控」觀察權證大買標的

2024/3/21 打開「全方位獨門監控」來挑選標的，發現當日買超＞1,000 萬元且自營比超過 10% 的有晶心科買超 1,446 萬元，自營占比 15.3%。

步驟二 觀察買超券商

觀察晶心科買進權證的前 5 大券商有自營商：永豐金，還有一般券商分點：凱基 - 板橋、凱基 - 站前、元大 - 台南、永豐金 - 大園。

步驟三 觀察進出統計

依序點選檢視券商分點，觀察圖表 3-6-12 位置③的「券商進出統計」。發現都是隔日沖大咖進場。因為是隔日沖大戶，隔日容易有盤中獲利了結的賣壓。

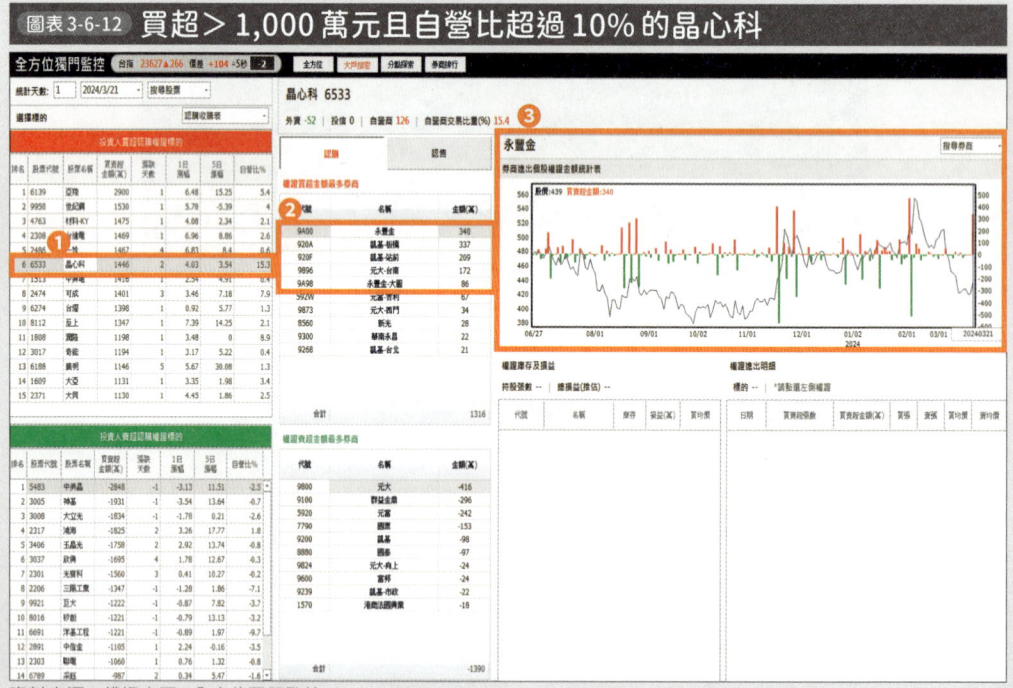

圖表 3-6-12　買超＞1,000 萬元且自營比超過 10% 的晶心科

資料來源：權證小哥 - 全方位獨門監控

| 3-6 | 跟著權證主力搭上 獲利列車（隔日沖）

圖表3-6-13 檢視前5大券商的進出

永豐金

凱基-板橋

凱基-站前

元大-台南

永豐金-大園

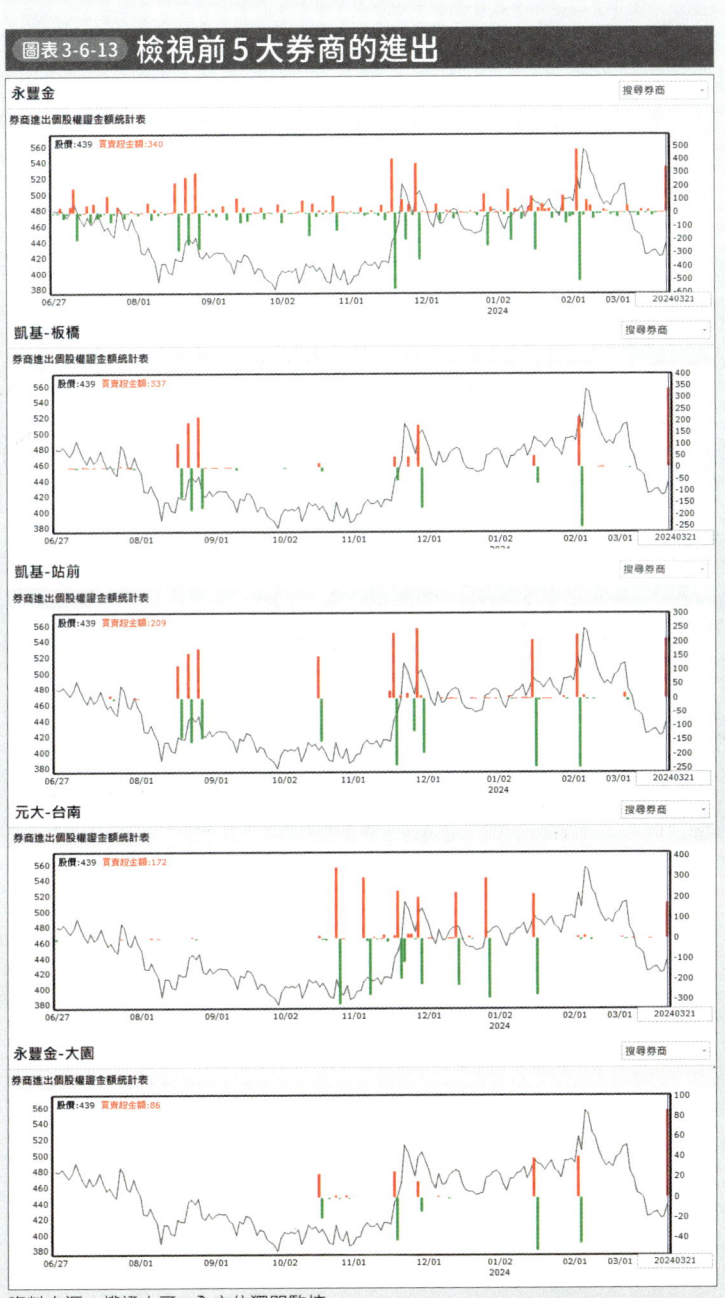

資料來源：權證小哥-全方位獨門監控

我們看隔天（2024/3/22）的股價走勢9：00開盤開高462元，隨即有權證賣壓，股價下跌至當日低點445元。通常有權證賣壓的股票，會在9：00～9：30有權證賣壓出來，可以在9：00開盤後找機會空，9：30以前回補，就能賺取短線利潤。

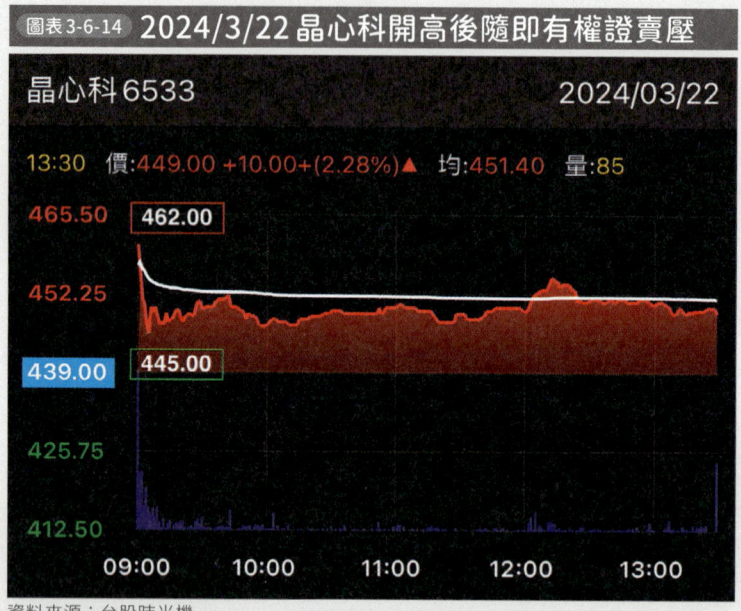

圖表3-6-14 2024/3/22晶心科開高後隨即有權證賣壓

資料來源：台股時光機

| 3-6 | 跟著權證主力搭上 獲利列車（隔日沖）

案例 3 — 2024/3/15 的公準（3178）

步驟一 打開「全方位獨門監控」觀察權證大買標的

2024/3/15 打開「全方位獨門監控」來挑選標的。發現當日買超＞1,000 萬元且自營比超過 10% 的有：神達（3706）買超 4,003 萬元、自營比 20.7%；佳世達（2352）買超 2,956 萬元、自營比 10.7%；欣銓（3264）買超 1,219 萬元、自營比 17.2% 和公準買超 1,159 萬元、自營比 24.7%。

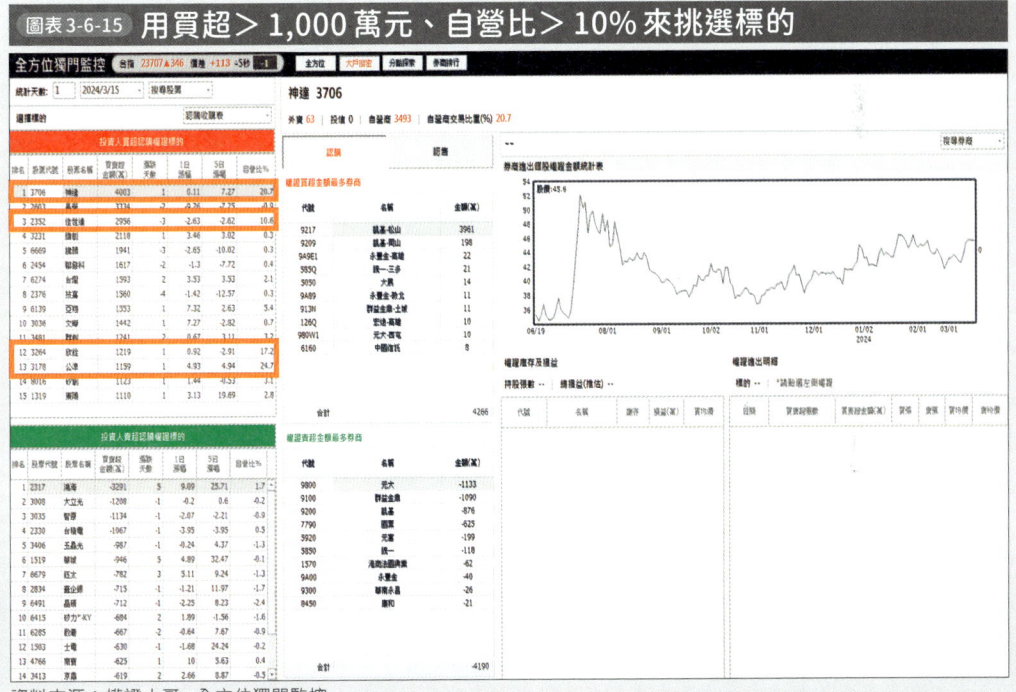

圖表 3-6-15 用買超＞1,000 萬元、自營比＞10% 來挑選標的

資料來源：權證小哥 - 全方位獨門監控

步驟二　觀察 2024/3/15 買進權證的前 5 大券商明細如圖表 3-6-16：

圖表 3-6-16　**個別觀察買進權證的前 5 大券商**

神達的買進券商			佳世達的買進券商			欣銓的買進券商			公準的買進券商		
權證買超金額最多券商			權證買超金額最多券商			權證買超金額最多券商			權證買超金額最多券商		
代號	名稱	金額(萬)	代號	名稱	金額(萬)	代號	名稱	金額(萬)	代號	名稱	金額(萬)
9217	凱基-松山	3961	9217	凱基-松山	2340	9217	凱基-松山	948	920A	凱基-板橋	272
9209	凱基-岡山	198	920A	凱基-板橋	123	9636	富邦-中壢	23	9A00	永豐金	239
9A9E1	永豐金-高雄	22	126Q	宏遠-高雄	64	920A	凱基-板橋	14	920F	凱基-站前	187
585Q	統一-三多	21	918K	群益金鼎-東湖	36	7006	兆豐-台南	12	981L	元大-莒光	101
5050	大展	14	126U	宏遠-植前	25	9879	元大-板橋三民	11	9A98	永豐金-大園	61

資料來源：權證小哥-全方位獨門監控

發現神達、佳世達、欣銓都是凱基 - 松山大買。但凱基 - 松山不是隔日沖分點，是短線波段操作，所以只篩選出公準作為標的。

圖表 3-6-17　**研判凱基 - 松山不是隔日沖而是短線波段操作**

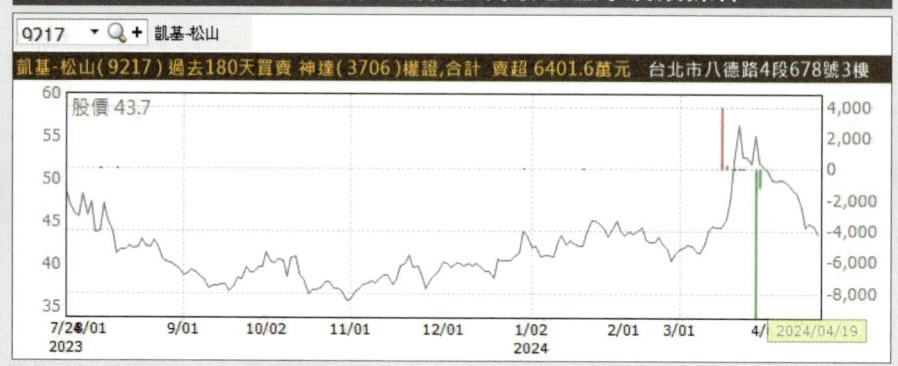

資料來源：權證小哥-全方位獨門監控
註：為呈現過往資料，此為舊版軟體畫面，軟體已於 2025 年更新。

步驟三　觀察公準買進券商

再觀察公準的前 5 大買進券商分點，觀察券商歷史進出。發現幾乎都是隔日沖大咖進場。因為是隔日沖大戶，隔日就容易有盤中獲利了結的賣壓。

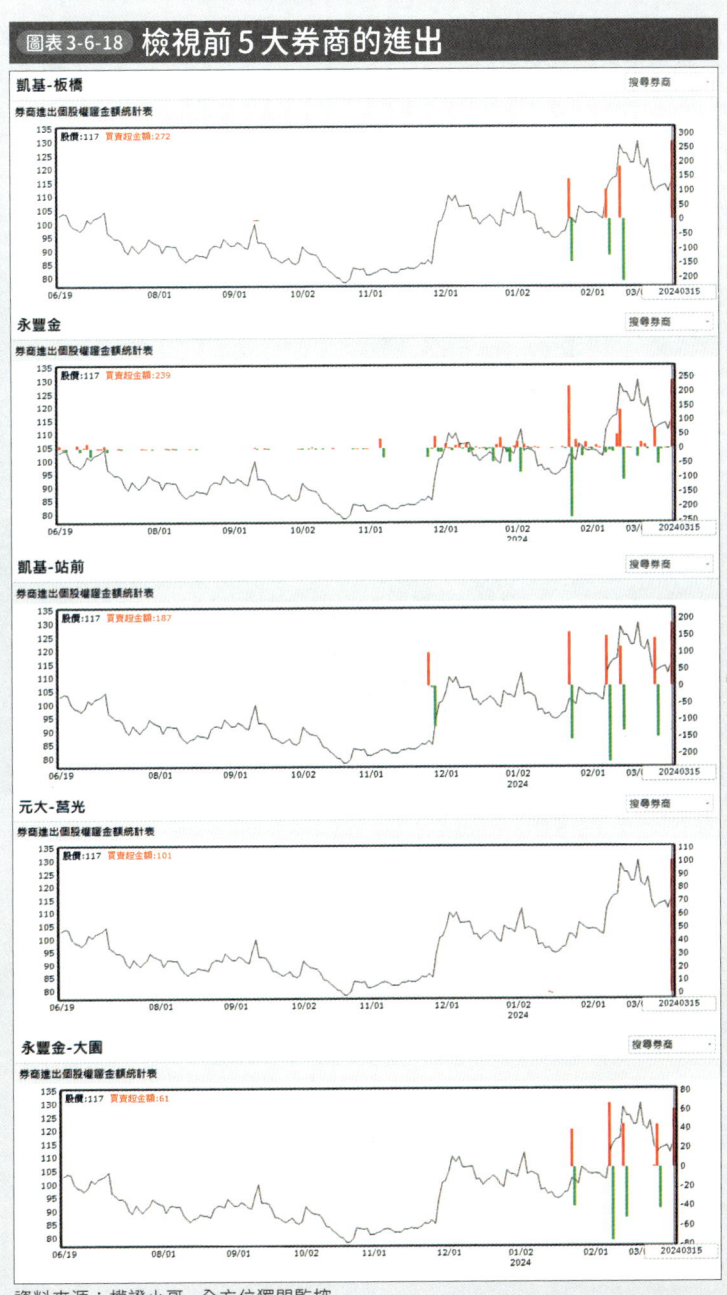

3-6 | 跟著權證主力搭上 獲利列車（隔日沖）

圖表3-6-18 檢視前5大券商的進出

凱基-板橋

永豐金

凱基-站前

元大-莒光

永豐金-大園

資料來源：權證小哥 - 全方位獨門監控

我們看隔天（2024/3/16）公準的股價走勢 9：00 開盤開高 118.5 元，隨即有權證賣壓，股價下跌至當日低點 114 元。這檔如在開高時空 118.5，權證賣壓出現低點時回補，價差有 4.5 元，超短線操作，利潤不錯。

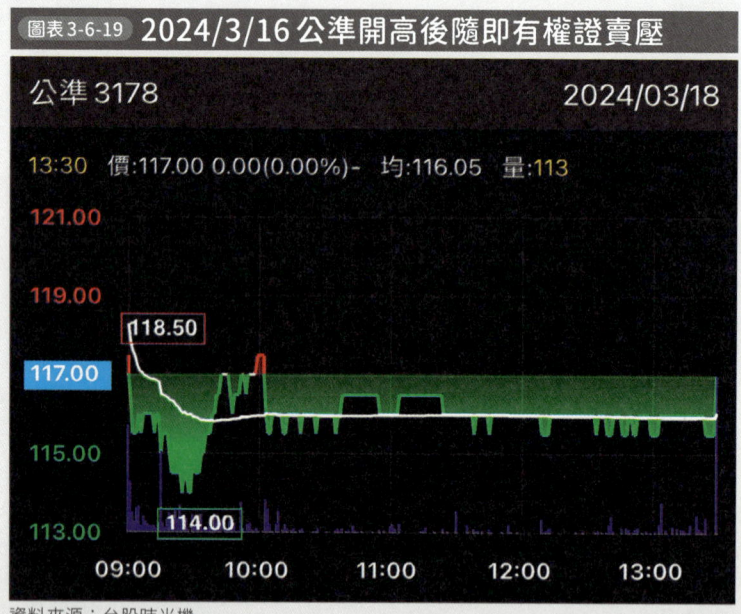

圖表3-6-19　2024/3/16公準開高後隨即有權證賣壓

資料來源：台股時光機

案例 4 — 2024/2/21 的德微（3675）

步驟一　打開「全方位獨門監控」找尋當沖標的

2024/2/21 打開「全方位獨門監控」來挑選標的。發現當日買超＞1,000 萬元且自營比超過 10% 的有德微買超 1,203 萬元、自營占比 19.9%。

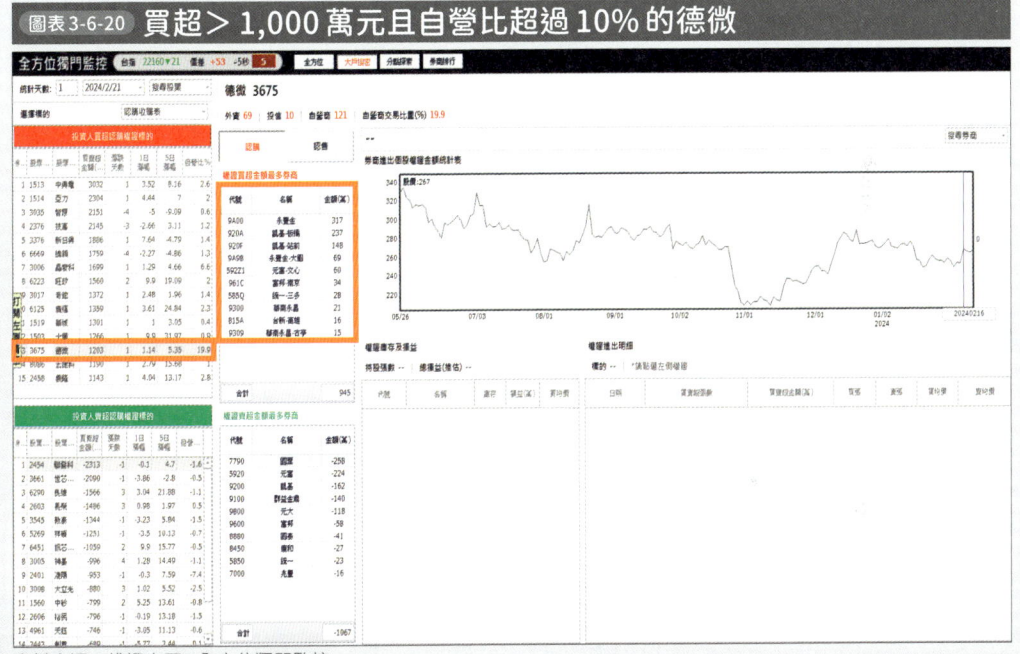

圖表 3-6-20　買超＞1,000 萬元且自營比超過 10% 的德微

資料來源：權證小哥 - 全方位獨門監控

步驟二　觀察買進券商

觀察 2024/2/21 買進德微權證的前 5 大券商有自營商：永豐金，還有一般券商分點：凱基 - 板橋、凱基 - 站前、永豐金 - 大園和元富 - 文心。

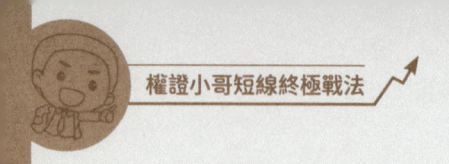

步驟三 觀察券商進出

依序點選券商分點，觀察圖表 3-6-20 位置③的「券商歷史進出」。發現幾乎都是習慣操作隔日沖的大咖進場。依據隔日沖大戶習性，隔日容易有盤中獲利了結的賣壓。

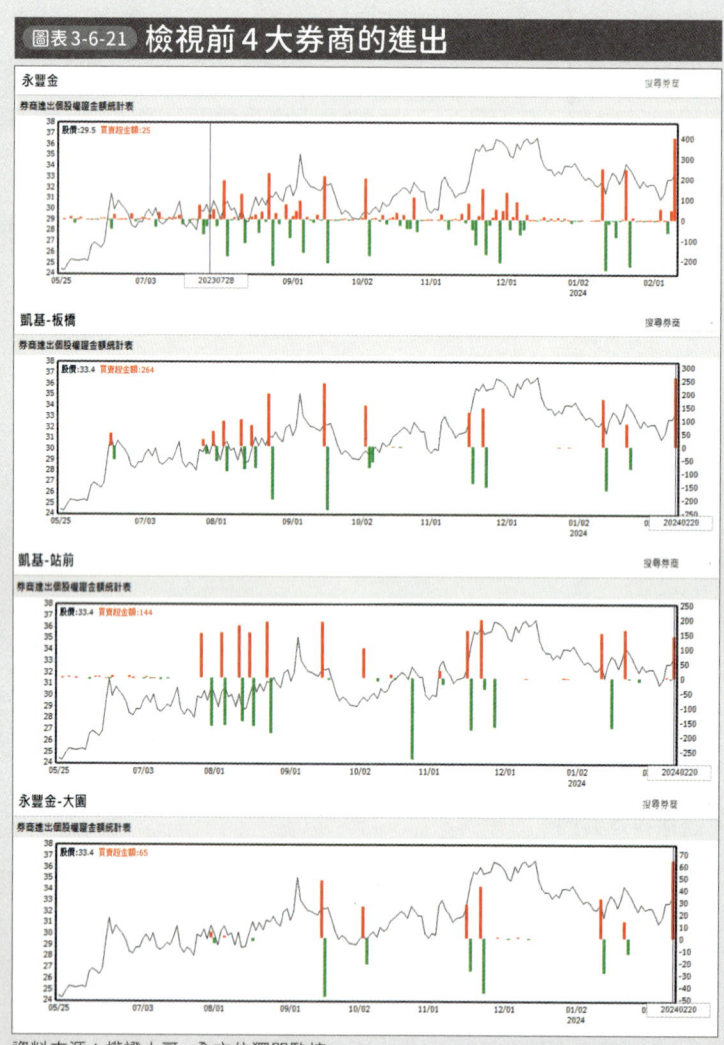

圖表3-6-21 檢視前4大券商的進出

資料來源：權證小哥 - 全方位獨門監控

3-6｜跟著權證主力搭上 獲利列車（隔日沖）

我們看隔天（2024/2/22）的德微股價走勢 9：00 開盤開高 271.5 元，有權證賣壓。股價下跌至當日低點 263 元，價差有 8.5 元。記得跟著權證隔日沖進場時，要在 9：00 開盤後找機會空，9:30 以前回補。

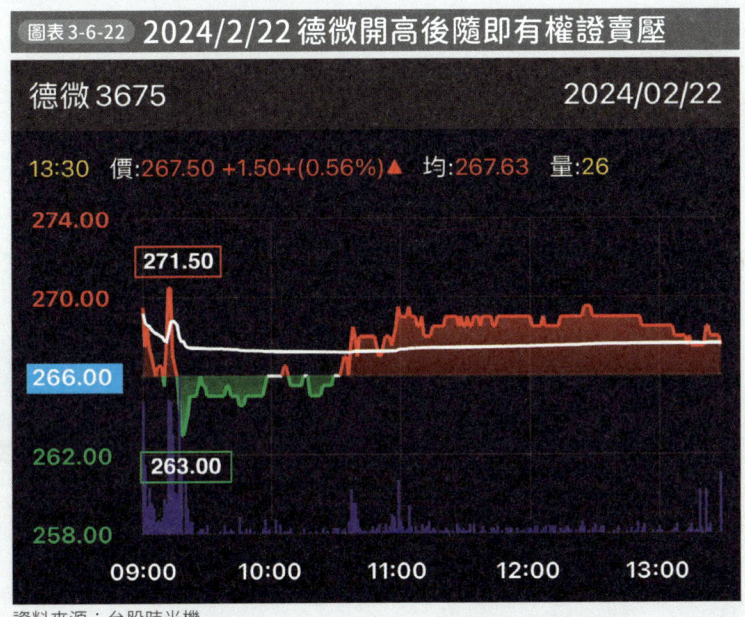

圖表 3-6-22　2024/2/22 德微開高後隨即有權證賣壓

資料來源：台股時光機

案例 5 — 2024/2/20 的凌陽（2401）

步驟一　打開「全方位獨門監控」找尋當沖標的

2024/2/20 打開「全方位獨門監控」來挑選標的。發現當日買超＞1,000 萬元且自營比超過 10% 的有凌陽買超 1,051 萬元、自營占比 11.8%。

步驟二　觀察買進券商

觀察 2024/2/20 買進凌陽權證的前 5 大券商有自營商：永豐金，還有一般券商分點：凱基 - 板橋、凱基 - 站前、永豐金 - 大園和統一 - 三多。

步驟三　觀察券商進出

依序點選券商分點，觀察圖表 3-6-23 右方「券商進出統計」。發現幾乎都是習慣操作隔日沖的大咖進場。依據隔日沖大戶習性，隔日容易有盤中獲利了結的賣壓。

圖表 3-6-23　買超＞1,000 萬元且自營比超過 10% 的凌陽

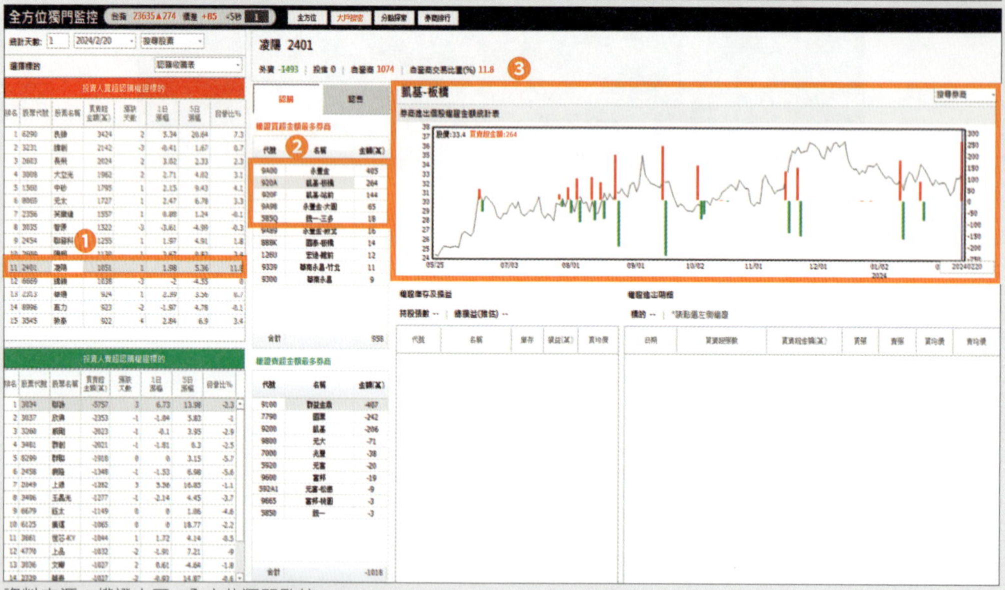

資料來源：權證小哥 - 全方位獨門監控

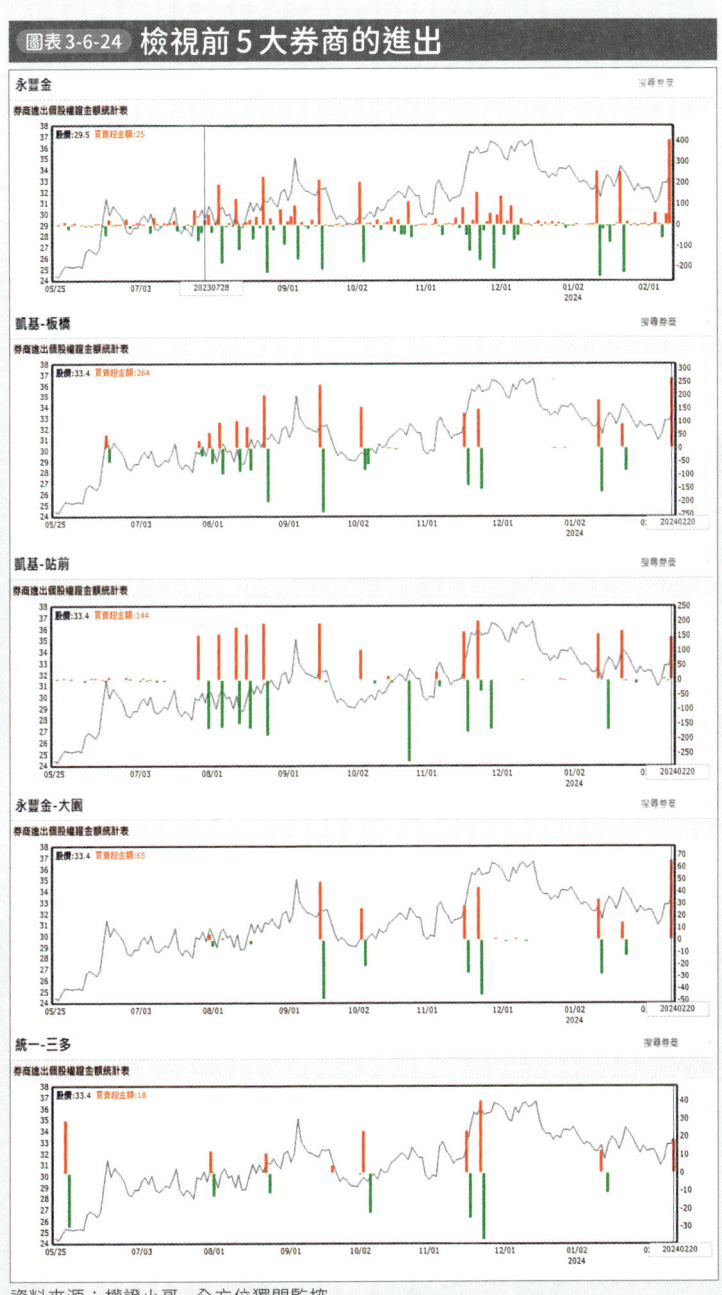

| 3-6 | 跟著權證主力搭上 獲利列車（隔日沖）

圖表3-6-24 檢視前5大券商的進出

資料來源：權證小哥 - 全方位獨門監控

243

我們看隔天（2024/2/21）的凌陽股價走勢，9：00 開盤開高 34.25 元，權證賣壓導致股價下跌至當日低點 33.1 元。

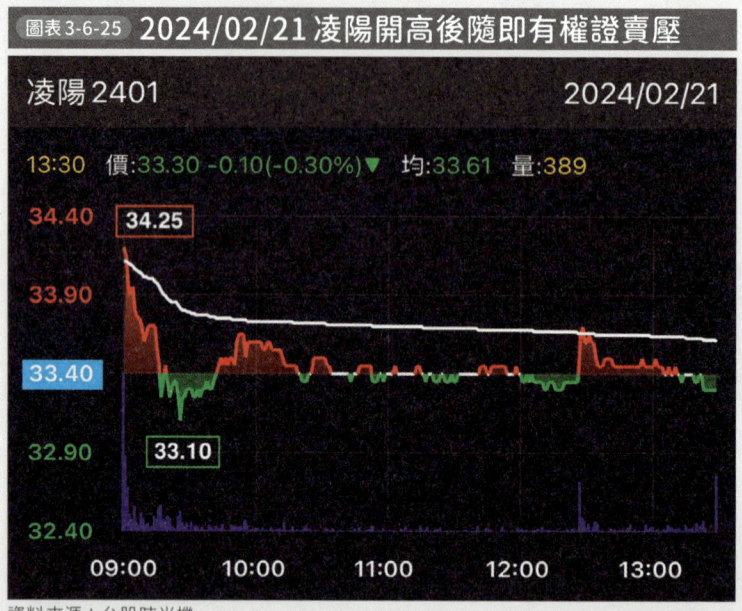

圖表 3-6-25　2024/02/21 凌陽開高後隨即有權證賣壓

資料來源：台股時光機

🔲 小結

每天研究籌碼時：

1. 盤中運用「全方位獨門監控」的訊號，盤後利用「大戶搜密」鎖定權證大單主力，找機會搭上主力順風車，跟著主力賺一筆。
2. 觀察當日權證大買標的，觀察分點、自營避險部分，是否為隔日沖，常觀察就會發現隔日沖分點有哪些。
3. 如果是大量隔日沖進場標的，就挑選出來做隔天賣壓的觀察。若當天是外資賣、投信賣更好，可以當沖交易，利用拉高時空，權證賣壓時回補（記住：投資要多方評估）。
4. 這些容易有權證賣壓的股票，通常會在 9：00 ～ 9：30 有權證賣壓出來，可以在 9：00 開盤後找機會空，9：30 以前回補。
5. 每天挑選出來有權證賣壓的標的來研究，對短線交易非常有幫助，可提升勝率。

第 4 章

短線交易贏家策略❷：
短線、波段操作

4-1 利用權證大單 抓住短線獲利標的

4-2 利用價差比進行套利

4-3 地板股進出場 SOP

4-4 地板股進出場案例

短線交易的4個交易手法：當沖、隔日沖、短線做多和地板股，我們上一章已經說明了當沖和隔日沖的贏家策略，接下來這個章節要來說明：如何利用權證來進行短線波段操作，以及在盤勢不好時，如何利用地板股來搶反彈。

4-1
利用權證大單抓住短線獲利標的

利用權證大單來抓住短線獲利標的投資操作，標的的選擇可以依以下要點布局：

1. **留意有題材且波動大、具有上漲力道的標的**：投資權證，記得挑選有題材、波動大的股票，才能快速達到獲利翻倍的效果。當多頭力道強勁且走勢明確時，就可以挑選合適的認購權證買進。

2. **跟著主力高手進場**：市場主力對於股市動態狀況非常的敏銳，很能掌握進場時機，通常在低檔就布局，很容易獲得較高的報酬。當權證主力進場大買時，拉回量縮找買點順勢買進，可賺取短線價差。

3. **追蹤波段主力，熟悉波段主力的操作模式**：研究法人籌碼時發

現：通常以波段為主的外資、投信，都會先有一段布局期，當籌碼吸收到一定水準，就會預備發動，一舉拉抬股價。如能在法人布局時就跟上的話，獲利就很可觀。

追蹤波段主力，容易獲得較高報酬率。因為主力資金雄厚、消息靈通，較能掌握進場時機，不用一直進出市場，進場型態也單純穩定，比較好掌握進場時機，因此追蹤波段主力的獲利通常是最高的。發現有波段主力進場，投資朋友如果想跟賺一波的話，除了權證，也可以選擇用股票期貨或股票跟著進場。

小哥每日都會關注波段權證主力。波段權證主力的操作方式如下：會在一天或是幾天之內大量買進某一檔標的個股的權證，買完之後就擺著不動，等股價上漲，漲到一定程度之後再賣出。因為權證有時間價值，當我們注意到厲害的分點買大量權證進場，沒有隔日出場，擺著不動，這表示主力可能掌握了利多消息，對標的有信心，所以才會持有權證等好時機出場。

想掌握波段主力帶來的利基，就要密切觀察，跟著波段主力買權證，掌握好的進場時機點。根據經驗，在多頭的時候，波段權證分點和持有權證比較長期的分點，挑選出來的認購標的，通常還不錯；在盤整或空頭的時候，特定權證分點挑選出來的認售標的，常常值得追蹤，因為他們常常會提早知道利空。所以，遇到波段主力記得一定要跟上。

掌握波段主力的進場，在盤中可以用「全方位獨門監控」軟體

觀察主力進出情形，在盤後可以利用當中的「大戶搜密」來確認主力習性，觀察籌碼細節，掌控波段主力券商分點的進出以及獲利狀況。

跟著權證波段主力操作，掌握以下幾個基本步驟：

步驟1 觀察主力動向，我們要先找出最近被大量買入「認購」或「認售」的個股。

步驟2 接著再找出波段買進的券商。

步驟3 觀察券商進出與股價關係，是否為高手主力。

步驟4 查看券商的操作紀錄，觀察買進紀錄和股價的相關性，就可以找到被主力大戶鎖定的權證。

步驟5 我們只要緊盯後續買賣狀況，就可以快速制定操作策略，例如：跟著波段權證大戶買認購，趁著股價拉回時買進，大漲時出一些。若遇到拉回急殺，波段權證主力沒出時再進場買一些，這樣操作獲利就不錯。

只要依循以上5個步驟，利用「全方位獨門監控」的「大戶搜密」，我們就可以找出波段主力。

圖表 4-1-1　全方位獨門監控全畫面

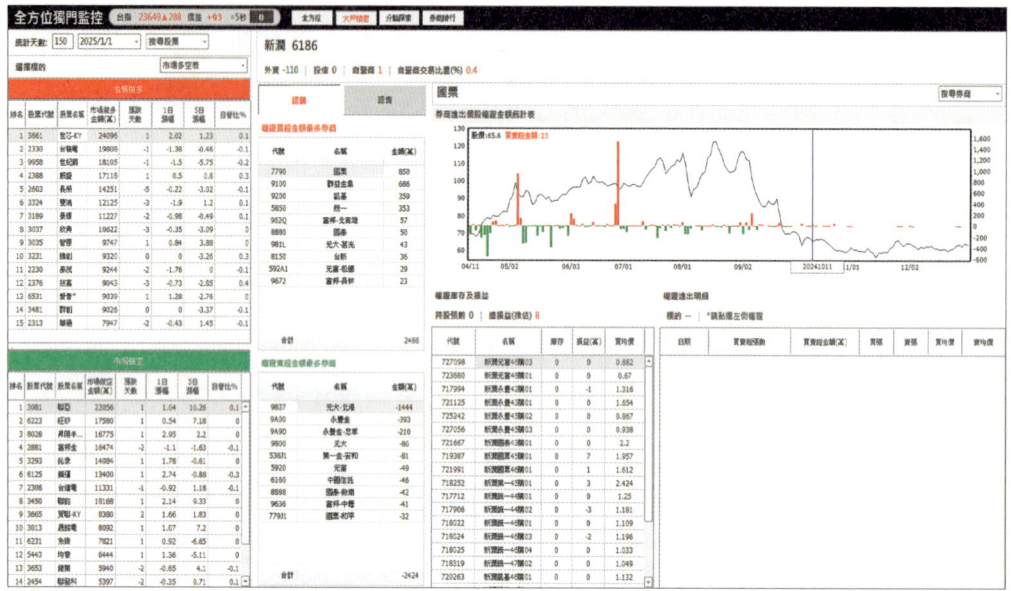

資料來源：權證小哥 - 全方位獨門監控

1. 從左上方選單挑選要觀察的項目。

2. 「認購收購表」代表近日內，認購權證被買最多的標的股票。「認售收購表」代表近日內，認售權證被買最多的標的股票；「市場多空表」則代表市場做多或做空的排行。因為我們要找被大買的

4-1 利用權證大單 抓住短線獲利標的

權證,所以我們先選「認購收購表」,並且從前30名中,選出我們想觀察的個股。

3. 找出要觀察的個股,以新潤(6186)為例,發現買超第一名的元大-北港分點,從2024/3/27開始陸續買進權證。在4月中持續加碼買進權證,看來不是隔日沖,而是波段操作。新潤股價也一路向上,元大-北港在2024/5/7股價高點時賣出權證,獲利1,600萬元後,仍持續買進。

圖表 4-1-2　新潤 (6186) 買超第一名的元大-北港分點

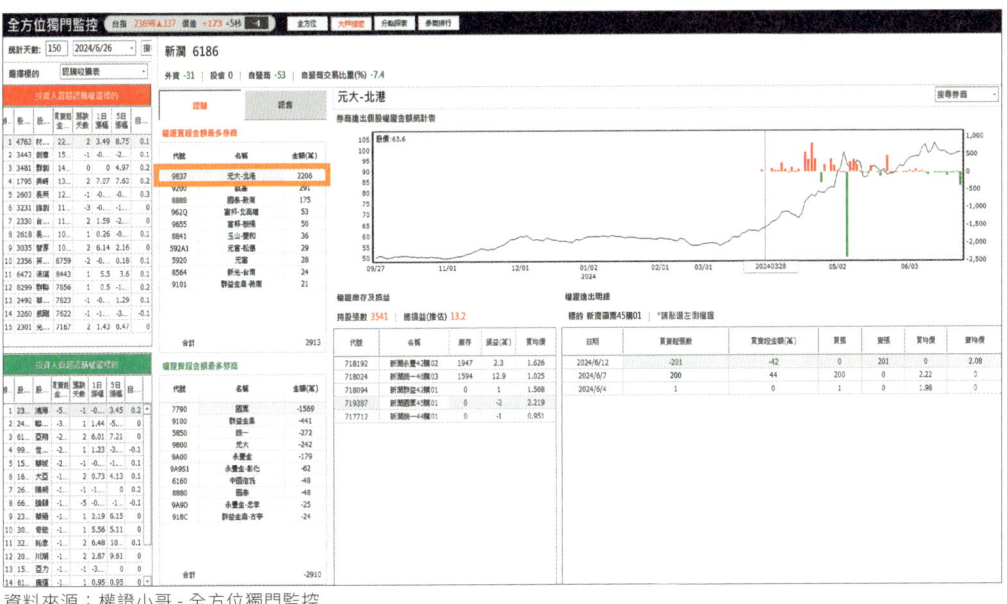

資料來源:權證小哥-全方位獨門監控

圖表4-1-3 2024/5/7 股價高點時賣出權證

資料來源：權證小哥-全方位獨門監控

圖表4-1-4 元大-北港獲利1,600萬元

資料來源：權證小哥-全方位獨門監控

4. 找出被大量買入「認購」的個股,再找出可能是波段權證主力券商,觀察留意其買進的紀錄和股價的相關性,如進出勝率高,就列為參考指標。跟著主力大戶進場操作,透過這樣的方法可以提高勝率。
5. 持續追蹤主力動態,查看券商的操作紀錄:除了要知道有沒有其他主力進來,還要留意主力是不是已經「落跑」了!主力賣時就要跟著一起賣。

案例解析

接下來我們再多看幾個2024年小哥有追蹤的波段權證,以及這些主力分點操作的績效。

案例 1 — 神達（3706）

2024 年因高股息 ETF 的發行，有很多股票大漲了一段。

凱基松山哥精準地掌握了市場資訊，進場布局波段權證，獲利成果相當驚人。舉兩個凱基-松山大賺的案例。

凱基-松山分點在 2024/3/15 大舉進場買神達權證，2024/3/27 出場，短短幾天，獲利 6,000 萬元。

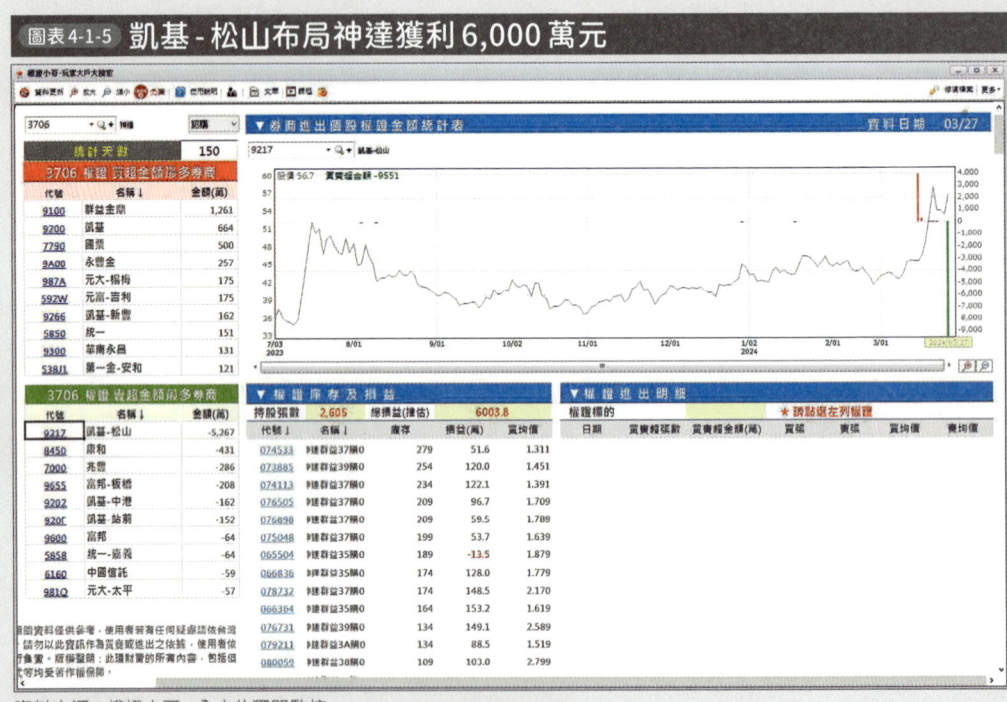

圖表 4-1-5　凱基-松山布局神達獲利 6,000 萬元

資料來源：權證小哥 - 全方位獨門監控
註：為呈現過往資料，此為舊版軟體畫面，軟體已於 2025 年更新。

| 4-1 | 利用權證大單 抓住短線獲利標的

圖表4-1-6 神達 2024/3/15 ～ 3/27價格走勢

資料來源：CMoney 理財寶籌碼 K 線

案例 2 ─ 亞翔（6139）

凱基 - 松山在 2024/3/19 大舉進場買亞翔權證，2024/3/28 起陸續出場，短短幾天，獲利近 5,700 萬元。

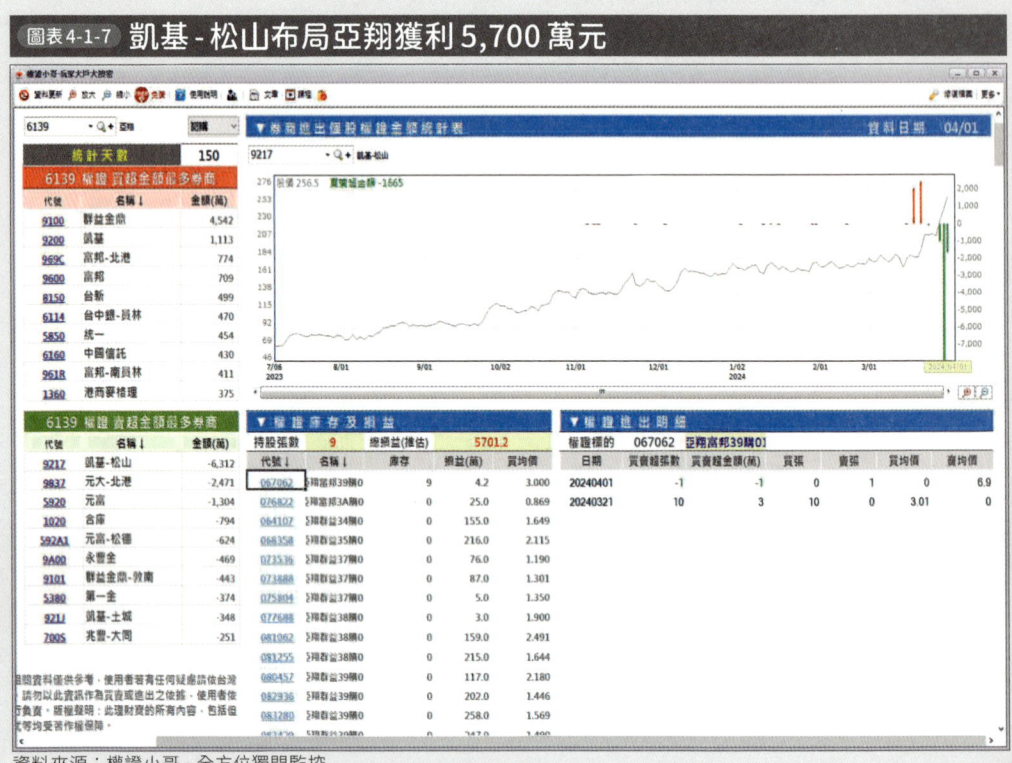

圖表 4-1-7 凱基 - 松山布局亞翔獲利 5,700 萬元

資料來源：權證小哥 - 全方位獨門監控
註：為呈現過往資料，此為舊版軟體畫面，軟體已於 2025 年更新。

4-1 | 利用權證大單 抓住短線獲利標的

圖表 4-1-8 **亞翔 2024/3/19 ～ 3/28 價格走勢**

資料來源：CMoney 理財寶籌碼 K 線

案例 3　力致（3483）

華南永昌 - 台中分點在 2024/4/23 和 4/26 大買權證，5/2 起獲利陸續出場。這波操作獲利入袋 746 萬元。

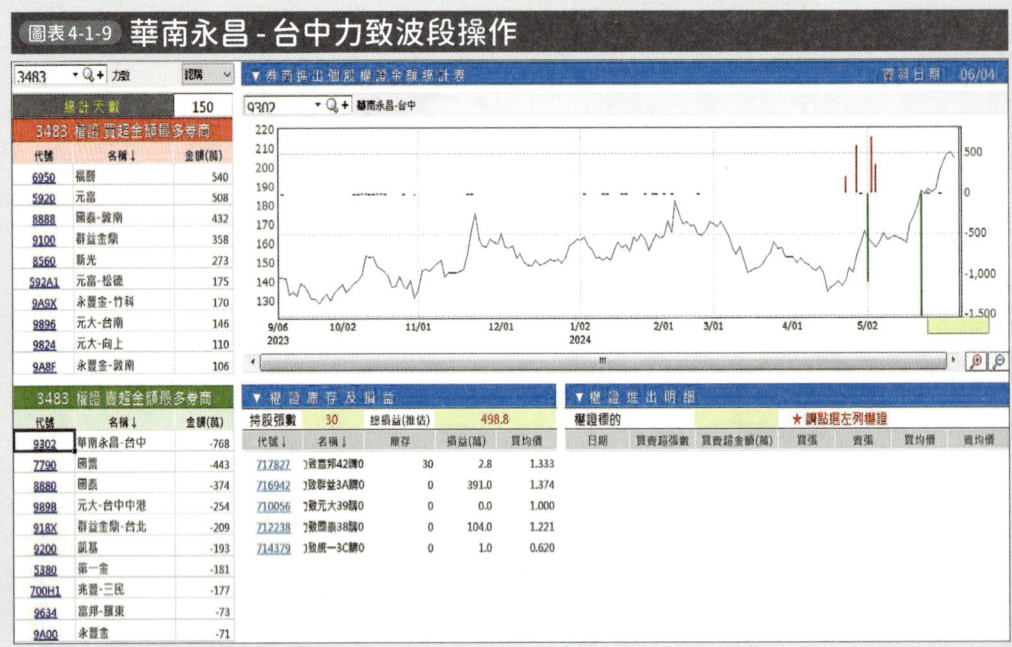

圖表 4-1-9　華南永昌 - 台中力致波段操作

資料來源：權證小哥 - 全方位獨門監控
註：為呈現過往資料，此為舊版軟體畫面，軟體已於 2025 年更新。

| 4-1 | 利用權證大單 抓住短線獲利標的

圖表 4-1-10 力致 2024/4 ～ 2024/5 價格走勢

資料來源：CMoney 理財寶籌碼 K 線

圖表 4-1-11 華南永昌 - 台中獲利 746 萬元

代號	名稱	標的代號	標的名稱	委買價	均買價	買張	均賣價	賣張	買超(張)	買超金額(萬)	已實現損益(元)	未實現損益(元)	損益總計(元)
716942	)致群益3A輪C	3483	力致	3.30	1.37	7,279	1.91	7,279	0	-392	3,874,136	0	3,874,136
712633	)致永昌3A輪C	3483	力致	3.20	1.48	2,198	1.95	2,198	0	-103	1,019,840	0	1,019,840
717662	)致群益3A輪C	3483	力致	3.27	1.27	1,798	1.88	1,798	0	-111	1,098,864	0	1,098,864
712218	)致兆豐30輪C	3483	力致	3.44	1.22	1,858	1.78	1,858	0	-103	1,023,142	0	1,023,142
710365	)致永昌37輪C	3483	力致	4.06	1.73	553	2.53	563	0	-44	437,407	0	437,407
705061	)致統一37輪C	3483	力致	1.72	-	-	1.00	166	-166	-17			
714379	)致統一3C輪C	3483	力致	0.81	0.62	50	0.70	50	0	-0	3,864	0	3,864
712868	)致永昌3A輪C	3483	力致	1.28	0.83	35	0.83	35	0	-97			-97
717827	)致凱邦42輪C	3483	力致	2.26	1.33	30	-	-	30	4		27,714	27,714
710022	)致高整37輪C	3483	力致	1.18	1.00	10	1.00	10	0	-33		0	-33
712280	)致元大36輪C	3483	力致	0.00	1.00	5	1.00	5	0	-17		0	-17
710056	)致凱基39輪C	3483	力致	1.10	1.00	3	1.00	3	0	-10		0	-10
715425	)致兆豐49輪C	3483	力致	1.83	0.75	4	0.75	4	0	-0	990	0	990

資料來源：權證小哥 - 全方位獨門監控
註：為呈現過往資料，此為舊版軟體畫面，軟體已於 2025 年更新。

案例 4 — 台燿（6274）

華南永昌 - 台中分點從 2024/4/9 開始慢慢買進台燿權證，2024/5/13 獲利出場，賺進 561 萬元。

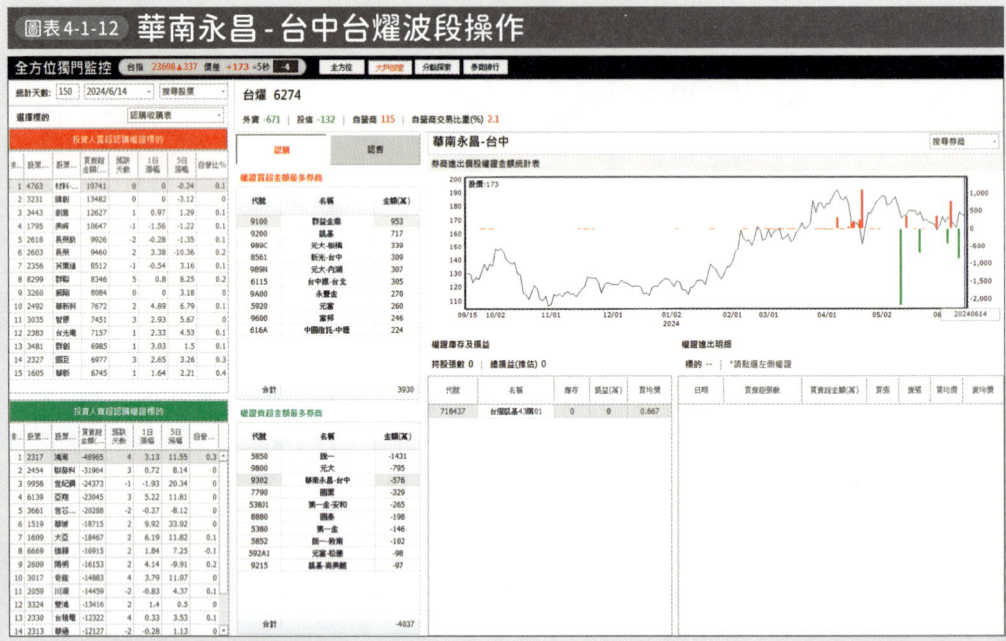

圖表 4-1-12　華南永昌 - 台中台燿波段操作

資料來源：權證小哥 - 全方位獨門監控

4-1 | 利用權證大單 抓住短線獲利標的

圖表4-1-13　台燿2024/4～2024/5價格走勢

資料來源：CMoney 理財寶籌碼K線

圖表4-1-14　華南永昌-台中獲利561萬元

資料來源：權證小哥-全方位獨門監控
註：為呈現過往資料，此為舊版軟體畫面，軟體已於2025年更新。

263

案例 5 — 昇陽半導體（8028）

國泰-敦南分點 6 月中旬花了近 1,400 萬元買進權證。昇陽半導體在這段期間市場表現強勁。股價創下歷史新高後，權證獲利出場大賺約 7,800 萬元。

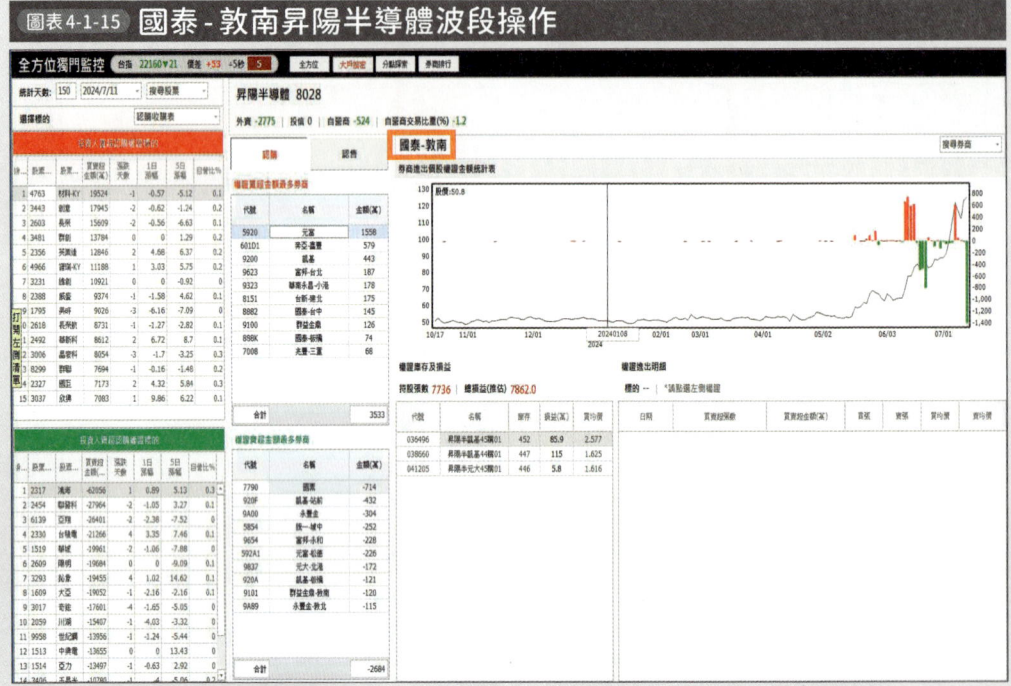

圖表 4-1-15　國泰-敦南昇陽半導體波段操作

資料來源：權證小哥-全方位獨門監控

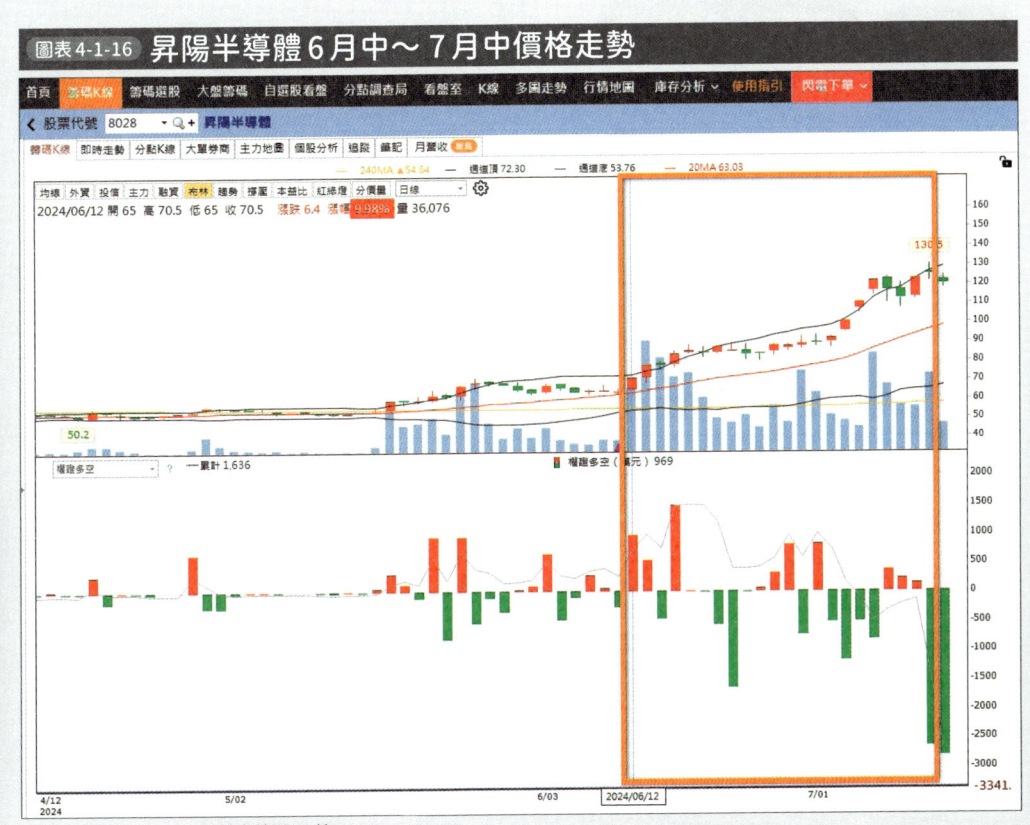

| 4-1 | 利用權證大單 抓住短線獲利標的

圖表4-1-16　昇陽半導體6月中～7月中價格走勢

資料來源：CMoney 理財寶籌碼 K 線

案例 6 — 國巨（2327）

康和 - 台北分點從 2024/4/15 開始持續買進權證 5 千多萬元，接著股價一路漲至 2024/7 高點 811 元。這是當時該分點尚未賣出的波段權證及個股股價表現，投資朋友可以留意該權證波段分點後續相關操作以及個股股價發展。

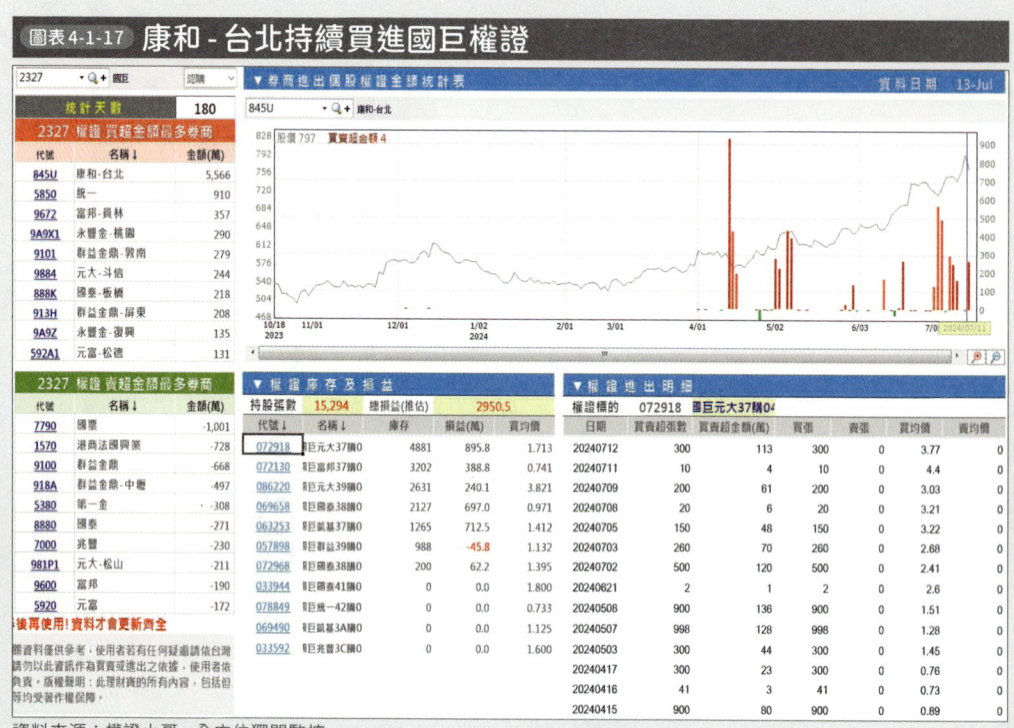

圖表 4-1-17　康和 - 台北持續買進國巨權證

資料來源：權證小哥 - 全方位獨門監控
註：為呈現過往資料，此為舊版軟體畫面，軟體已於 2025 年更新。

4-1 | 利用權證大單 抓住短線獲利標的

圖表4-1-18 國巨 2024/4 ～ 2024/7 價格走勢

資料來源：CMoney 理財寶籌碼 K 線

追蹤波段高手，跟著波段權證主力可以掌握高勝率。每天要持續觀察波段權證主力的進出狀況，當高手主力出場後，波段漲勢可能結束，跟著進場的投資朋友，記得也要跟著出場。

4-2
利用價差比進行套利

股市中存在著許多套利機會。套利指的是利用同一個標的在不同的商品中出現價差,可以低買高賣以獲取中間的差額。我們常見的套利時機有:股價容易有大波動時期(例如:法說會),股東會及除權息前的強制回補,個股的處置期間,以及期貨結算日。

常見的套利選擇可以利用:
1. 股票期貨和權證來套利。
2. 股票期貨和股票來套利。
3. 大小型股票期貨價差的收斂。

期貨通常具有價格發現的功能，反映出對未來現貨的預期，當未來看法與當下不同，兩者之間就會產生價差。當期貨價格高於現貨稱為正價差，期貨價格低於現貨稱為逆價差，如果在盤中，我們發現：價差拉距大、有套利空間時，就進場操作。利用軟體來輔助，可以掌握套利的契機，這裡就要來跟大家分享，利用「全方位獨門監控」掌握價差比來進行套利，以及如何利用「股期小幫手」來進行套利。以下是進一步的說明：

1. 正價差：期貨價格＞現貨價格，預期未來價格走高。正價差時，可以買進現股，做空期貨。
2. 逆價差：期貨價格＜現貨價格，預期未來價格走低。逆價差時，可以做空現股，買進期貨。
3. 利用全方位獨門監控表，快速找尋正逆價差：從表中點選「正價差」，就可查看正價差比，點選「逆價差」就可查看逆價差比，當價差比超過1%時，就值得進場做套利。當逆價差比大於1%以上就有套利空間，不熟悉可以抓個2%會保險一點，不過要注意股票是否停券的情況。
4. 可以利用「挑選股期小幫手」，點選價差套利功能，找尋紅色字超過1的來套利。套利方式有兩種：
   • 買期套利：買期貨賣股票（買1口期貨、空2張股票）。
   • 賣期套利：賣期貨買股票（賣1口期貨、買2張股票）。

圖表 4-2-1 用全方位獨門監控觀察正逆價差

做多15		做空15		正價差比15		逆價差比15		漲幅15		跌幅15	
2317 鴻海	2.3	2454 聯發科	1	2323 中璟	1.5	2347 聯強	-0.89	3055 蔚華科	10	2363 矽統	-9.8
6139 亞翔	2.4	6143 振曜	-2.6	5534 長虹	1.16	2059 川湖	-0.84	2891 中信金	10	3264 欣銓	-6.7
2327 國巨	2.6	2609 陽明	2.1	8039 台虹	1.15	5269 祥碩	-0.77	2611 志信	9.9	1618 合機	-5.4
6472 保瑞	4.1	8299 群聯	0.4	3017 奇鋐	1.12	6153 嘉聯益	-0.75	8064 東捷	9.9	8097 常電	-4.7
2330 台積電	1.7	2603 長榮	2.4	2880 華南金	1.07	3264 欣銓	-0.69	5457 宣德	9.9	3131 弘塑	-4.7
2618 長榮航	-1.1	8210 勤誠	0.3	2515 中工	1.07	8046 南電	-0.52	2913 農林	9.9	6290 良維	-4.5
2880 華南金	3.8	6669 緯穎	1.5	2002 中鋼	1	3653 健策	-0.41	1314 中石化	9.8	1609 大亞	-4
1795 美時	4.6	2388 威剛	-0.8	3260 威剛	1	6147 頎邦	0.26	3376 新日興	9.7	1514 亞力	-3.8
8112 至上	3.2	2371 大同	-2.1	2301 光寶科	1	3711 日月光	-0.34	3363 上詮	9.7	3324 雙鴻	-3.6
5347 世	6.7	2486 一詮	0.1	2454 聯發科	0.99	6443 元晶	-0.18	1903 士紙	9.5	6217 中探針	-3.4
3034 聯詠	3.6	8996 高力	2.7	6213 聯茂	0.91	2340 台亞	-0.13	6510 精測	9.5	6207 蠶科	-3.2
3583 辛耘	2.2	2313 華通	0.3	3376 新日興	0.89			6451 訊芯-KY	9.5	3312 弘憶股	-3.2
3406 玉晶光	2.5	3324 雙鴻	-3.6	6278 台表科	0.88			5392 能率	8.8	8069 元太	-3.1

資料來源：權證小哥 - 全方位獨門監控

圖表 4-2-2 用挑選股期小幫手尋找套利機會

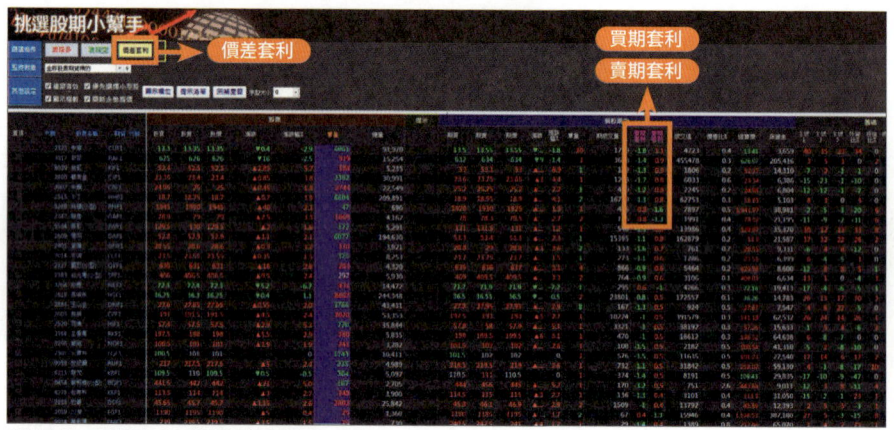

資料來源：權證小哥 - 挑選股期小幫手

5. 股票期貨和權證的套利：
   - 因為權證有時間價值，要確定價差會在 1～2 天內收斂，才用權證做。
   - 會讓價差變大的條件消失時，價差就會收斂。

- 在股東會前大漲的股票,遇到要強制回補,期貨逆價差就特別大。當逆價差時(期貨很便宜,現貨比較貴):買期貨,空現股。當停券時,要空現股沒辦法空,就買認售權證進場。當逆價差收斂後,就賣期貨,買認購權證。
- 利用權證進場套利,搭配的比例,計算如下[1]:
  ① 權證張數 × Delta = 個股期口數 × 2。
  ② 權證槓桿 × 金額 = 個股期價格 × 2,000。
  ③ 權證槓桿 × 金額 = 小型個股期 × 100。
  ④ 認購權證張數 × Delta = 認售權證張數 × –Delta。
  ⑤ 認購權證槓桿 × 金額 = 認售權證槓桿 × 金額。
  ⑥ 利用權證進場,要找差槓比低,偏價內(如被降隱波,影響較小),好券商。沒有好權證,就不做。
- 適合做權證與股期套利的機會及時間點:
  ① 例如台積電法說會有大波動時,權證槓桿 > 8。
  ② 因為停券而擴大價差,恢復融券後就收斂的股票。
  ③ 個股處置期間。
- 操作方法:
  ① 先挑選適合的權證。
  ② 利用閃電下單,先掛股票期貨左邊買價排隊,逆價差太大可以直接買右邊股票期貨賣價、買右邊的權證賣價。

---

1. 權證相關概念請參本書 1-4 節。

③ 當左邊股票期貨買價成交時，就直接吃權證右邊賣價。

④ 當股票快速跌落時，撤掉左邊買單。

6. 股票期貨和股票的套利：股票和股票期貨是不同商品，但最終會結算在同一價格附近，所以有套利空間，套利操作方法如下：

- 打開期貨跟股票的閃電下單畫面。
- 先掛閃電下單低價左邊買價排隊，高價右邊賣價排隊。
- 左邊買價成交，直接吃掉另外一檔的賣價。如右邊賣價成交，直接吃掉另外一檔的買價。
- 當股票波動大時，記得撤掉掛單。
- 股票2張，配股期1口。
- 出場時機：兩邊價格一樣時出場。或在結算當天（每月第3個週三，12：57：30賣掉或買進股票），期貨單在13：10後，掛買盤買進或掛賣盤賣出等成交，等不到就直接結算。
- 案例：精材：如圖表4-2-3價位，進場操作可以先掛股票買單183元2張買進，掛股票期貨185元1口賣出。

  ① 買進股票183元2張，結算當天就在12：57：30賣掉。

  ② 賣出股票期貨1口，在結算當天13：10後，掛買盤買進或等直接結算。

- 有最佳套利空間的是找100元以上，且有除權配股的標的。可以掛低價的買盤，然後掛高價的賣盤。
- 當股票期貨大幅逆價差時，買股票期貨空現股。

7. 股票期貨和小型股票期貨的套利：股票期貨和小型股票期貨連

4-2 | 利用價差比進行套利

圖表 4-2-3 透過股票期貨和股票進行套利

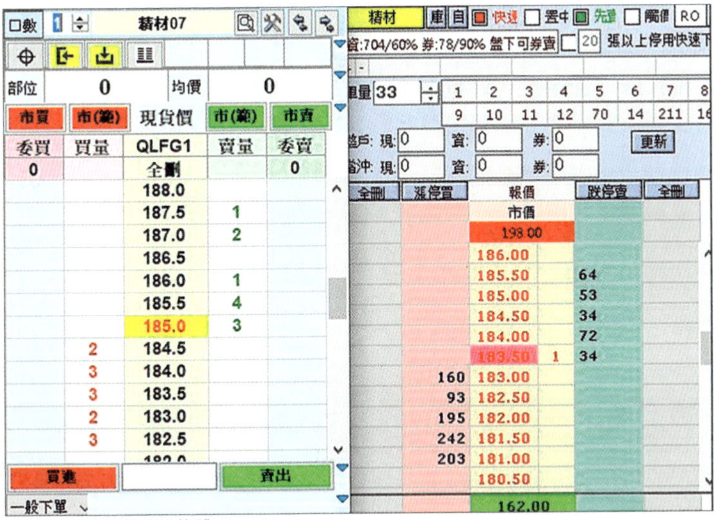

資料來源：券商下單軟體

動的標的是同一檔股票，只是契約大小不同，個股期貨1口代表著2張，也就是2,000股的股票，而小型個股期貨1口是100股的股票，僅「個股期貨」的20分之1的規格。套利操作：可以買股期1口，空小型個股期20口；或賣股期1口，買小型個股期20口。但要留意是否有口數不足的問題。通常在持有期貨部位時，可利用小型個股期來做避險。

案例解析

接下來我們來看3個小哥的實作案例分享：

案例 1 — 逆價差之股期＋認售權證套利模式

當進入融券回補潮時，很多股票因為不能融券賣出、只能股票期貨賣出的關係，盤中會出現很大的逆價差，如本案例中的國巨股票 322 元，股期只剩下 316 元，此時就有套利空間。套利的方法有 2 種：

1. 買進股票期貨＋買認售權證。
2. 買進股票期貨＋借券放空，然後等價差收斂後再兩邊平倉。

此次進場，國巨權證買的均價在 3.58 元，買的張數是 536 張，同時也買了國巨期貨 8 口。

圖表4-2-4 用股票期貨＋權證進行套利

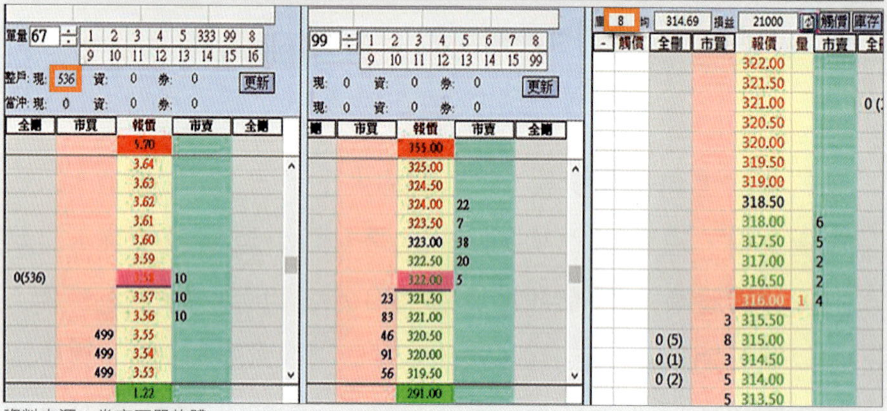

資料來源：券商下單軟體

等到隔天兩邊平倉時，因為不小心多下了 1 口，那口用同價格平倉，股期的獲利是 86,000 元，權證的虧損是 60,846 元，兩個總損益加起來是 25,000 元。其實當天平倉時機，還算是比較差，若平倉得好，兩邊總計應該可以賺到 4 萬多元。

| 4-2 | 利用價差比進行套利

圖表4-2-5 國巨套利總損益約 25,000 元

平倉日期	商品	平倉數	放棄數	交易損益
2019/04/02	LXF 04	9	0	86,000.00
小計		9	0	86,000.00

| 國巨國票86售05 (國巨) | 536,000 | 3.48 | 1,921,608 | 1,860,762 | -60,846 |

資料來源：券商下單軟體

小哥將所有的成本計算一下：這次大概準備了 301 萬元，總獲利是 28,506 元，報酬率是 0.95%，年化報酬率是 346%！跟平常做套利的獲利百分比差不多，若常常有低風險 1% 可以賺的機會，就算是很好的交易模式。

圖表4-2-6 套利損益報酬率試算

	A	B	C	D	E	F	G	H	I
		買進金額	賣出金額	單位數	損益	手續費	交易稅	手續費折數	退佣
權證		3.58	3.48	536	-60858	5392	1865	0.3	3775
股期		314.7	320.08	8	85589	288	203	預計天數	1
成本		3006483		總獲利	28506	報酬率	0.95%	年化	346%

資料來源：券商下單軟體

275

案例 2 — 逆價差套利

每年股東會跟除權息時，常有機會逆價差套利。以下大同案例，從股票跟期貨的走勢圖看出（圖表 4-2-7 上端白色線是現股，下端淡藍色線是大同期貨），盤中逆價差高達 4%！

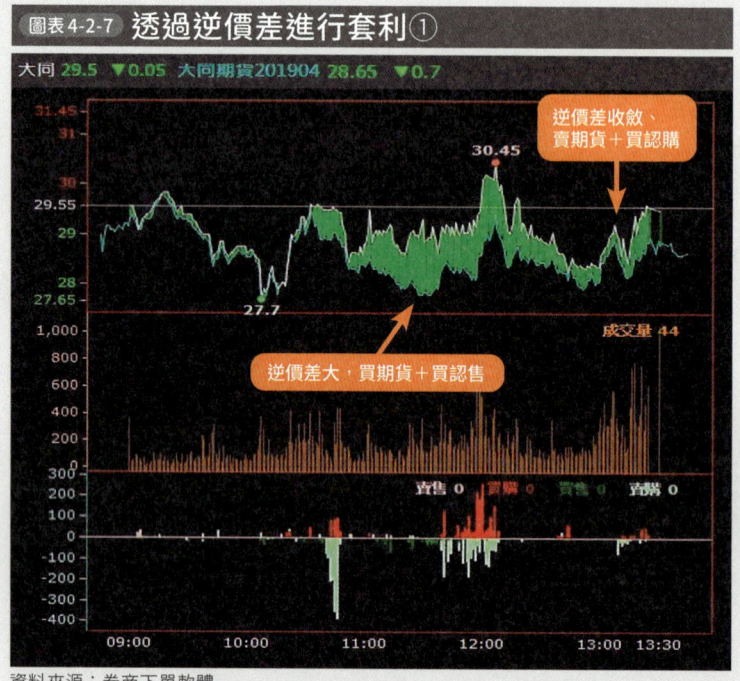

圖表 4-2-7 透過逆價差進行套利①

資料來源：券商下單軟體

在逆價差大時，小哥就買期貨＋買認售，因為認售跟著股價跑，這樣有套利空間，等到收斂再解開，想不到盤中就收斂到 1% 內，此時小哥再買認購＋賣期貨，這時期貨的部位就已獲利了結，權證部分已經鎖住獲利。可以從盤中的閃電下單看出來，小哥買的期貨跟認售，在盤中已經獲利，期貨買進價格約在 27.8～28.3 元，價格來到了 28.3 元，權證認購的買進成交價在 2.75～2.78 元，委買來到了 2.83 元，權證認售的買進成交價在 0.75～0.76 元，委買來到了 0.79 元。

276

4-2 | 利用價差比進行套利

圖表 4-2-8　透過逆價差進行套利②

資料來源：券商下單軟體

等到價差收斂時，小哥賣出了期貨＋買進認購，賣的均價在 28～28.25 元（見圖表 4-2-9）！

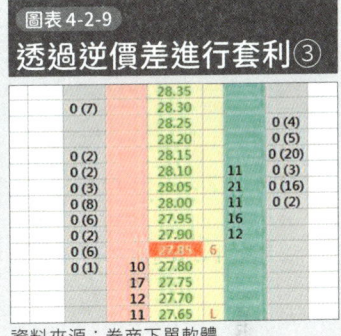

圖表 4-2-9
透過逆價差進行套利③

資料來源：券商下單軟體

期貨平倉賺了 5,500 元，權證留倉部分帳面賺了約 15 萬元。以上過程中，小哥沒有去賭大同的多空，只單純做套利而已，總共成本花不到 300 萬元，真實的對戰紀錄，比事後的話線論線更值得參考唷！

圖表 4-2-10　此次透過逆價差進行套利的收益

平倉日期	商品	平倉數	放棄數	交易損益
2019/04/12	大同期貨04	37	0	5,500.00

項次	類別	代號	股票名稱	即時庫存	付出成本	成本均價	融資金額	現價	保證金	現值	損益試算	獲利率
1	現股	038346	基89購05	400,000	1,083,541	2.71	0	3.04	0	1,213,052	129,511	11.95 %
2	現股	05892P	益87售03	700,000	527,746	0.75	0	0.76	0	530,712	2,966	0.56 %
3	現股	07076P	寶8A售01	248,000	686,936	2.77	0	2.88	0	712,509	25,573	3.72 %

資料來源：券商下單軟體

案例 3 ── 期貨除權套利模式

用期貨參與除權息，以國巨為例，原庫存國巨會變成國巨1（因為表彰股數變了，所以會改名，除權息當天開盤後，庫存想賣，記得要用國巨1）。盤前國巨會開高，若有庫存，可以先賣點國巨期避險。通常國巨期的成交量肯定會比國巨1來得大，開盤後國巨1的價格可能會比國巨來的低，因為很多人想賣，這時還有點套利空間，因為這兩者最終的結算價格會相同。小哥會在盤前賣點國巨期，開盤後若國巨1比國巨還便宜的話，還會加買國巨1。

下圖套利賺錢模式：高賣低買。①掛買國巨1為1,020元，掛賣國巨為1,030元。②國巨1以1,020元買進成交，改掛賣國巨1,025元成交。③國巨1,030賣出成交，改掛買國巨1為1,020元成交。待同價格則平倉，若無法平倉等結算。

圖表4-2-11 期貨除權套利模式

資料來源：券商下單軟體

圖表4-2-12 期貨除權套利獲利金額

華新科期201807	17	0	62,000
台郡期201807	14	0	16,000
國巨期201807	14	0	30,000
國巨1 201807	19	0	923,596
環球晶期201807	6	0	84,000
原相期201807	2	0	5,000

資料來源：券商下單軟體

小結

當股票與股票期貨間價差大於1%時，存在套利空間。投資人只要賣出貴的，買進便宜的，最終兩者會在結算日收斂，便能獲取中間的價差。

1. 利用權證＋股票期貨的套利，報酬率好，但是套利風險相對較大。
2. 利用借券、融券＋股票期貨的套利穩健，可以好好參與。
3. 利用股票期貨不同合約的價差套利，最適合在除權息時進行，獲利相當穩健。

軟體的應用，可協助掌握套利的契機，提升套利的獲利。進場時務必做好資金管理，要維持安全的保證金水位，才能確保策略能夠完整執行；而任何投資都存在著風險，當價差擴大時，也需留意是否有特殊事件，要適時調整策略。

4-3
地板股進出場 SOP

當股市大跌時，你的操作策略是什麼？會大賣股票停損？還是停手觀望？亦或是逆勢操作？股市漲漲跌跌是常態，漲或跌時，都要有相對應的投資策略，才能在股市中穩健獲利。當股市大跌的時候，總有人很擅長在大跌時逆勢操作，勇敢進場，也總能順利獲利出場，投資朋友一定很好奇，這到底是掌握了什麼訣竅呢？這章節就要來解密。

股市中的漲跌，常因各種消息面、市場面、投資人心理面而影響股價，尤其是短線走勢特別明顯。由於每檔股票的股本大小、經營風格、大股東投資特性、獲利狀況等因素皆不同，對各種訊息的反應，股價漲跌影響程度亦會不同。學習掌握個股的「股性」也是

掌握交易勝率的條件。

　　在股市中，我們常會聽見：「漲多拉回、跌深反彈」但漲多少才算多，才容易拉回；會跌到多深，才容易出現反彈？相信這是大部分投資朋友都會有的疑問。想在股價過度反應的情況下尋找相對有利的交易機會，有個名詞一定要了解：「**乖離**」。

　　「乖離」是技術指標，是股價與均線的距離，表示股價與移動平均線之間的偏離程度。距離越遠、乖離越大。「乖離率」（Bias）的計算公式：乖離率＝（目前價格－移動平均價）÷移動平均價。當股價在移動平均線上方時為正乖離率；股價在移動平均線下方時為負乖離率。要留意以下情形：

1. 正乖離率過大，未來股價下跌機率相對高。
2. 負乖離率過大，未來股價上漲機率相對高。
3. 月線下彎時，乖離越大越容易反彈。
4. 每檔股票因股性不同，會反彈的乖離率也不同。

　　我們利用好工具來掌握反彈機會，提高操作勝率，用工具來挑選出勝率相對高的標的。小哥「掌握反彈機會」使用的工具：「權證小哥-地板天花板反轉價位監控表」，這是依據個股股性及乖離率表現，利用統計方法將過去5年的股價資料，依股價乖離月線的幅度，區分為正乖離與負乖離，分別統計如下：

1. 股價乖離月線幅度的計算方式為：（目前的股價－20日均價）÷20日均價。

2. 正乖離門檻值（天花板）：
    - 步驟1：找出所有正乖離的數據（股價＞20日均價）。
    - 步驟2：把正乖離的數據做排序（由小排到大）。
    - 步驟3：取出排名第95%的資料定為天花板（正乖離門檻值）。例如有100筆的數據，則第95筆數據即為正乖離門檻值。
3. 負乖離門檻值（地板）：
    - 步驟1：找出所有負乖離的數據（股價＜20日均價）。
    - 步驟2：把負乖離的數據做排序（由小排到大）。
    - 步驟3：取出排名第5%的資料定為地板（負乖離門檻值）。例如有100筆數據，則第5筆數據即為負乖離門檻值。
4. 每檔個股因為股性差異，正負乖離門檻線略有不同。

　　利用統計快速取得可靠的數據來源，藉由程式幫助找到投資獲利機會，這樣可大幅減少選股的時間，同時也省去了各種複雜技術分析之判斷。

　　用極端的乖離，繪製出3條曲線分別為：
1.「正乖離門檻線」：20日均線的正乖離值上限。
2.「20日均線」：月線，由20日平均成交價連接而成。
3.「負乖離門檻線」：20日均線的負乖離值下限。

透過這3條曲線可簡單掌握股票股性：

1. 當股價觸碰到「正乖離門檻線」天花板線時，股價可能會拉回或進入整理。
2. 當股價觸碰到「負乖離門檻線」地板線時，股價可能會反彈或整理。
3. 股價觸碰到「乖離門檻線」時，雖然短線容易出現反向走勢，但長線走勢則不受影響。所以「乖離門檻線」只能用來掌握股價短線的波動特性，而不是用來判斷長線趨勢。
4. 可以協助投資時掌握極短線轉折時機，避免情緒性的追高殺低。
5. 可應用於股票、權證極短天期（1～3天）的操作。
6. 當股價越急著往下跌，並且帶大量時，股價就有機會展開反彈。
7. 負乖離率超大表示很恐慌，是抓轉折好時機。

在股票市場，常聽到千線萬線不如一條電話線，但是電話線是違法的。而這條「負乖離門檻線」（又稱地板線）是合法的賺錢線，是投資朋友們最適合的一條線，認識了這條線，在股市跌多的時候，可以讓投資朋友們輕鬆抓出獲利反彈股。

接下來，讓我們用軟體介面，實際來示範操作技術：以光寶科（2301）為例。

從圖表 4-3-1 我們可以看到 3 條線：

- 第 1 條線是「正乖離門檻」天花板線，是最上方紫色線。當股價觸碰到「正乖離門檻」天花板線時，股價就拉回。
- 第 2 條線是 20 日均線。
- 第 3 條線是「負乖離門檻」地板線，是最下方藍色線。通常當股價觸碰到「負乖離門檻」地板線時，股價可能會反彈，這時就是進場操作地板股的好時機。
- 圖表右欄還有標記 3 個價位，有天花板價位（短空）、收盤價和地板價位（短多），供投資人參考。

圖表 4-3-1 權證小哥 - 地板天花板反轉價位監控表

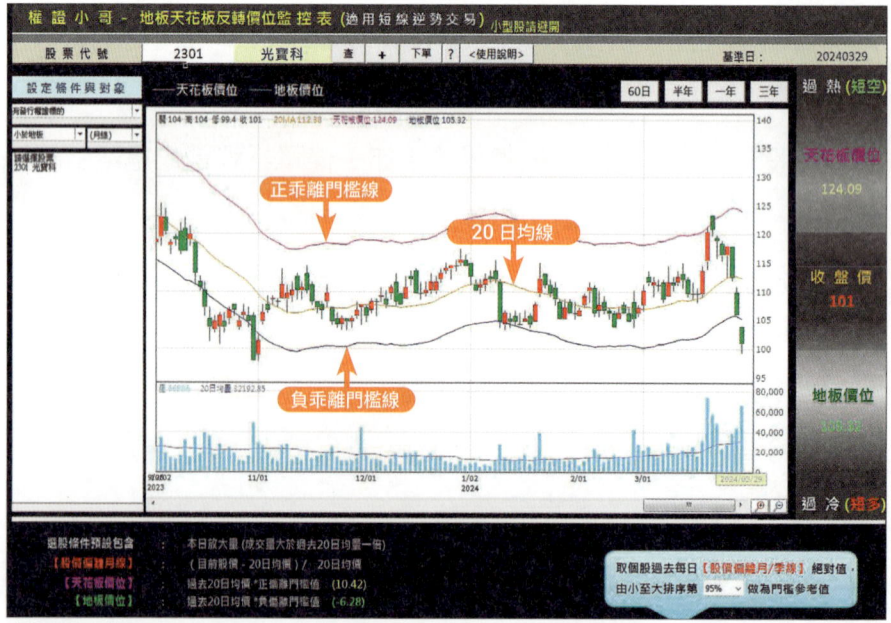

資料來源：權證小哥 - 地板天花板反轉價位監控表
註：小型股不適用。

| 4-3 | 地板股進出場 SOP

　　如圖表4-3-2監控表內有過去回測績效，分析個股過去5年依此模式交易的回測結果。當地板訊號出現時，以隔天的開盤價買進，根據進場後的1日、3日、5日、10日、20日計算其報酬率，供大家參考。這回測績效是用開盤價買進，但實際操作上，會參考盤中波動狀況，可等盤中急殺介入，勝率會比統計表內的績效來得更好。

圖表4-3-2　地板天花板反轉價位監控表：過去回測績效

條件狀況	進場時間	1日後(報酬)	3日後(報酬)	5日後(報酬)	10日後(報酬)	20日後(報酬)
負偏離(做多)	2024/03/29	-1.96				
正偏離(放空)	2024/03/20	1.99	5.55	8.82		
負偏離(做多)	2024/01/10	1.87	0.46	0.93	5.16	3.28
負偏離(做多)	2023/10/31	2.48	7.92	9.40	11.88	6.43
正偏離(放空)	2023/07/31	-2.33	6.98	4.99	4.65	4.65
正偏離(放空)	2023/07/18	4.88	-1.74	1.05	-7.32	-3.88
正偏離(放空)	2023/07/14	-3.20	3.19	-3.55	-19.13	3.19
正偏離(放空)	2023/07/13	-3.97	-0.73	-0.36	-4.70	1.08
正偏離(放空)	2023/07/12	-3.87	-12.79	-5.81	-13.56	-7.75
正偏離(放空)	2023/07/04	3.36	6.72	0.84	-17.23	-29.42
正偏離(放空)	2023/06/16	-1.90	0.00	5.43	-13.34	-32.87
正偏離(放空)	2023/06/15	6.25	6.25	9.82	-1.34	-29.91
正偏離(放空)	2023/06/05	0.10	0.21	-9.57	-13.83	-22.38
正偏離(放空)	2023/05/31	1.83	-9.33	-9.57	-15.03	-17.88
正偏離(放空)	2023/05/29	-1.39	-0.81	-12.27	-20.46	-16.96
正偏離(放空)	2022/07/20	1.28	0.00	1.58	2.86	-9.86
正偏離(放空)	2021/07/30	0.15	1.24	2.33	4.21	3.57
負偏離(做多)	2021/06/29	0.52	-0.70	1.57	1.05	2.43
負偏離(做多)	2020/03/02	0.46	2.52	0.58	-7.25	-6.29
負偏離(做多)	2020/01/30	-0.95	-0.33	-0.22	-1.17	-7.98

資料來源：權證小哥-地板天花板反轉價位監控表

　　以光寶科為例：在2024/3/29出現在地板股，隔日2024/4/1盤中伺機進場。在2024/4/2股價反彈開高後離場，就順利賺一筆。

圖表4-3-3 光寶科2024/4/1進場 4/2反彈後離場

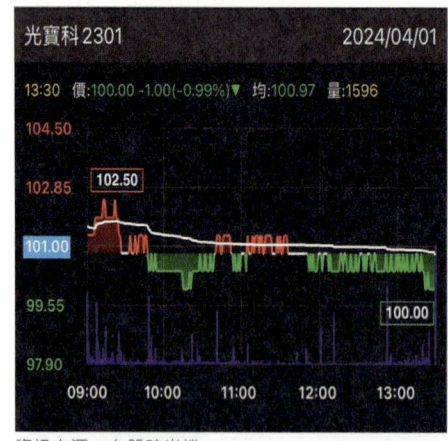

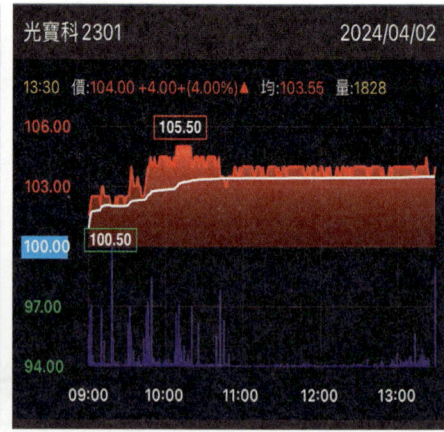

資訊來源：台股時光機

　　要提醒投資朋友：「乖離門檻線」只能用來掌握股價短線的波動特性，當股價遇「負乖離門檻線」搶反彈時，只適合短線操作，記得5天內有賺沒賺都要跑。搶反彈是逆勢操作，切記切記要做好資金控管，再搭配實際個股的情況去判斷。

　　搭配資金控管，小哥的地板股搶反彈策略的6步驟如下：

步驟1 做好資金控管，將操作資金分成10等份。

步驟2 當天晚上出現小於地板或近於地板個股，且下跌有帶量的股票（成交量需是20日均量的2倍以上），列入自選股（建議可以找有發行權證的標的來操作）。

步驟3 第一份資金（10%）投入，於第2天殺低爆量去搶反彈，記住「買黑K，不買紅K」，下跌 > 3% 且出量更好。

步驟4 第3天，股價開高上漲無力時，就獲利了結。

步驟5 若第3天殺低爆量,用第2份(資金占比高一些,如20%)資金再搶一次。

步驟6 搶反彈就像搶銀行,有賺就要跑。進場5天內獲利出場機率高,但沒賺還是得跑。

　　搶反彈要留意操作的SOP,也要留意風險,小哥要再提醒投資朋友:

1. 搶反彈要有標準的統計輔助系統,切勿盲目地憑感覺下單。
2. 標的的股本越大越好,基本面越好,這套方法越有效。
3. 個股若出現掏空案、假帳案情事,請勿使用地板股方法來操作。
4. 搶反彈屬於逆勢交易,資金分配非常重要,千萬不要看到殺低爆量就押身家了。
5. 第1天沒反彈,等第2天,5天內沒彈一定要停損。
6. 搶到地板股,也切勿貪心,有賺到就要跑,沒賺到更要跑。

4-4 地板股進出場案例

接下來我們利用軟體和實際案例來說明操作流程。找出地板股,搶反彈的步驟:

1. 打開地板股軟體:「地板天花板反轉價位監控表」來找尋標的。
2. 篩選兩個條件(小於地板、月線),找出出現在地板股的標的(圖表4-4-1)。
3. 確認跌破地板時,成交量是否高於過去20日平均的2倍。當下殺出量,且量能大於月均量的2倍,表示許多人在此停損,且有人在這邊開始接貨。
4. 要避開小型股(均量小於500張)。

圖表4-4-1 **地板天花板反轉價位監控表：設定條件**

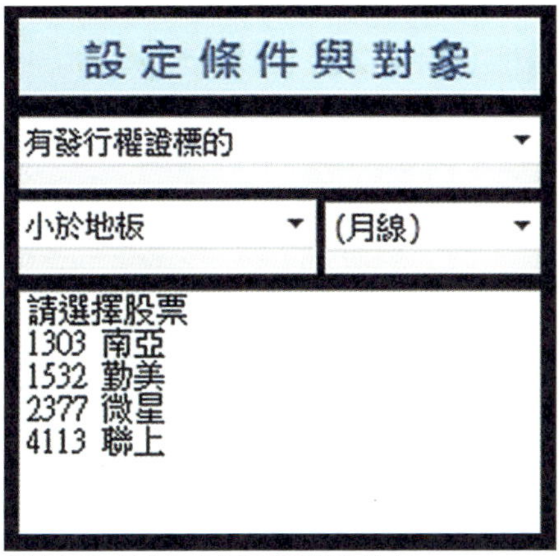

設定條件與對象

有發行權證標的

小於地板　　（月線）

請選擇股票
1303 南亞
1532 勤美
2377 微星
4113 聯上

權證小哥 - 地板天花板反轉價位監控表

5. 挑選出的股票，如隔天開低爆量時就進場。
6. 第3天上漲無力時，就可獲利了結。
7. 可以利用股票、權證、股票期貨商品，操作搶反彈。
8. 小哥搶反彈高勝率股票標的，這類標的通常：有發行權證，本業有賺錢，且股票前一陣子沒有非基本面的飆漲。
9. 有掏空案及作假帳的壞公司要避開，不適用地板股。

案例解析

以下來看地板股操作的15個案例。

案例 1 — 台光電（2383）

2024/3/13 出現在地板股時，成交量 ÷20 日均量 ＝ 21,546÷8,620.85 ≒ 2.5，有權證及股票期貨可布局。2024/3/14 殺低爆量時進場，在 2024/3/15 開高後就出貨（收盤上漲 5.08%）。這檔有進場操作的朋友，獲利都不錯，小哥也用股票期貨進場，獲利 14 萬元。

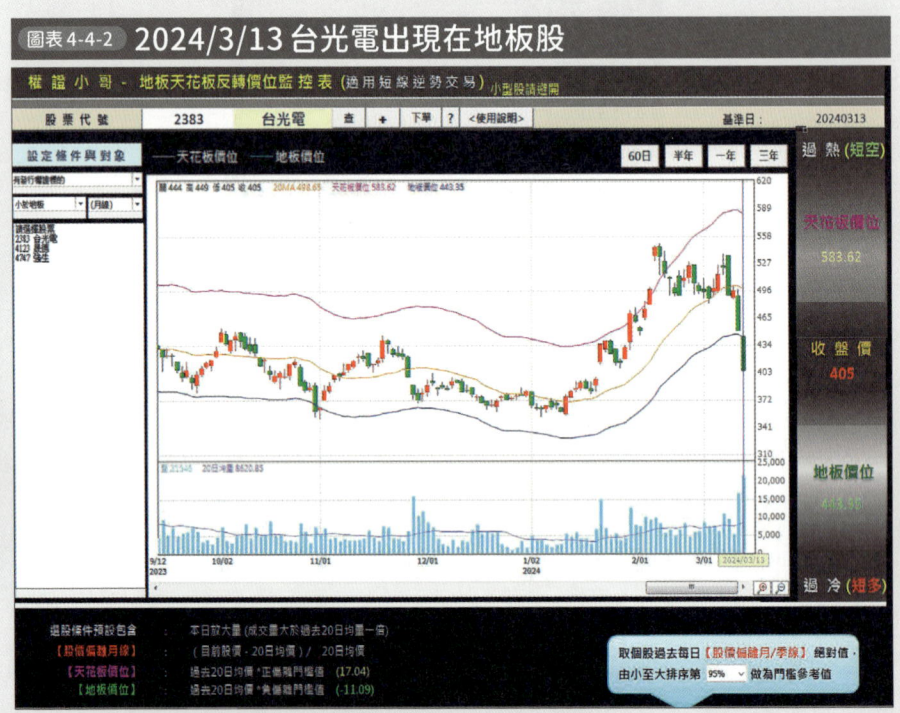

圖表 4-4-2　2024/3/13 台光電出現在地板股

資料來源：權證小哥 - 地板天花板反轉價位監控表

4-4 | 地板股進出場案例

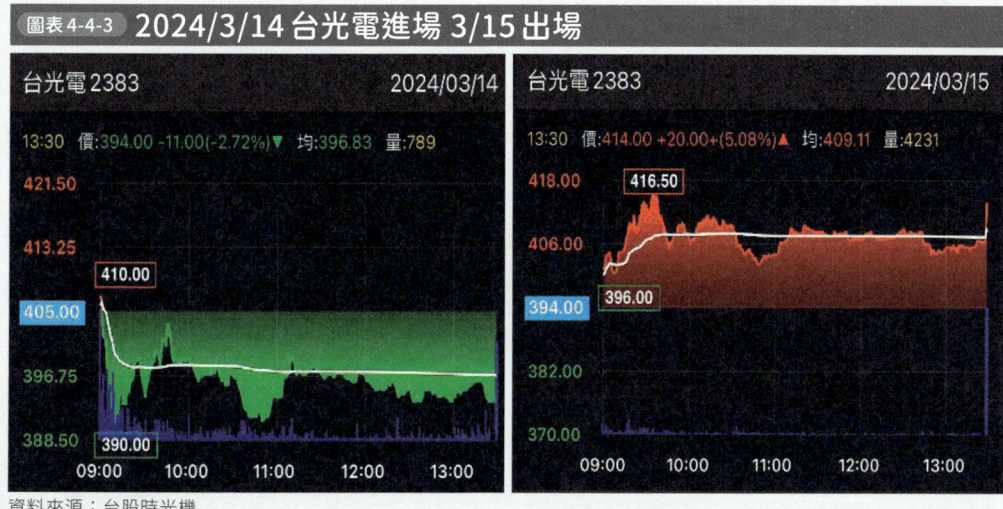

圖表4-4-3 2024/3/14 台光電進場 3/15出場

台光電2383　2024/03/14
13:30　價:394.00 -11.00(-2.72%)▼　均:396.83　量:789

台光電2383　2024/03/15
13:30　價:414.00 +20.00+(5.08%)▲　均:409.11　量:4231

資料來源：台股時光機

圖表4-4-4 台光電操作獲利約14萬元

全部	總損益:202,884	交易口數:64	手
商品	平倉數	放棄數	交易損益
可成期貨202403	4	0	58,000
台光電期貨202403	6	0	141,000

資料來源：券商下單軟體

291

案例 2 ─ 勤美（1532）

2024/3/15 出現在地板股時，成交量 ÷20 日均量 ＝ 8,371÷1,762.65 ≒ 4.75，用權證及股票布局。2024/3/18 殺低爆量時進場，在 2024/3/19 開高上漲無力時，就獲利了結。

圖表 4-4-5　2024/3/15 勤美出現在地板股

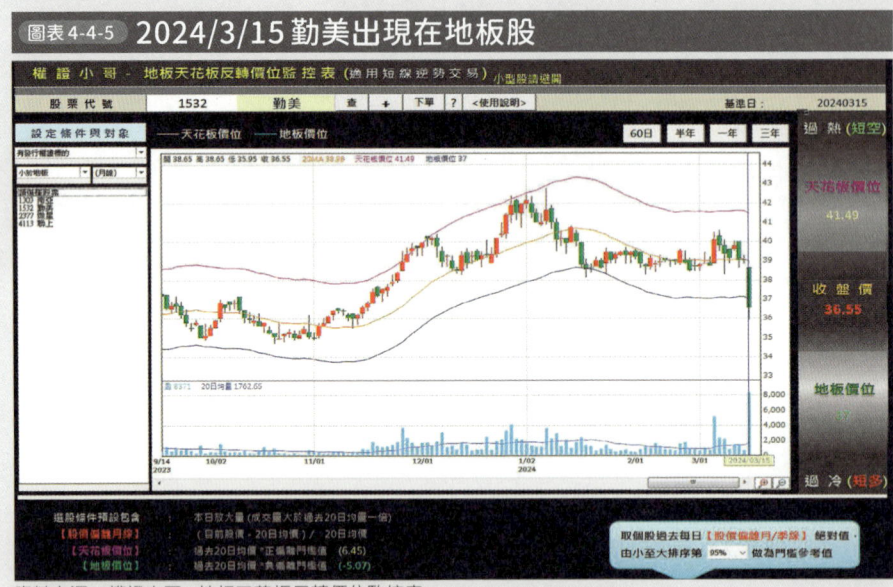

資料來源：權證小哥 - 地板天花板反轉價位監控表

圖表 4-4-6　2024/3/18 勤美進場 3/19 出場

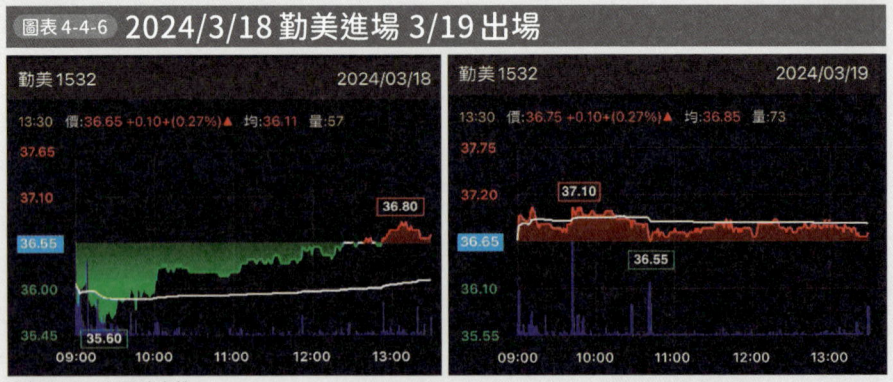

資料來源：台股時光機

| 4-4 | 地板股進出場案例

案例 3 ─ 聯上（4113）

2024/3/15 出現在地板股時，成交量 ÷20 日均量＝ 3,389÷1,184.7 ≒ 2.86，可用權證及股票布局。2024/3/18 殺低爆量時進場，在 2024/3/19 開高上漲無力後就獲利了結（當天上漲 4.76%）。

圖表 4-4-7　2024/3/15 聯上出現在地板股

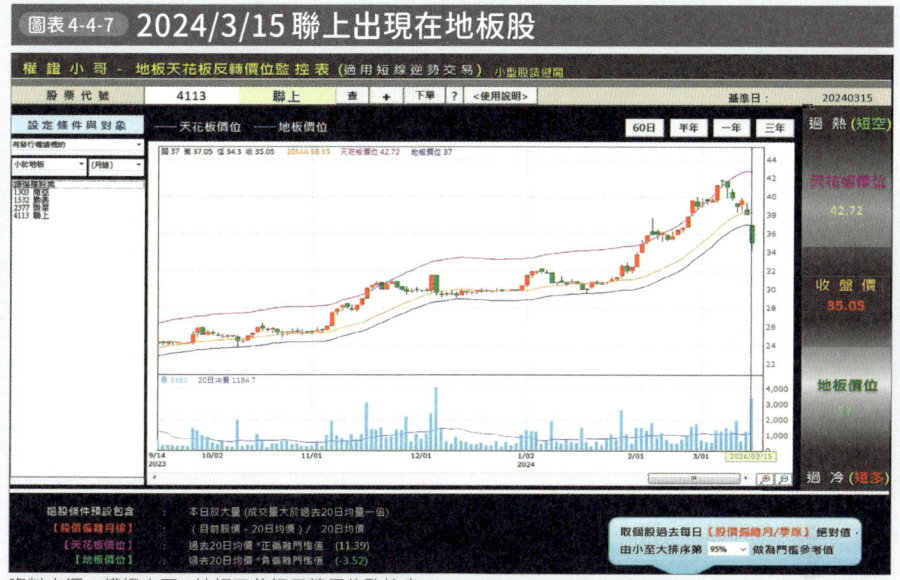

資料來源：權證小哥 - 地板天花板反轉價位監控表

圖表 4-4-8　2024/3/18 聯上進場 3/19 出場

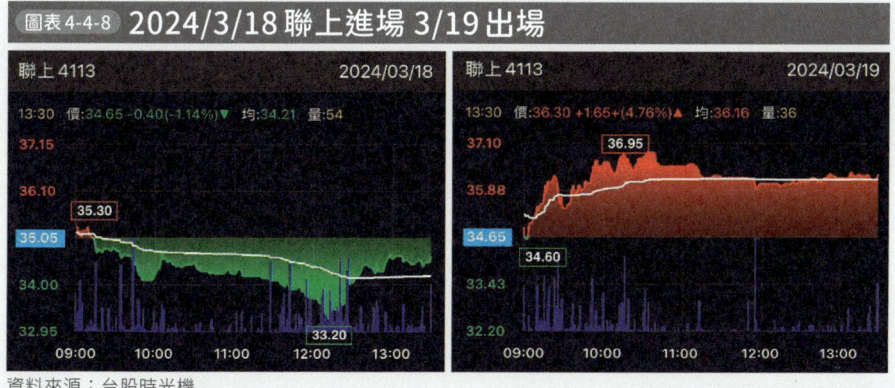

資料來源：台股時光機

293

案例 4 — 立積（4968）

2024/4/8 出現在地板股，成交量 ÷20 日均量＝ 7,419÷3,650.3 ≒ 2.03，可用權證及股票布局。2024/4/9 殺低爆量時進場，在 2024/4/10 開高上漲無力後就可獲利了結（當天上漲 3.78%）。

圖表 4-4-9　2024/4/8 立積出現在地板股

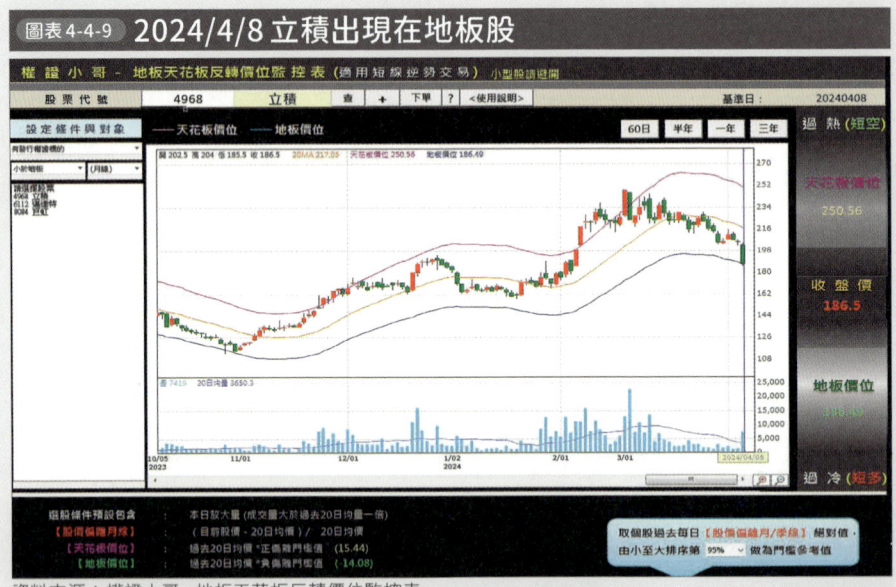

資料來源：權證小哥 - 地板天花板反轉價位監控表

圖表 4-4-10　2024/4/9 立積進場 4/10 出場

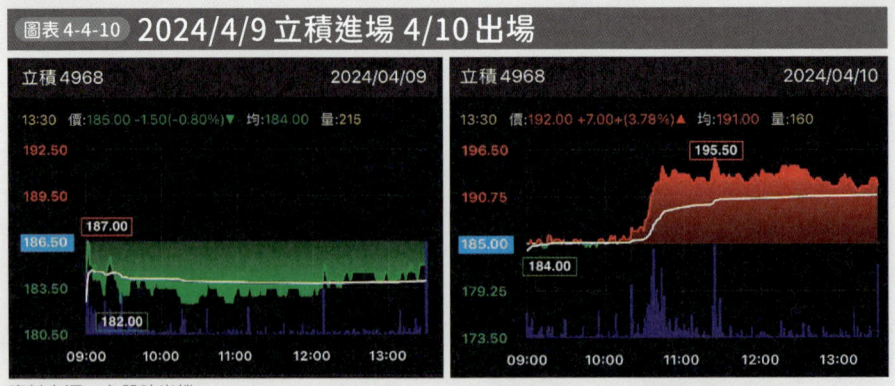

資料來源：台股時光機

| 4-4 | 地板股進出場案例

案例 5 ── 德昌（5511）

2024/4/11 出現在地板股，成交量 ÷20 日均量 ＝ 2,654÷917.1 ≒ 2.89，可用權證及股票布局。2024/4/12 殺低爆量時進場，在 2024/4/15 開高上漲無力後就可獲利了結（當天上漲 4.3%）。

圖表4-4-11 2024/4/11 德昌出現在地板股

資料來源：權證小哥 - 地板天花板反轉價位監控表

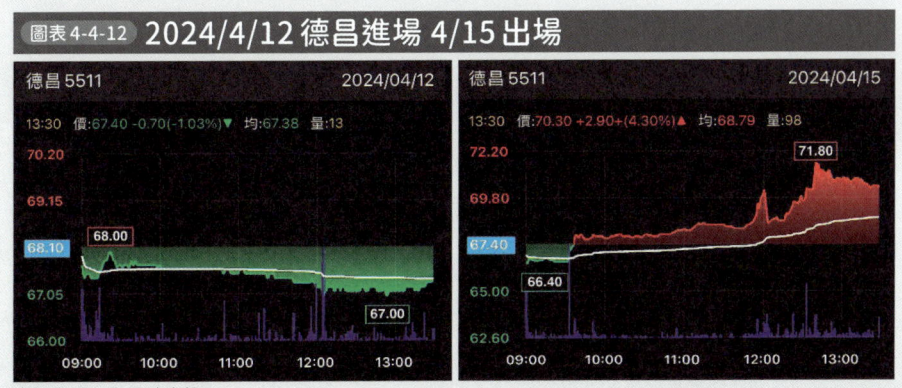

圖表4-4-12 2024/4/12 德昌進場 4/15 出場

資料來源：台股時光機

案例 6　微星（2377）

2024/4/19 出現在地板股，成交量 ÷20 日均量 = 7,255÷3,410.45 ≒ 2.13，可用股票、權證及股票期貨布局。2024/4/22 殺低時進場（記得要買黑不買紅），在 2024/4/23 開高上漲無力後就可獲利了結。

圖表4-4-13　2024/4/19 微星出現在地板股

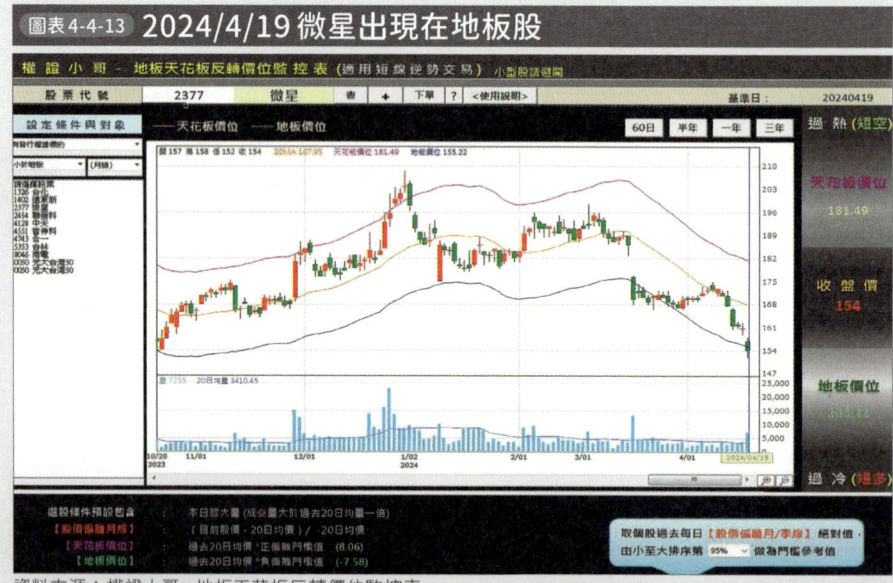

資料來源：權證小哥 - 地板天花板反轉價位監控表

圖表4-4-14　2024/4/22 微星進場 4/23 出場

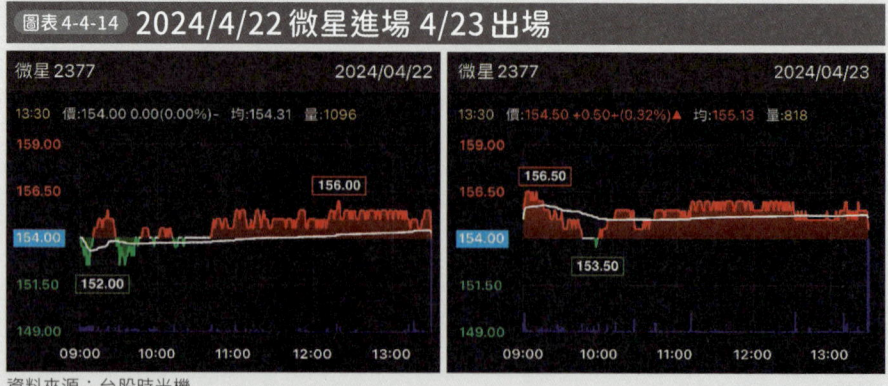

資料來源：台股時光機

4-4 | 地板股進出場案例

案例 7 ─ 聯發科（2454）

2024/4/19 出現在地板股，成交量÷20日均量＝16,604÷7,036.05 ≒ 2.36，可用股票、權證及股票期貨布局。2024/4/22 殺低時進場，在 2024/4/23 開高上漲無力後出場，獲利可觀。

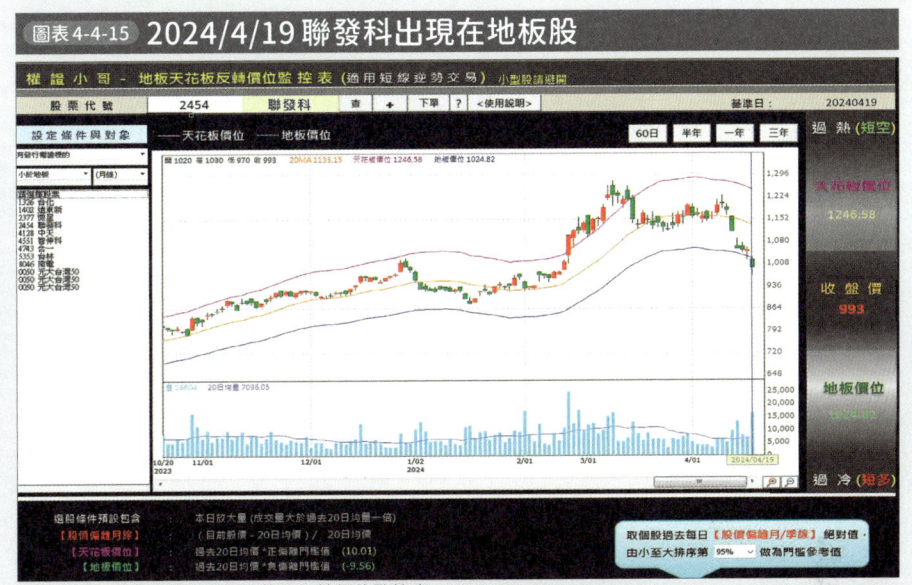

圖表 4-4-15　2024/4/19 聯發科出現在地板股

資料來源：權證小哥 - 地板天花板反轉價位監控表

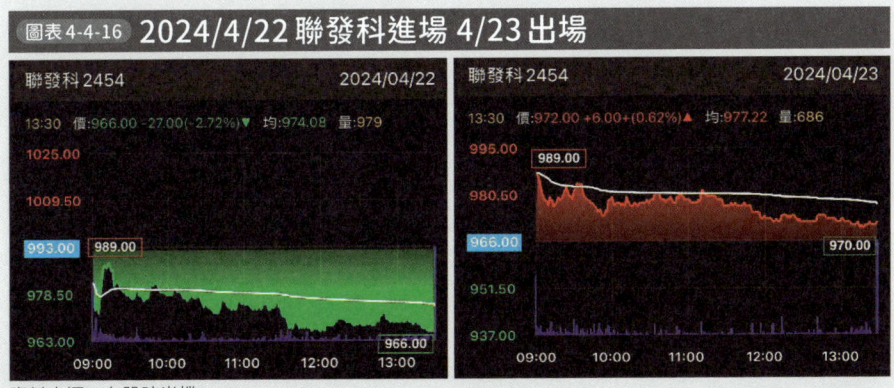

圖表 4-4-16　2024/4/22 聯發科進場 4/23 出場

資料來源：台股時光機

案例 8 — 金麗科（3228）

2024/4/25 出現在地板股，成交量÷20日均量＝ 2,264÷1,131.55 ≒ 2，可用股票、權證布局。2024/4/26 殺低時進場，在 2024/4/29 上漲後高點獲利了結（當天上漲 8.49%）。

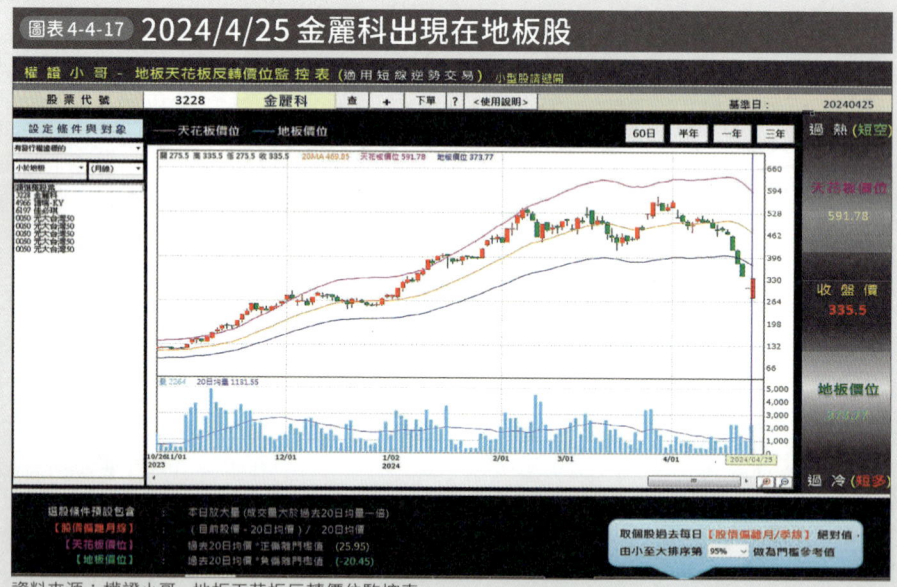

圖表4-4-17　2024/4/25 金麗科出現在地板股

資料來源：權證小哥 - 地板天花板反轉價位監控表

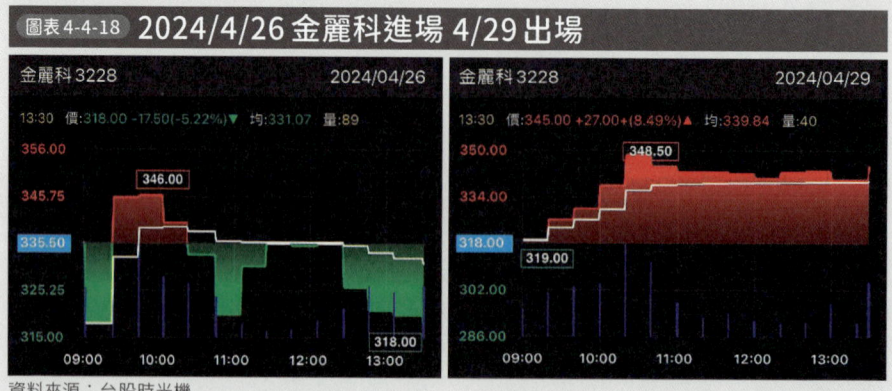

圖表4-4-18　2024/4/26 金麗科進場 4/29 出場

資料來源：台股時光機

| 4-4 | 地板股進出場案例

案例 9 ── 譜瑞（4966）

2024/4/25 出現在地板股，成交量÷20 日均量＝ 2,946÷1,280.8 ≒ 2.3 可用股票、權證布局。2024/4/26 殺低時進場，在 2024/4/29 上漲後高點獲利了結（當天上漲 6.22%）。

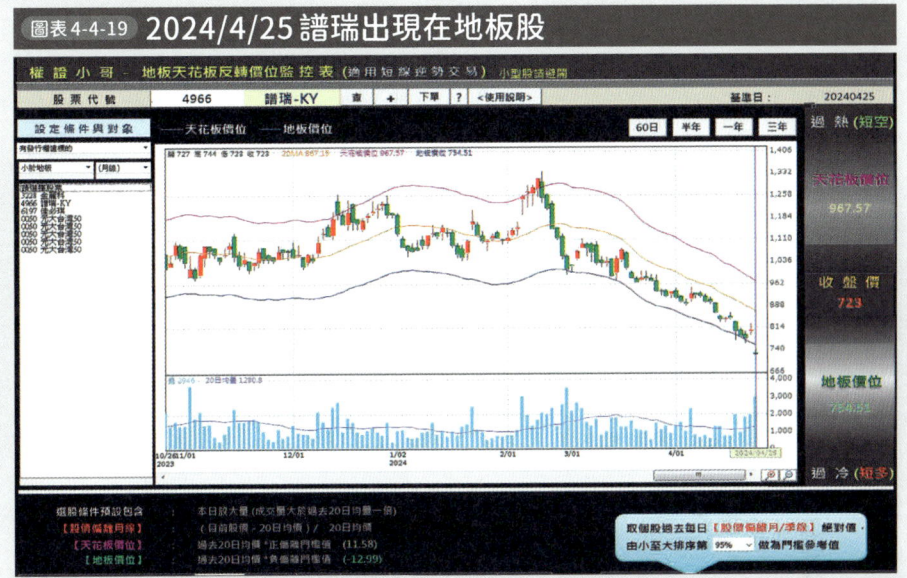

圖表 4-4-19 2024/4/25 譜瑞出現在地板股

資料來源：權證小哥 - 地板天花板反轉價位監控表

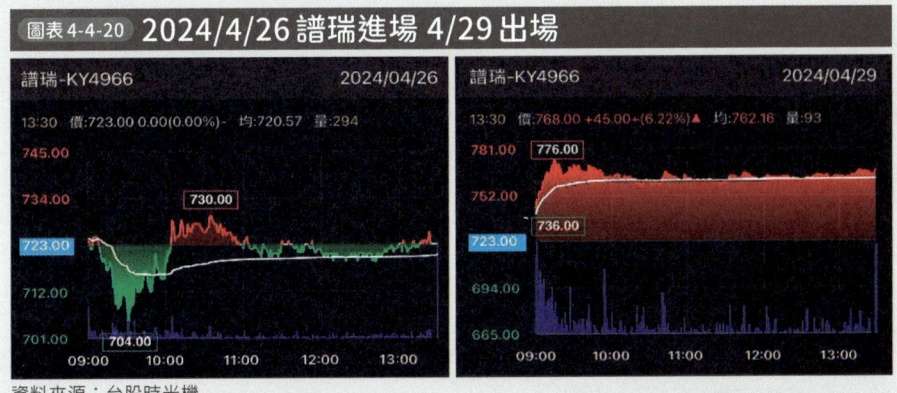

圖表 4-4-20 2024/4/26 譜瑞進場 4/29 出場

資料來源：台股時光機

案例 10　智易（3596）

2024/5/7 出現在地板股，成交量÷20日均量＝5,989÷1,505.45≒3.98 可用股票、權證布局。2024/5/8 殺低時進場，在 2024/5/9 開高後獲利了結。

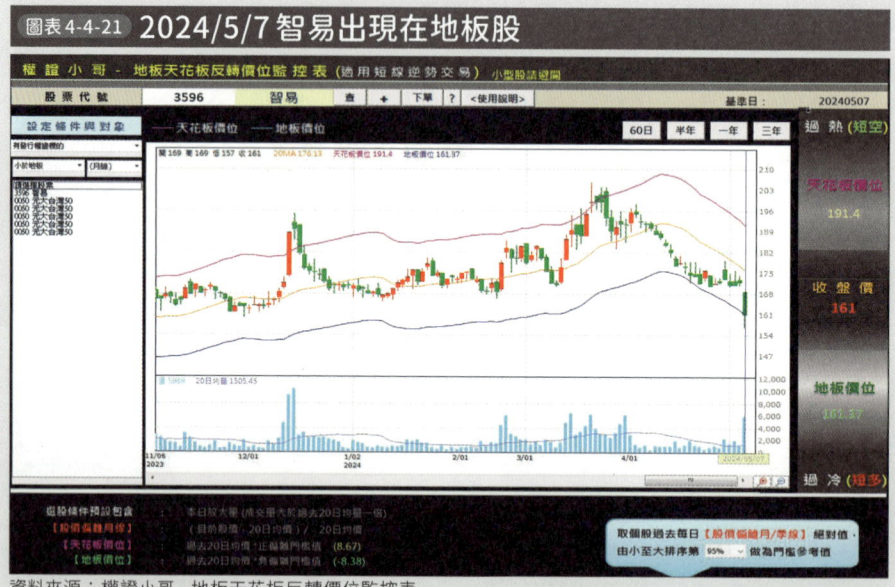

圖表4-4-21　2024/5/7智易出現在地板股

資料來源：權證小哥 - 地板天花板反轉價位監控表

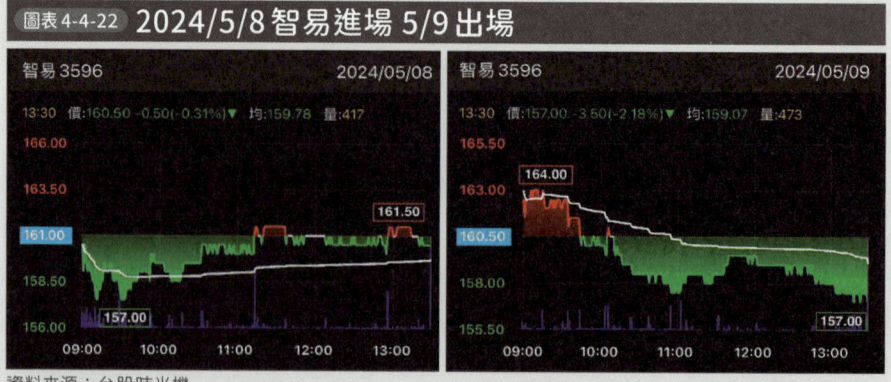

圖表4-4-22　2024/5/8智易進場 5/9出場

資料來源：台股時光機

4-4 | 地板股進出場案例

案例 11 — 文曄（3036）

2024/5/9 出現在地板股，成交量÷20日均量＝37,653÷17,053.25 ≒ 2.21，可用股票、權證及股票期貨布局。2024/5/10 殺低時進場，記得買黑不買紅，在 2024/5/13 開高後獲利了結。

圖表4-4-23 2024/5/9 文曄出現在地板股

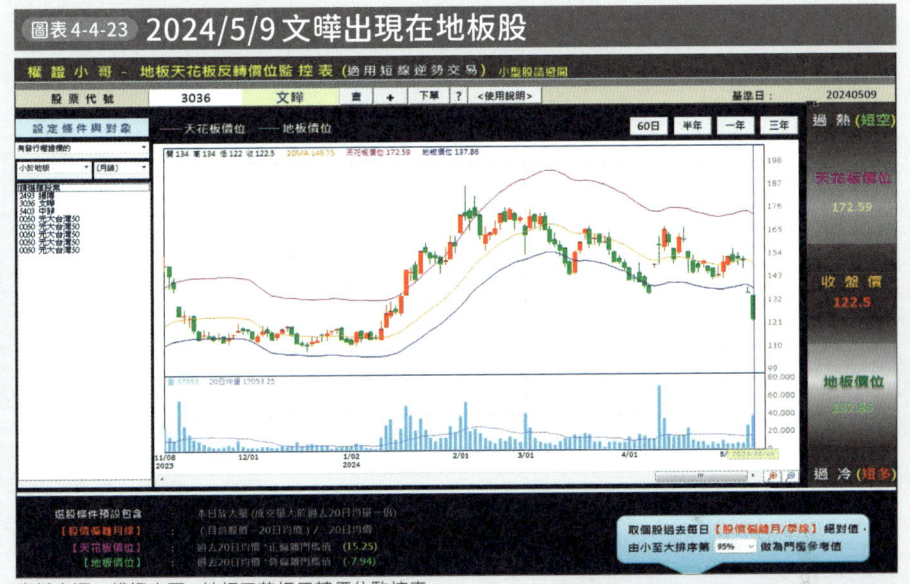

資料來源：權證小哥 - 地板天花板反轉價位監控表

圖表4-4-24 2024/5/10 文曄進場 5/13 出場

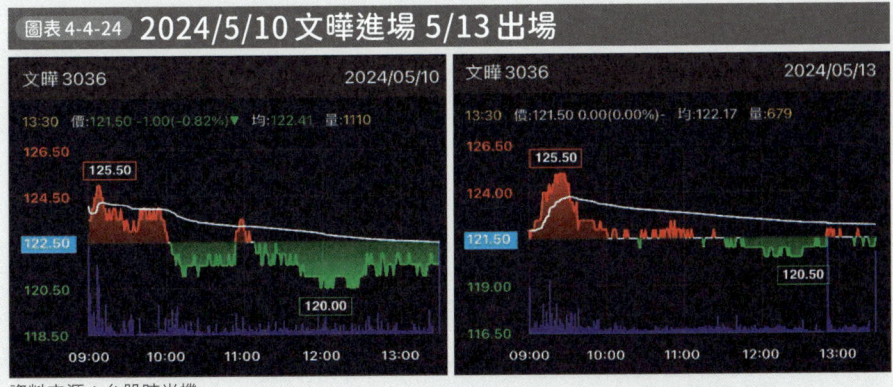

資料來源：台股時光機

301

案例 12　至上（8112）

2024/5/10 出現在地板股，成交量 ÷20 日均量 ＝ 53,974÷16,953.3 ≒ 3.18，可用股票、權證及股票期貨布局。2024/5/13 殺低時進場，在 2024/5/14 股價走高後獲利了結。

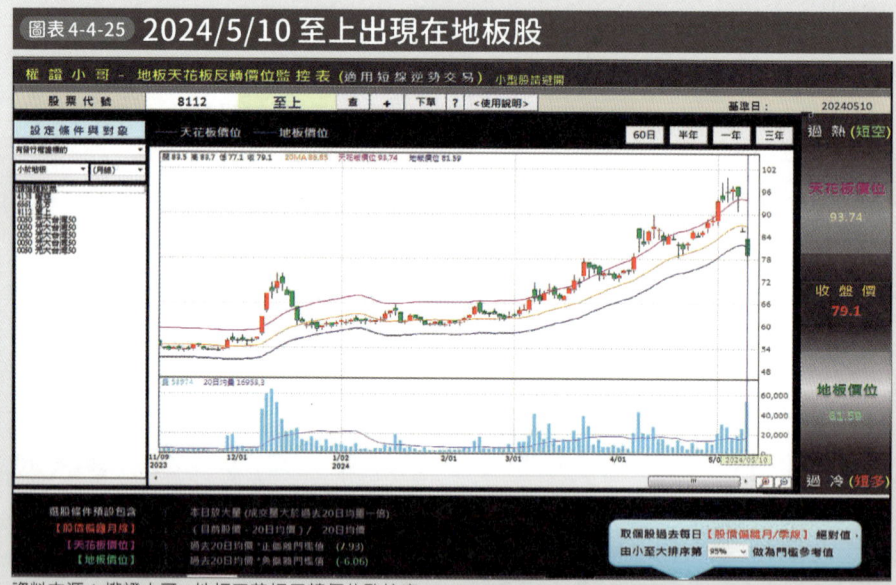

圖表 4-4-25　2024/5/10 至上出現在地板股

資料來源：權證小哥 - 地板天花板反轉價位監控表

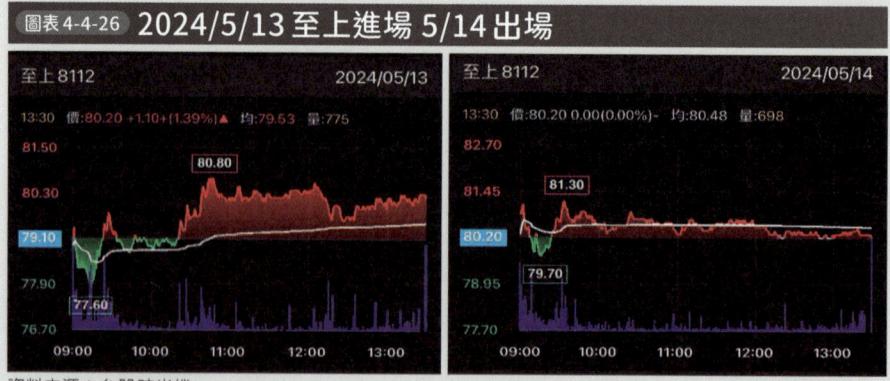

圖表 4-4-26　2024/5/13 至上進場 5/14 出場

資料來源：台股時光機

4-4 ｜ 地板股進出場案例

案例 13 — 建榮（5340）

2024/5/13 出現在地板股，成交量÷20日均量＝1,763÷855.45 ≒ 2.06，可用股票、權證布局。2024/5/14 殺低時進場，在 2024/5/15 股價開高後獲利了結。

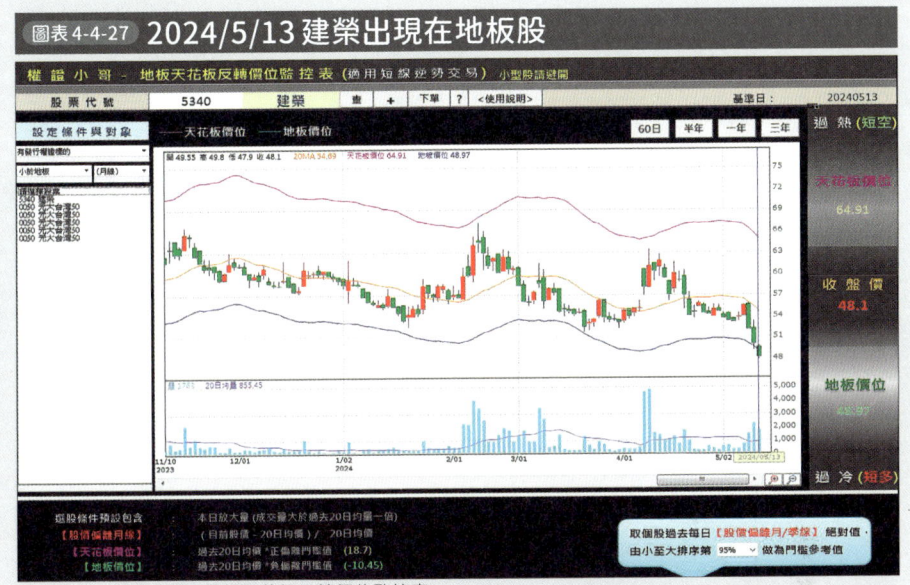

圖表4-4-27　2024/5/13 建榮出現在地板股

資料來源：權證小哥 - 地板天花板反轉價位監控表

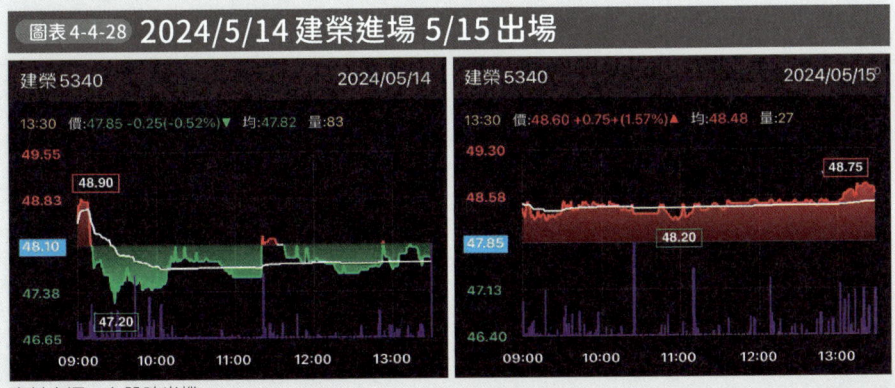

圖表4-4-28　2024/5/14 建榮進場 5/15 出場

資料來源：台股時光機

案例 14 — 中華（2204）

2024/5/20 出現在地板股，成交量÷20日均量＝ 10,035÷4,164.05 ≒ 2.41，可以用股票、權證來布局。2024/5/21 殺低時進場，在 2024/5/22 股價開高後獲利了結。

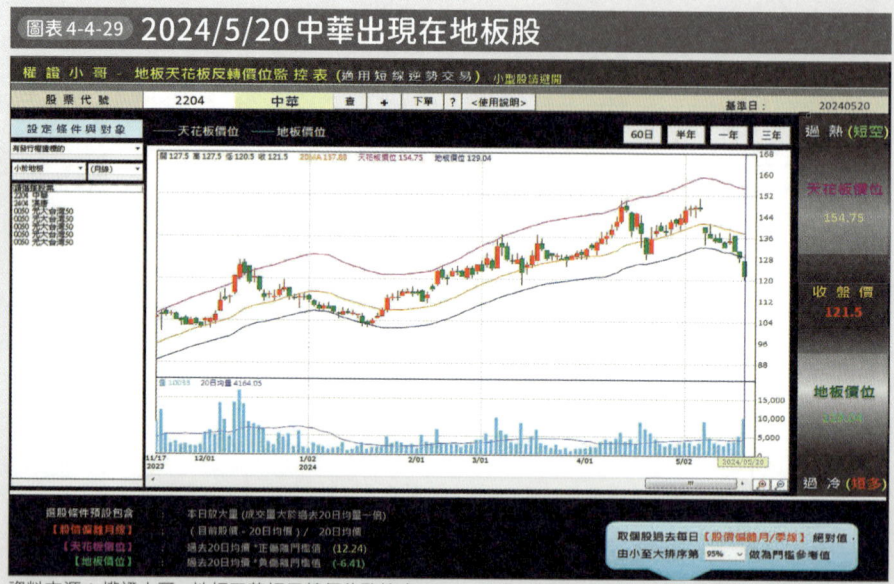

圖表 4-4-29　2024/5/20 中華出現在地板股

資料來源：權證小哥 - 地板天花板反轉價位監控表

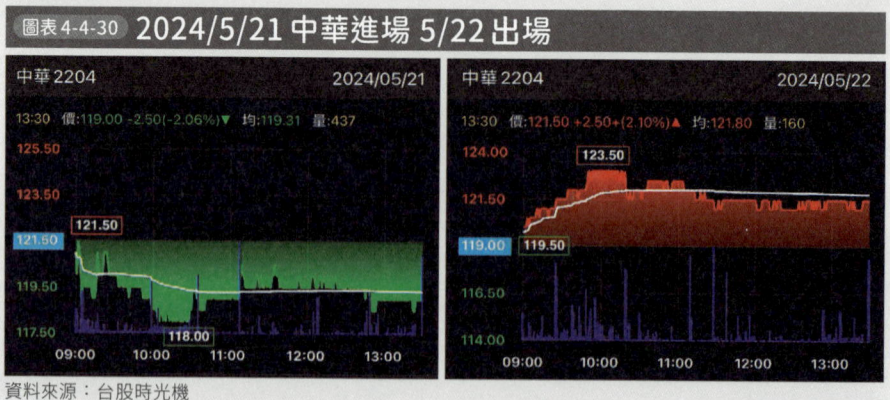

圖表 4-4-30　2024/5/21 中華進場 5/22 出場

資料來源：台股時光機

4-4 | 地板股進出場案例

案例 15 — 牧德（3563）

2024/5/23 出現在地板股，成交量 ÷20 日均量 ＝ 3,281÷1,513.95 ≒ 2.17，可以用股票、權證來布局。2024/5/24 殺低時進場，在 2024/5/27 股價開高後獲利了結。

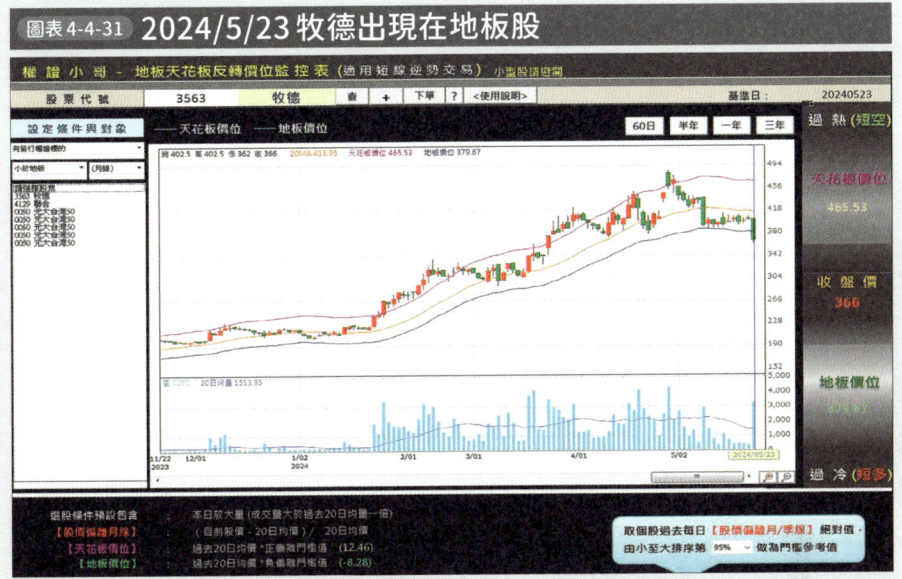

圖表 4-4-31 2024/5/23 牧德出現在地板股

資料來源：權證小哥 - 地板天花板反轉價位監控表

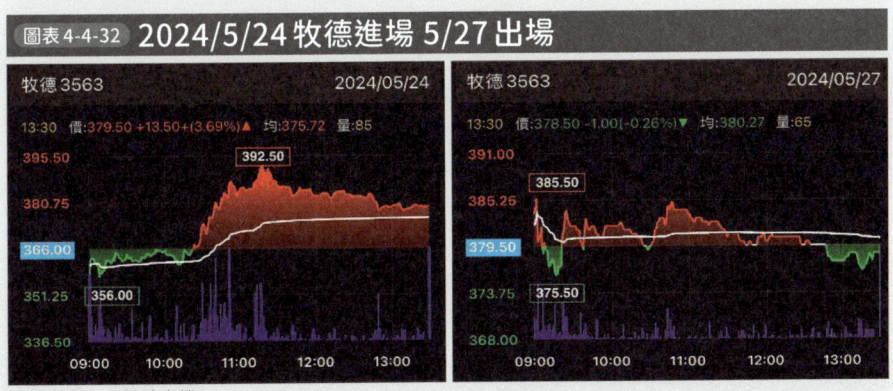

圖表 4-4-32 2024/5/24 牧德進場 5/27 出場

資料來源：台股時光機

🈸 小結

　　在股價大跌時，只要用對方法，利用地板股來搶反彈，也能有高勝率獲利。挑選股本大、基本面良好的個股，勝率更高。但要切記：搶反彈只適合短線操作，是逆勢操作，要做好資金控管，要依實際個股的情況去判斷，如買進後，股價發展不如預期時，記得5天內有賺沒賺都要跑。

Note

第5章

短線交易盤後功課：
研究籌碼
制定交易策略

▶ 5-1 籌碼研究觀察重點
▶ 5-2 投資策略制定方向
▶ 5-3 從「違約交割」事件觀察股市風險

追蹤籌碼是短線交易很重要的一環。研究解析交易日相關個股的「籌碼狀況」是小哥每天晚上必做的投資功課，主要研究的內容分享如下：

1. 找出投信買超、籌碼偏多的個股觀察。
2. 找出投信賣超、籌碼偏空的個股觀察。
3. 找出當日有關鍵分點買超的個股觀察。
4. 找出當日有關鍵分點賣超的個股觀察。
5. 觀察當日主力大買權證標的，是隔日沖還是波段布局。
6. 找出波段權證，追蹤觀察後續進出狀況。
7. 找出可搶反彈的地板股觀察。
8. 找出當日有申報轉讓的個股，特別留意股價在高檔時的申報轉讓（一般交易）。
9. 找出股價在高檔，而主力賣超的個股觀察。
10. 研究有發行可轉債的個股。

其中要觀察的重點以及運用軟體和投資策略制定方向，本章詳述如下給讀者參考。

5-1
籌碼研究觀察重點

關注大盤

盤後功課，會先觀察當天大盤的狀況。要注意的關鍵資料有：最近的主力買賣超、外資買賣超、投信買賣超、自營商避險、散戶未平倉、外資未平倉增減。這些數據，可以用來判斷解讀最近的盤勢與未來幾天的趨勢。

外資未平倉的增減：外資因為擁有龐大的資金，在台股的投資雖然以現貨為主，但也會搭配期貨調節獲利或進行避險。所以外資在期貨的操作，也經常會被用來預測他們在台股的動向。例如：

1. 當外資擁有大量期貨空單時，當月的期貨結算日（每個月的第3

個週三），外資就很可能會利用賣出權值股來壓低大盤指數。

2. 「淨未平倉量」指的是所有外資在台股期貨的未平倉（未出場的部位），是多單口數減去空單口數，如果多單大於空單，會呈現正值；多單小於空單就是負值。假如外資的淨未平倉一直是負的3、4萬口，這樣在結算當日容易有賣壓。

圖表 5-1-1　外資淨未平倉量帶來賣壓

資料來源：CMoney 理財寶籌碼 K 線

關注主力、投信買超的股票（主投買）

1. 利用盤中當沖神器軟體，來篩選個股。
2. 步驟為：盤中當沖神器→多方選股→籌碼面→主力短多，並篩選出成交量＞300的個股。
3. 主要欄位數據統計方式：
   - 主1：（近1日前15分點買超－近1日前15分點賣超）×100÷近1日成交量。
   - 主5：（近5日前15分點買超－近5日前15分點賣超）×100÷近5日成交量。
   - 主10：（近10日前15分點買超－近10日前15分點賣超）×100÷近10日成交量。
   - 投信％：投信買超 ÷ 成交量。
4. 篩選投信買超＋籌碼偏多的股票：以投信％作為排序基準。篩選主1、主5、主10大於零（紅色），投信也買超的股票來觀察。
5. 每天追蹤主投買的股票，將選出標的列入自選股中觀察。
6. 特別關注投信第一天大買的股票，隔天股價很容易強勢跳空開高，是很值得留意觀察的標的，可視為做多的參考標的。
7. 要觀察投信是否持續性買超，如投信持續買超，這檔股票容易走一個波段。當投信小賣的時候，要觀察主力的買賣超，如果主力持續買超，股價可能有支撐，會持續上漲。當主力跟投信轉賣的時候，上漲行情就可能結束。

8. 隔日看盤的時候，記得也要看期貨指數。當台指期急拉的時候，主力買、投信也買的股票（主投買）就容易發動攻擊。

圖表 5-1-2 用盤中當沖神器觀察主力、投信買超

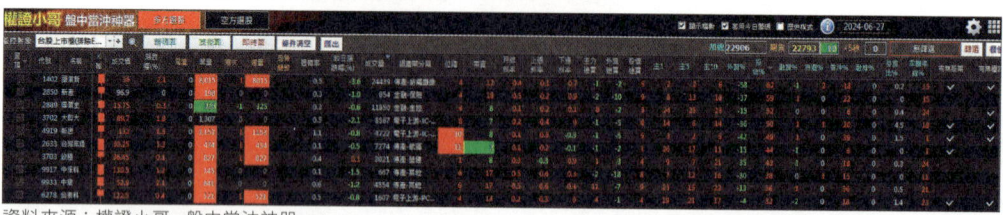

資料來源：權證小哥 - 盤中當沖神器

關注主力、投信賣超的股票（主投賣）

1. 可以從盤中當沖神器篩選個股。步驟為盤中當沖神器→空方選股→籌碼面→主力短空，並篩選出成交量＞300 的個股。
2. 再以投信％排序，負的越多，表示賣的越多。當主力賣、投信賣時，會走一段偏空行情，而且下跌速度快。主投賣的威力是很恐怖的，做多的投資朋友要避開，做空可列入自選股伺機操作。

圖表 5-1-3 用盤中當沖神器觀察主力、投信賣超

資料來源：權證小哥 - 盤中當沖神器

關注關鍵分點買賣超

1. 從當日籌碼買超前 10 名中，觀察是否有關鍵分點。
2. 搭配主力有大買更好。主力買、關鍵買，股價容易漲。
3. 留意觀察月線斜率，當月線斜率大於 1% 時，是強勢股，月線斜率＞3% 就是妖股。
4. 關鍵分點大賣，加上主力賣，股價容易跌一段。

圖表 5-1-4 關注關鍵分點買賣超情況

關鍵分點買

股票代	股票名稱	關鍵分點	鍵	股價	漲跌	K	成交	均量	乖	乖	乖	月	位	1	5	10	20	外	投	YO	MO	維持	融資	股淨	本益	殖利	現	現	現	股票	連續	權	期	除息日	除權日
1727	中華化	永豐金-中正	B	29.4	-1.5	-1.5	697	1.0	-1	0	0	0.1	1	-31	10	12	12	5	0	-26	-9	163	14	1.86	273	1.0	0.3	0.0	0.0	0.0	3	-	-		
8410	森田	康和-永和	B	79.5	0.1	0.4	109	0.5	25	8	1	0.5	1	5	1	0	8	-8	0	41	-5	178	29	1.67	12.4	3.1	2.5	0.0	0.0	0.0	15	-	-		
1590	亞德客-KY	富邦	B	1040.0	-1.0	0.0	394	0.7	1	-5	1	0.1	3	1	2	3	-2	-32	0	24	13	166	0	5	29	1.7	17.7	0.0	0.0	0.0	14	權	期	20240926	
4739	康普	元大-新竹經國	B	67.1	0.3	-0.7	2456	5.1	-7	5	1	0.0	5	-14	-5	3	7	-19	0	-27	-5	154	8	1.46	1078	1.2	0.8	0.0	0.0	0.0	15	權	-	20240624	
2022	聚亨	台新-高雄	B	11.2	0.5	0.4	705	0.9	-7	-5	-1	-0.3	-2	-22	-6	-3	-5	-5	0	-33	11	158	3	1.06	66.9	1.8	0.2	0.0	0.0	0.0	1	-	-	20240627	
6279	胡連	元富	B	162.0	-0.3	0.3	140	0.3	4	1	-2	-0.1	-8	-4	-14	0	11	-34	0	5	-5	168	20	2.48	15.7	3.1	5.0	0.0	0.0	0.3	22	權	期		
6161	捷波	富邦-建國	B	58.3	-2.2	-2.2	576	0.2	33	11	-6	-0.1	-6	-11	1	-10	-3	-1	0	-43	-26	159	17	2.88	21.2	3.4	2.0	0.0	0.0	0.0	11	權	-		
1710	東聯	亞東	B	17.2	0.0	0.3	665	0.5	10	1	0	0.1	1	10	5	9	5	5	0	33	2	155	2	1.26		1.2	0.2	0.0	0.0	0.0	3	權		20240702	
8299	群聯	統一-新竹	B	594.0	-1.3	-0.7	1639	0.6	14	-9	-2	-0.1	-4	-29	-19	-10	-6	-46	-7	16	-35	163	12	2.61	21	2.2	13.1	0.0	0.0	0.0	21	權	期	20240709	
1313	聯成	凱基-台北	B	12.3	-0.8	-0.4	1500	0.8	-15	-7	-2	-0.3	-5	-28	-18	-13	-19	-33	0	-29	7	149	3	0.54		1.5	0.2	0.0	0.0	0.0	22	-	-	20240322	
2107	厚生	永豐金-萬盛	B	26.8	-0.9	-0.6	651	1.5	12	2	0	0.1	1	-17	2	7	3	-36	0	-39	-68	170	2	0.63	14.1	4.9	1.3	0.0	0.0	0.0	18	-	-	20240701	

關鍵分點賣

股票代	股票名稱	關鍵分點	鍵	股價	漲跌	K	成交	均量	乖	乖	乖	月	位	1	5	10	20	外	投	YO	MO	維持	融資	股淨	本益	殖利	現	現	現	股票	連續	權	期	除息日	除權日
2906	高林	統一-仁愛	S	21.7	2.8	1.6	5456	5.5	15	5	4	0.1	18	-4	-10	-6	1	1	0	-20	2	165	7	1.36	35.4	2.8	0.6	0.0	0.0	0.0	15	-	-	20240716	
1110	東泥	台新-三民	S	21.1	-1.9	-1.2	432	0.4	10	4	-4	0.2	-4	-7	-19	-15	-11	-23	0	23	0	170	1	1.33	83.6	1.0	0.2	0.0	0.0	0.0	15	-	-		
3022	威強電	臺銀-民權	S	80.7	-0.6	0.1	413	0.3	0	-1	-3	-0.3	-6	-24	-19	-14	-3	-29	0	17	24	163	13	1.35	9.7	4.3	3.5	0.0	0.0	0.0	22	權	-		
2317	鴻海	元大-台北	S	212.5	1.2	2.2	85520	0.7	74	24	10	0.8	6	5	-10	1	0	9	-6	0	10	186	3	1.98	19.5	2.5	5.4	0.0	0.0	0.0	25	權	期	20240702	
6170	統振	康和-永和	S	57.7	0.0	0.0	319	0.2	8	4	1	0.3	4	28	11	3	1	1	0	7	9	167	18	3.37	19.8	4.7	2.7	0.0	0.0	0.0	5	權			
6016	康和證	凱基-台北	S	16.7	-0.3	0.3	1321	0.5	15	2	1	0.1	4	-4	5	8	2	1	0	51	-10	170	7	1.04	8.2	3.9	0.7	0.0	0.0	0.5	1	-	-		
2354	鴻準	元大-台北	S	70.6	-2.4	-1.4	19012	0.5	25	9	1	-0.3	2	-9	1	2	-4	4	0	21	44	169	9	0.95	23	2.1	1.5	0.0	0.0	0.0	20	權	期	20240702	
2633	台灣高鐵	國泰	S	30.3	1.2	1.5	7313	1.8	1	1	1	0.1	12	26	17	11	2	-15	44	-50	-14	166	1	2.32	21.8	3.4	1.0	0.0	0.0	0.0	9	-	期	20240716	

資料來源：小哥整理

如圖表 5-1-4，長期追蹤關鍵分點買賣狀況，也把厲害的關鍵分點列表觀察。

▌關注籌碼好、沿上軌的股票

篩選條件：位階＞8，上通斜率＞3，月線斜率＞0，主1、主5、主10皆＞0，成交量＞500。

圖表5-1-5 **用盤中當沖神器關注籌碼好、沿上軌的股票**

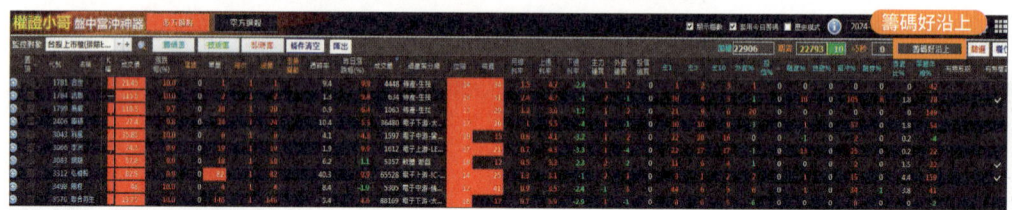

資料來源：權證小哥－盤中當沖神器

▌關注籌碼差、沿下軌的股票

篩選條件：位階＜–8，上通斜率＜–3，月線斜率＜0，主1、主5、主10皆＜0，成交量＞500。

圖表5-1-6 **用盤中當沖神器關注籌碼差、沿下軌的股票**

資料來源：權證小哥－盤中當沖神器

5-1 籌碼研究觀察重點

觀察每天的全方位獨門監控

1. 觀察當日大買分點及自營避險部分，是否為隔日沖。通常我會關注永豐金分點，因為此分點是標準的程式交易兼隔日沖。
2. 如果是隔日沖操作模式，就挑選出來作隔天賣壓的觀察。這些容易有權證賣壓的股票，通常會在9：00～9：30以前權證賣壓出來，可以在9：00開盤後找機會空，9：30以前回補。
3. 每天挑選出來有權證賣壓的標的來研究，對短線交易非常有幫助。

圖表 5-1-7 用全方位獨門監控觀察權證標的

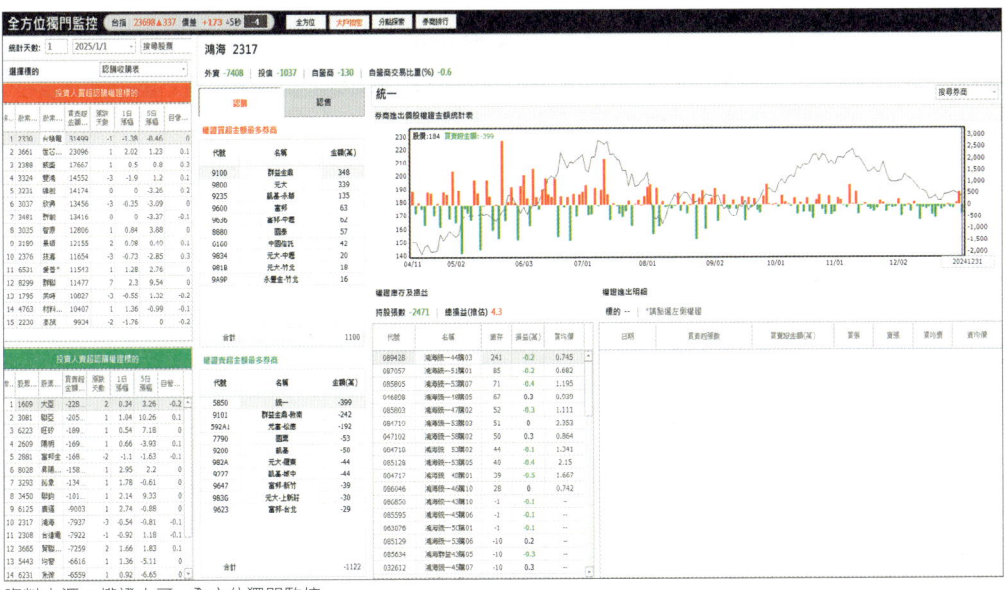

資料來源：權證小哥 - 全方位獨門監控

▍追蹤觀察波段權證

因為權證有時間價值,當厲害分點大買權證進場時,表示對標的有信心,可能掌握了利多消息,投資朋友可以多多觀察波段權證標的股票,找適當時機跟著進場,也可以買股票期貨來跟著布局。

1. 通常在多頭的時候,波段權證分點挑選出來的認購標的,是不錯的選擇。
2. 在盤整或空頭的時候,特定權證分點挑選出來的認售標的,也常值得追蹤。

圖表 5-1-8 用全方位獨門監控尋找波段權證標的

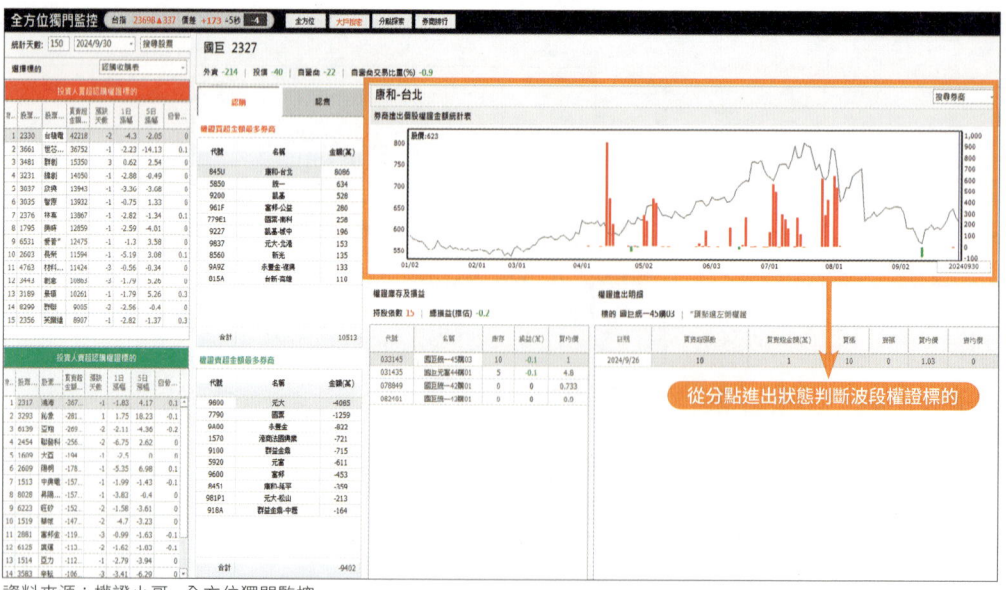

從分點進出狀態判斷波段權證標的

資料來源:權證小哥-全方位獨門監控

5-1 | 籌碼研究觀察重點

地板股觀察

當出量下殺，出現在地板股時，可以制定交易策略，依據操作 SOP 進場。

圖表 5-1-9　**用地板天花板反轉價位監控表尋找地板股**

資料來源：權證小哥 - 地板天花板反轉價位監控表

319

觀察申報轉讓個股

1. 當主力大賣,申報轉讓時,要留意股價線型是否下彎。
2. 當出現申報轉讓,而股價還沒發動時,先不要急著空股票,因為也曾有申報轉讓,然後利多見報,股價拉漲後再賣出的案例。
3. 申報轉讓的股票,如同時有「月線下彎」、「股價位於高檔」、「主力大賣」情形,這樣的股票通常會是很好的長空標的,可以做波段空單。

圖表 5-1-10 觀察申報轉讓個股

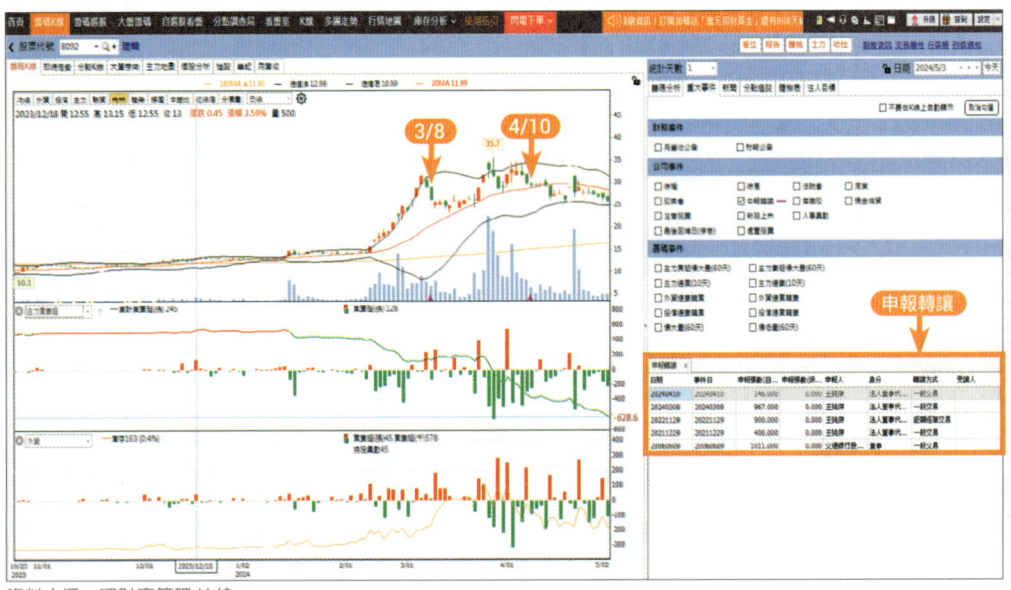

資料來源:理財寶籌碼 K 線
說明:建暐(8092)在 3/8 申報轉讓 967 張,4/10 申報轉讓 146 張(一般交易)。股價在高檔,月線下彎,主力大賣,是做空可參考的標的。

我們都知道，籌碼常走在股價的前面，在主投買之後股價大漲，或是在關鍵買之後股價大漲，在關鍵賣之後股價大跌是常有的現象，籌碼可以去預測股價未來的走勢，這是我們研究籌碼最有趣的地方了。為了幫助投資朋友們能縮短自我摸索時間，小哥把每天盤後進行的功課，統整在 PressPlay Academy 線上學習平台，專案名稱：「權證小哥的交易筆記本」。提供學習管道，讓想精進操作策略的專職投資者可以跟小哥一起深入研究籌碼。這可以幫助投資朋友們：

1. 深入籌碼研究，掌握主力動向。
2. 提供多元投資工具運用策略，包括股票、權證、個股期貨、可轉債及選擇權。
3. 剖析大戶操作手法，提醒重大事件的交易注意事項。
4. 接受學員的問題點播，會解答在隔日的專案內。

　　我常在與學員的問題解答中發現很不錯的股票也非常感謝學員，這樣「教學相長」的感覺真的很不錯。一起穩紮穩打，累積財富，在投資路上一路相伴，向錢同行，成為股市長期的贏家。有興趣的朋友，可以參閱學習平台連結：

權證小哥的交易筆記本
（PressPlay Academy）

5-2 投資策略制定方向

投資策略的制定,要多找幾個進場理由才可以提升勝率。關注籌碼面,也看技術線型。投資朋友學習制定操盤策略時,要先設定重點檢查表確認多空方向是否正確,多找幾個進場的理由,來提升勝率。

例如:當我想進場波段做多時,就會先確認:大盤是否強勢?同族群是否強勢?月線是否上升?主力是否波段買進?有無波段分點買進?有無在權證做多排行榜中?買賣節奏是否正確?

而進場策略,依多空方向建議如下:

進場（多方）策略

1. 主力買，投信買，上軌翹，月線升。

圖表 5-2-1　主力買、投信買、上軌翹、月線升

資料來源：CMoney 理財寶籌碼 K 線

2. 當低檔橫盤爆量大紅K時，容易有波段漲幅，加上主力大買更好。

圖表 5-2-2 低檔橫盤爆量大紅K、主力大買 容易有波段漲幅

資料來源：CMoney 理財寶籌碼K線

| 5-2 | 投資策略制定方向

3. 月線上升主力買，拉回是個好買點。

圖表 5-2-3 月線上升主力買 拉回是好買點

資料來源：CMoney 理財寶籌碼 K 線

4. 最近股價休息，主力仍在場內，股價在月線附近、低買高賣分點仍在場內、且最近主力連續買時，可以觀察好時機，再考慮進場。

圖表 5-2-4　從主力、股價綜合評估 觀察好時機

資料來源：CMoney 理財寶籌碼 K 線

| 5-2 | 投資策略制定方向

5. **上揚均線三買點**：突破上揚均線，跌破上揚均線，回測均線獲得支撐，如下圖買點1～買點3。

圖表 5-2-5　上揚均線三買點

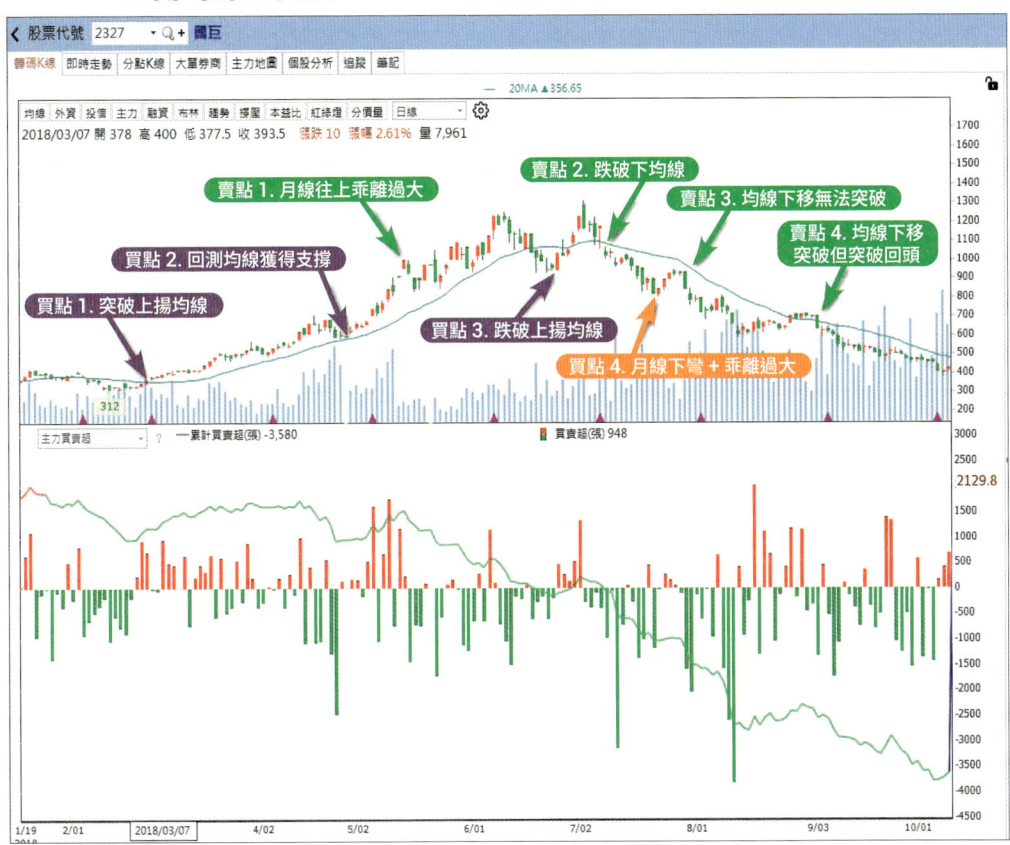

資料來源：CMoney 理財寶籌碼 K 線

出場（賣方）策略

1. 當主力轉賣，投信轉賣，月線走平或下彎，跌破月線時就出場。

圖表 5-2-6　主力投信轉賣 月線下彎 準備出場

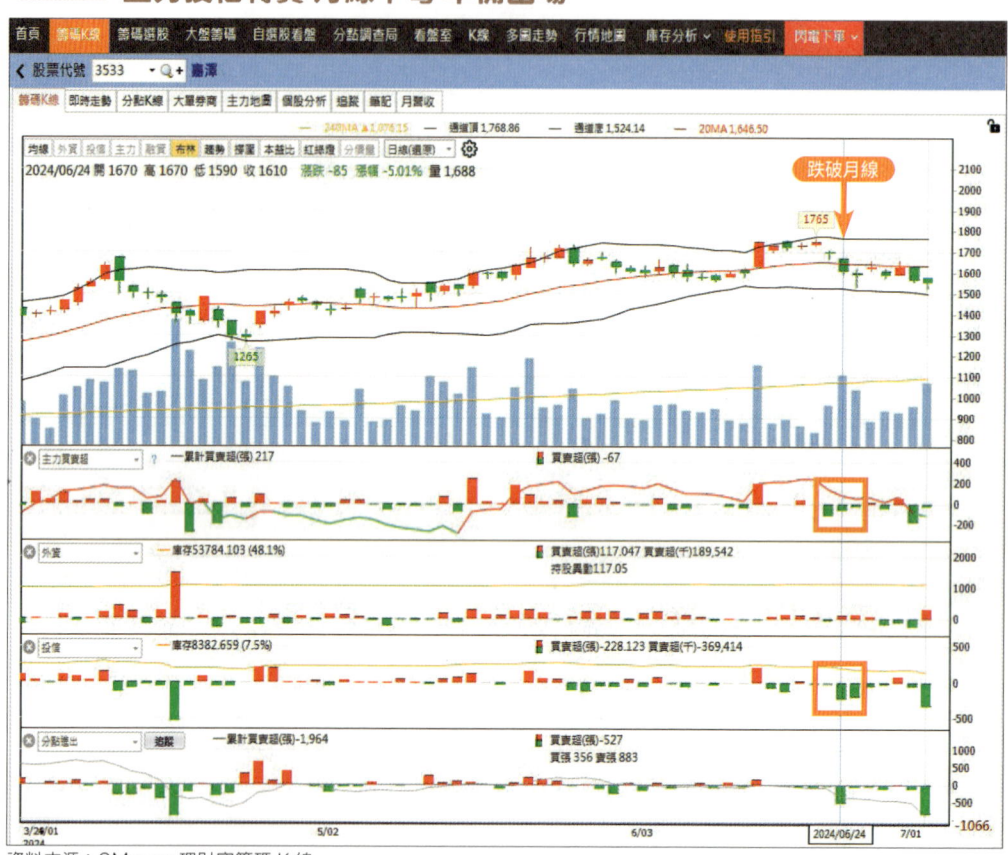

資料來源：CMoney 理財寶籌碼 K 線

5-2 | 投資策略制定方向

2. 當月線下降、主力賣時，反彈紅K，前15大分點買超是短線客，反彈都是逃命點。

圖表 5-2-7　**買超分點短線客多　反彈是逃命點**

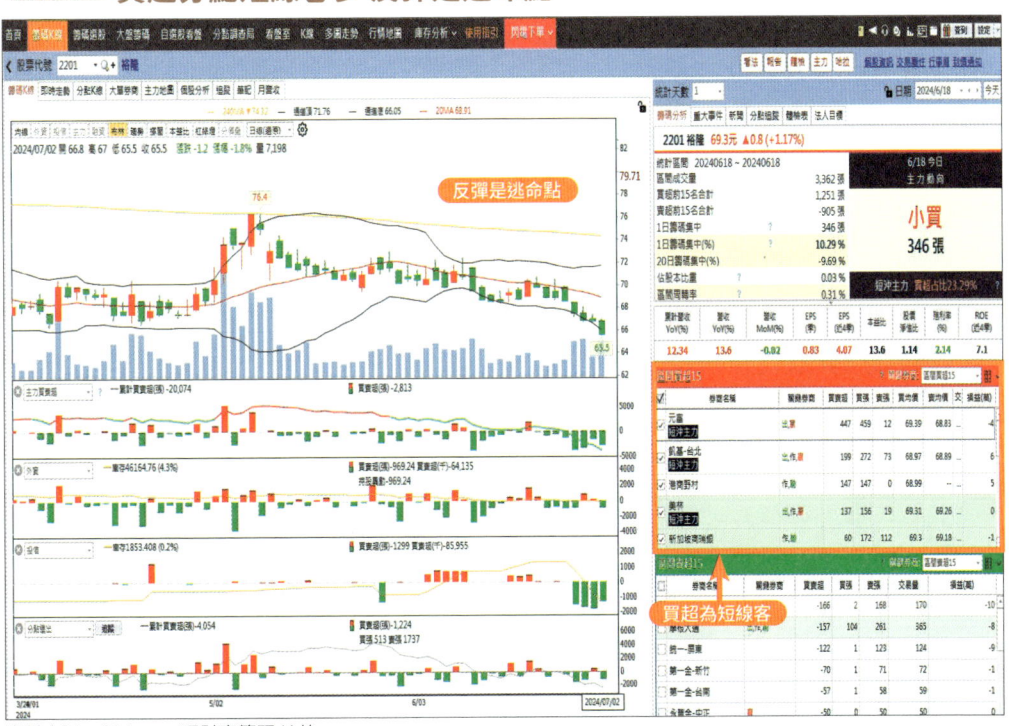

資料來源：CMoney 理財寶籌碼 K 線

3. 股價在高檔時要小心：主力賣，散戶買，大戶減，散戶增。

圖表 5-2-8 **主力賣、散戶買、大戶減、散戶增**

資料來源：CMoney 理財寶籌碼 K 線

| 5-2 | 投資策略制定方向

4. 當高檔爆量大黑 K，主力高檔大賣時，代表凶兆已現，要趕快逃命。

圖表 5-2-9 高檔爆量大黑 K 凶兆已現趕快逃

資料來源：CMoney 理財寶籌碼 K 線

5. 下降均線三空點：股價跌破下降均線，均線下移突破隨即回頭，均線下移無法突破，如下圖中的賣點2～賣點4。

圖表 5-2-10　**下降均線三空點**

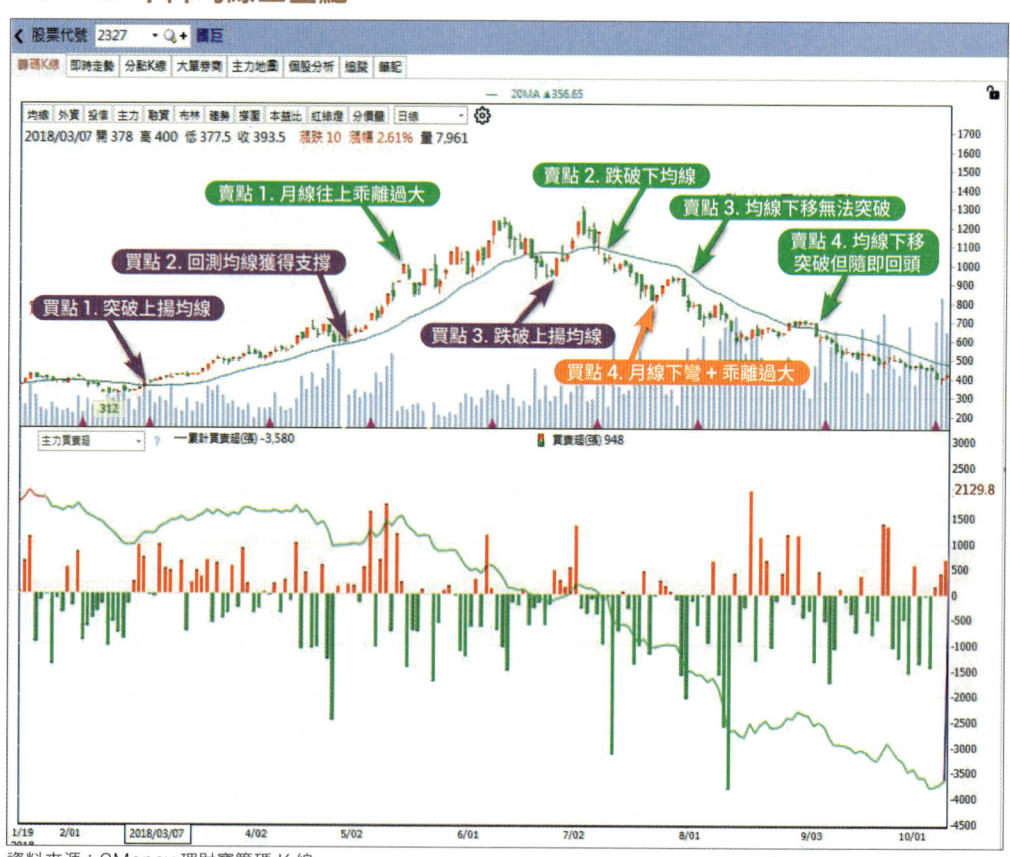

資料來源：CMoney 理財寶籌碼 K 線

股價落後補漲四大條件

1. 股價位於年線附近（乖離率10%以下）。
2. 主力買。
3. 投信買。
4. 前15大分點連續買。

圖表 5-2-11　**主力買、投信買、分點連續買 有補漲行情**

資料來源：CMoney 理財寶籌碼 K 線

權證小哥短線終極戰法

主力落跑的五大跡象

1. 股價 10 日內不再創高。

2. 高檔主力賣超。

3. 高檔散戶大買。

4. 高檔集保戶數大增。

5. 特定分點大賣。

圖表 5-2-12　主力落跑的跡象浮現

資料來源：CMoney 理財寶籌碼 K 線

其他重點：
1. 記得自營商避險買超時，隔日早盤，不追多。
2. 波段標的回檔不破月線時，可續抱。強勢股，股價沿著布林通道上軌，可抱緊。

小結

短線交易需要不斷研究籌碼，精進技術。每日盤後功課的核心環節：
1. 深入分析當日的籌碼變化，可以幫助我們洞悉市場動向。
2. 特別要留意籌碼**異常**的變動，可能藏有未來行情轉折的密碼。
3. 密切關注主力資金的流向、大戶持股的增減，關鍵分點的買賣狀態。
4. 然後再根據籌碼分析，來制定明確的交易策略，這是成功交易的關鍵。

短線交易充滿壓力和誘惑，適時紓解壓力，維持身體健康，練就心態平和也是盤後功課重要的一環。保持身心健康，規律的運動、均衡的飲食、充足的睡眠，以及培養交易之外的興趣愛好。這些看似與交易無關的活動，卻能夠幫助交易時保持清晰穩定的思緒，進而做出更理性的交易決策。

5-3
從「違約交割」事件觀察股市風險

▌一夕慘賠900萬元的故事

　　2024年10月前後，在中國刺激經濟的一堆政策上路後，中國、香港股市震盪劇烈，也因此影響到台股相關ETF走勢波動劇烈。一堆ETF被買到超級溢價，櫃買中心在10月10日公告，有投資人因為永豐中國科技50大（00887）出現重大違約交割，違約金額共計1,469萬2,560元。

　　其中有群益-鳳山、富邦-苗栗、元大-南屯等3家券商通報投資人投資00887出現違約交割，小哥去查了一下這3家券商，發現最慘的是群益-鳳山的鳳山哥！

5-3 從「違約交割」事件觀察股市風險

當天群益-鳳山分點所有投資人的損益是虧損895萬元,看來很有可能大部分是一個人虧的,買均價是33.02元,賣均價是24.62元,這中間差了34%,真的是很慘。

圖表 5-3-1　虧了將近9百萬元的群益-鳳山

日期	累積損益(萬)	累積庫存	買賣超(張)	買賣超(萬)	買張	賣張	買均價	賣均價
20241009	-900	65	47	106	1,392	1,345	23.25	23.27
20241008	-907	18	7	5	385	378	24.56	24.88
20241007	-895	11	9	935	1,086	1,077	33.02	24.62
20241004	1	2	2	2	7	5	16.29	17.2

資料來源:券商軟體

其中最大的一個原因是:鳳山哥在盤中虧損時,停損有點慢,甚至把很多單子拗到最後一盤才送出,由於陸港股ETF沒漲跌幅限制,導致最後一盤的滑價相當大,這是我看過滑最大的一次,最後一盤從30元滑到38.83元,一滑滑了29%。平常ETF滑超過2%就很少見了,這檔居然可以滑到29%。永豐投信完全放棄造市,也沒迅速在市場上想辦法穩定價格,我覺得是這次違約交割的部分原因。

而鳳山哥可憐的是,在最後一盤買進了660張,光滑價1張就要8,830元,660張就共計582萬7,800元,這種巨額的損失,就是造成違約交割的主因。

圖表 5-3-2 滑價從 30 元滑到 38.83 元

圖表 5-3-3 鳳山哥以 38.83 元買進了 660 張

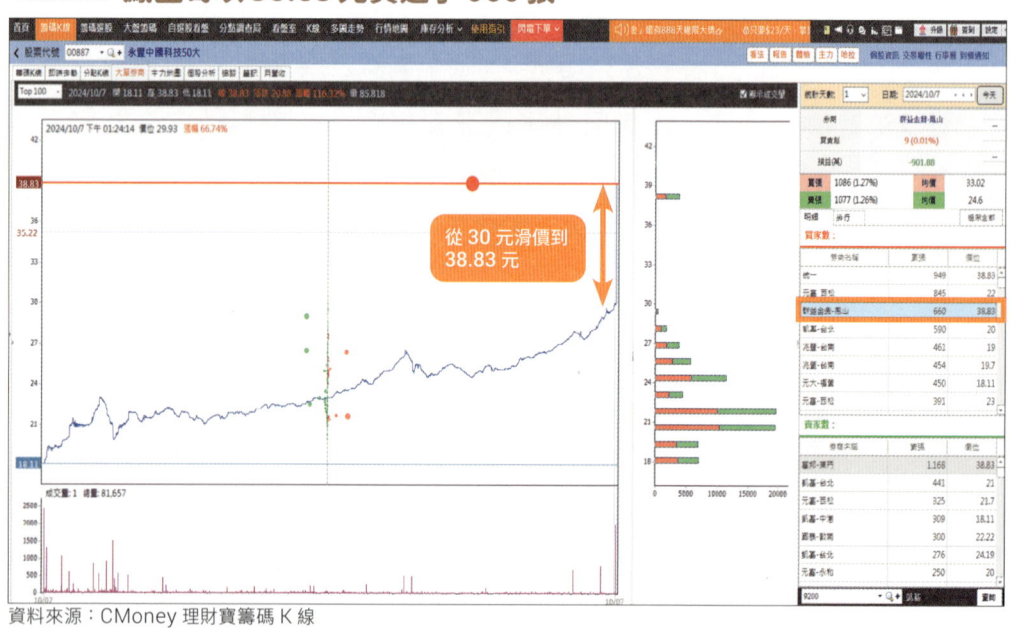

從 30 元滑價到 38.83 元

資料來源：CMoney 理財寶籌碼 K 線

ETF平常當沖的人不多,而這檔就是因為太多平台與網紅呼籲溢價過多,得多留意,造成很多人以為它會類似野村全球航運龍頭(00960)急速地收斂溢價差,而跑去放空,這檔由於規模小,在外的融券本來就不多,導致很多人直接用現賣去賭收斂,而在太多人賭收斂的狀況下,更讓散戶與主力多頭有可趁之機,一舉軋到最高點,在當天光當沖的人就賠了1,792萬元

圖表5-3-4　00878當日虧損總額達1,792萬元

代號	名稱	成交價	當沖損益(千)	漲跌幅(%)
00887	永豐中國科技…	38.83	-17923	116.3
8104	錸寶	46.25	-5031	-6.4
3265	台星科	116	-2005	3.1
4745	合富-KY	24.85	-1356	0
2402	毅嘉	43	-1161	0.2
1595	川寶	50.9	-1081	-7.0
6218	豪勉	33.95	-1010	-2.4

資料來源:權證小哥-盤中當沖神器

有網紅呼籲:「別亂追溢價高的ETF」,這個論點沒毛病,但太多人想空這檔就會出大事,所以小哥一直提到:放空這檔事得低調行事,若大家有同樣放空的想法,那就容易被軋了。在10月7日大軋空後,散戶分點(國泰-敦南與新光為代表)食髓知味,想在10月8日大幹一場,結果卻大敗收場。

圖表 5-3-5 　國泰 - 敦南與新光分點大敗收場

券商名稱	買賣超	買張	賣張	買均價	賣均價	交易量	損益(萬)
國泰-敦南	1299	5397	4098	25.55	24.44	9495	-1174
新光	412	1352	940	26.64	26.49	2292	-288

資料來源：CMoney 理財寶籌碼 K 線

　　永豐投信的即時初級市場申購消息，讓一些大戶分點有套利機會，盤中瘋狂現賣，反正到時有申購的股票可以來平帳即可。想不到永豐投信，居然還可以說申購失敗的，也就是當天有繳款的人，不一定有申購到，這種狀況小哥第一次看到，導致市場上一堆現股賣出的人帳補不回來，所以 10 月 9 日當天開盤，很多總公司的券差都補在第一盤，那幾天的股市變化，著實讓小哥開了眼界。

　　到了 10 月 11 日開始，00887 進入了處置，量能肯定急縮，處置股是不能現股當沖的，初級市場上買到的人也不能先賣鎖單，到時等到申購的股票到手後，此時的價格變化真的很有趣，除了

5-3 從「違約交割」事件觀察股市風險

圖表 5-3-6　2024/10/9 多家券差補在第一盤

券商	凱基		
買賣超	4197 (2.96%)		
損益(萬)	830.73		
買張	8712 (6.15%)	均價	22.33
賣張	4515 (3.19%)	均價	23.54

買家

券商名稱	買張	價位
元富-西松	7,193	26.1
凱基	4,082	22
元大	3,812	22
元富-西松	3,152	22
元大	3,055	24
永豐金-忠孝	1,499	22
統一	1,463	22
元富	1,231	22
凱基	1,008	22.63

資料來源：CMoney 理財寶籌碼 K 線

收盤跟開盤的大事件讓一堆人大賠以外，這檔盤中的精采程度更是不在話下。

一切的悲劇我們先從標借說起，由於10月8日前一日太多人先賣00887沒買回（應該是誤判申購成功、永豐投信有夠鳥），導致10月9日當天00887的標借張數高達17,732張，這個實在太扯，因為10月8日當天00887的融券也才4,424張，因此可以得知這些張數都是先賣導致。

圖表 5-3-7　2024/10/9 當天 00887 標借張數高達 17,732 張

標借日期	股票代號	股票名稱	證金公司	標借張數	最高標借單價	得標張數	標定單價	不足張數
113/10/08	6530	創威	元大證金	100	5.9850	100	0.2990~3.0000	0
113/10/08	8937	合騏	元大證金	10	5.1800	10	0.0770~0.0990	0
113/10/08	8938	明安	元大證金	16	5.6770	16	0.0001~0.0001	0
113/10/09	00887	永豐中國科技50大	元大證金	17732	1.4000	3003	0.5000~1.4000	14729

資料來源：證券櫃檯買賣中心網站

　　而這 17,732 張先賣沒買回的，理論上得在隔天早盤漲停價買進，問題是：「哥哥，這檔股票沒有漲停價呀！」所以 1 萬 7 千多張就掛平盤價 20 元多 10%，也就是 22 元買進，可從試撮價格看得出來。

圖表 5-3-8　10/9 當日 00887 早盤試撮

資料來源：券商軟體

| 5-3 | 從「違約交割」事件觀察股市風險

　　開盤的第一盤才14,575張，不足17,000張，所以剩下3千多張一陣狂拉，很快的經過9秒鐘，來到09：00：22就進入了第一次緩撮，因為股價超過了開盤價的3.5%！

　　投資朋友們常在盤中偶爾會看到「緩漲試撮」或「緩跌試撮」的訊息，然後股價就停在那邊不動，2分鐘之後就會恢復正常。這原本是證交所實施的「盤中瞬間價格穩定措施」的美意，但最近常淪為「隔日沖大戶」嚇唬空單的伎倆：先把股票拉到「緩撮」，再將「試撮價」拉到漲停，藉此嚇唬放空者投降回補的招式。

> **「盤中瞬間價格穩定措施」只委託不撮合**
>
> 　　台股開盤後，在每盤撮合前會先試算成交價，當「試算的成交價」超過「參考價格」的3.5%時，證交所會執行瞬間價格穩定措施，電腦交易系統將暫緩該證券撮合2分鐘，避免價格劇烈波動而瞬間爆出高價或低價，2分鐘後會用集合競價撮合成交。
>
> 　　這裡的「參考價格」分為兩個時段：9：00～9：05，以個股開盤價為基準，如果沒有開盤價，則以該個股當日之開盤競價為基準。而9：05～13：20，則以前5分鐘的加權平均價為基準（以上資訊參考奇摩股市）。

圖表 5-3-9 09：00：22 ～ 09：02：22 進入第一次緩撮

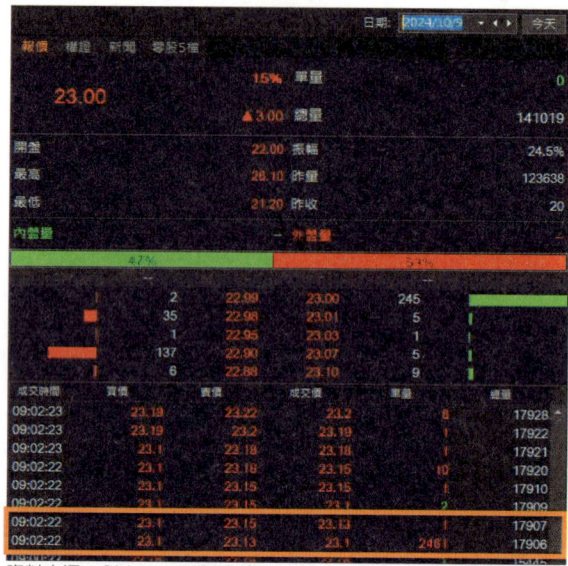

資料來源：CMoney 理財寶籌碼 K 線

圖表 5-3-10 09：02：44 ～ 09：04：44 波動過大進入第二次緩撮

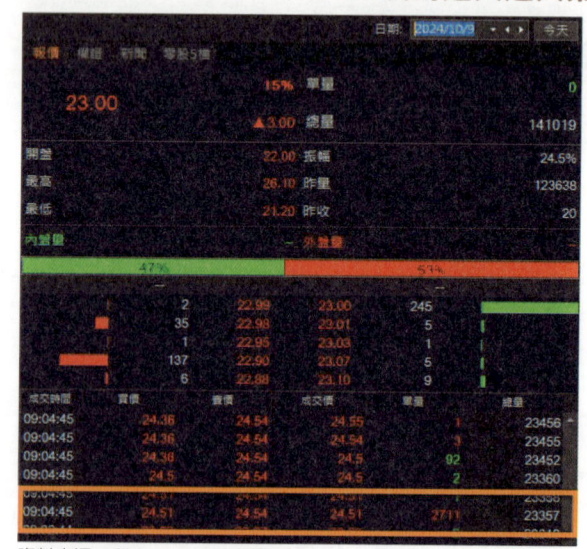

資料來源：CMoney 理財寶籌碼 K 線

5-3 | 從「違約交割」事件觀察股市風險

精彩的來了！4分鐘噴掉2千萬元

在急拉後的下跌，遇到了24元的買盤大關卡，9：05：39時「凱基哥」使出了「499」連發殲滅24元的多方大軍。

圖表 5-3-11 「凱基哥」使出了「499」連發殲滅多方大軍

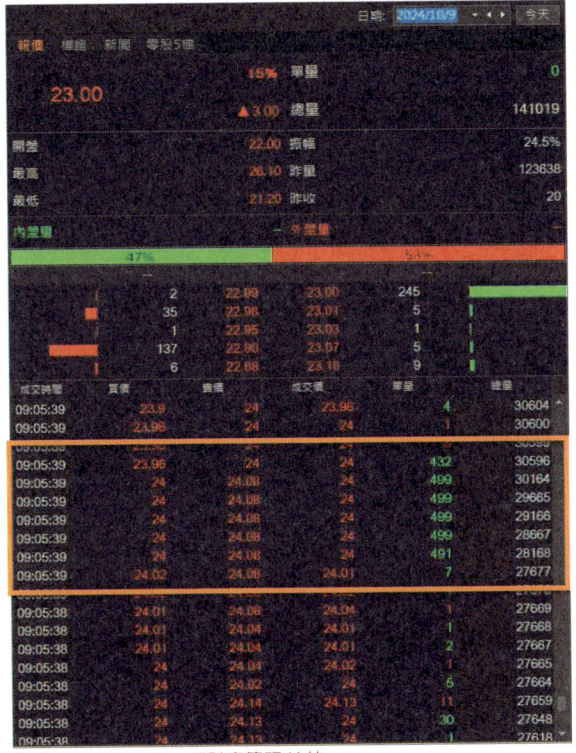

資料來源：CMoney 理財寶籌碼 K 線

345

多方一路潰散來到了23.66元，進入了下一個「悲劇緩撮」。

圖表 5-3-12　一路潰散的多方

資料來源：CMoney 理財寶籌碼 K 線

這裡的「悲劇緩撮」小哥覺得可能有 3 種劇本：

劇本 1

由於「券差」的空單回補，以及「凱基空方大將」（凱基哥）的

5-3 從「違約交割」事件觀察股市風險

「499」無情砍殺，基本上這檔股票多空都被虐殺一段，價格呈現高度真空，此時股價很容易經由「大單」就會「急拉」或「急殺」。盤中急拉或急殺都要付錢，但「緩撮」不用錢，只要記得在緩撮2分鐘到之前刪掉單就好，這時就是很多「短線主力軍火展現」的時候。

圖表5-3-13 **短線主力展現軍火的緩撮區**

時間	買價	賣價	成交	量
09:05:42	23.70	23.73	23.68	1
09:05:42	23.70	23.73	23.66	50
09:05:47	24.85	24.87	23.66	77
09:05:52	23.65	23.66	23.66	99
09:05:57	23.65	23.66	23.00	524
09:06:02	23.00	23.20	22.00	1000
09:06:07	22.00	22.87	22.00	1005
09:06:12	22.00	22.87	22.87	1163
09:06:17	22.86	22.87	22.00	1626
09:06:23	22.00	22.50	22.00	2636
09:06:28	22.00	22.50	21.08	3042
09:06:33	22.65	（緩撮區）	21.00	3073
09:06:38	22.00	21.50	21.00	3095
09:06:43	21.00	21.05	21.13	3139
09:06:48	21.12	21.50	23.74	3889
09:06:53	23.74	23.78	23.69	3890
09:06:58	23.69	23.70	23.69	3854
09:07:03	23.69	23.70	24.00	3816
09:07:08	23.99	24.00	23.96	3819
09:07:13	23.87	23.97	24.05	4014
09:07:18	24.05	24.08	24.00	3949
09:07:23	23.99	24.00	26.14	4364
09:07:28	26.14	26.20	26.14	4482
09:07:33	26.14	26.20	26.14	4270
09:07:38	26.14	26.15	26.14	6347
09:07:42	26.14	26.15	26.10	7207
09:07:48	26.14	26.15	26.11	109
09:07:53	24.80	26.12	26.07	114

資料來源：CMoney 理財寶籌碼K線

347

凱基哥由於「499」虐殺後急待回補，因此猜測按了3千多張試撮到21最低價，自古「文人相輕，短線客相賭爛」，此時「西松哥」（元富-西松）見狀也陪玩一段，按了「7千多張」拉到了26.1元（見圖表5-3-13下方），本來應只是嚇唬嚇唬罷了，時間快到再刪就好，想不到居然來不及刪單，「全部成交」！

成交後，「委買價格」立馬真空，股價直線滑落，又進入下一個「試撮」，西松哥非常人也，不該買的，一秒都不該留，於是下兩盤又大量砍出在「22元」及「22.63元」，慘賠了2千多萬元，之後凱基哥趁機回補，從帳面來看賺大約400萬～500萬元。

圖表5-3-14　凱基哥與西松哥的「頂尖對決」

券商名稱	買賣超	買張	賣張	買均價	賣均價	交易量	損益(萬)
元富-西松	-21	13544	13565	24.53	23	27109	-2069
元大 短沖主力	6754	14532	7878	22.77	22.63	22510	39
凱基 短沖主力	4197	8712	4515	22.33	23.54	13227	831

資料來源：CMoney 理財寶籌碼 K 線

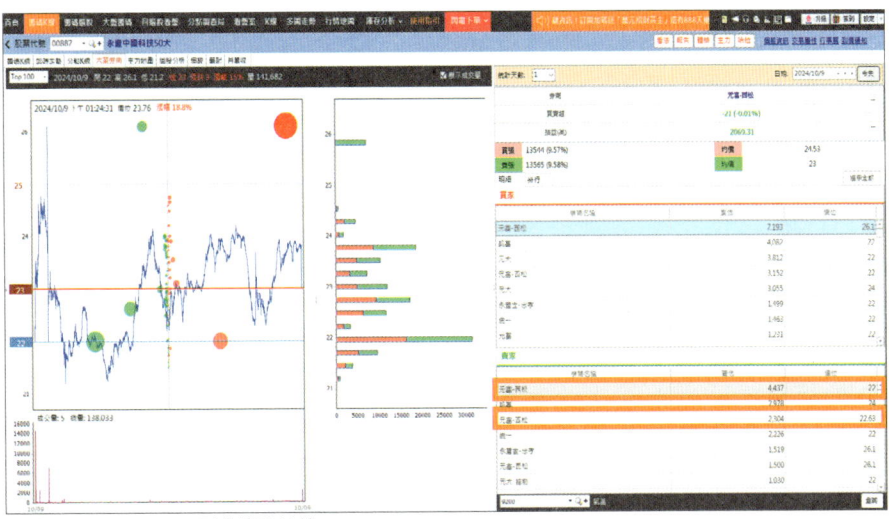

圖表 5-3-15　元富 - 西松大量砍在 22 元及 22.63 元

資料來源：CMoney 理財寶籌碼 K 線

　　在短線兩大天王交手過後，這檔股票的閃電下單著實難下，因為 22 ～ 26 元可是有 400 個 Tick 呀，一個 Tick 算 0.5 公分，螢幕得要 200 公分長才能用，小哥在此強烈推薦：一定要用「權證小哥 - 盤中當沖神器」的「走勢變動」與「試撮價格」觀察來參與大行情呀，閃電下單也得改成五檔置中，才能跟得到價格。

劇本 2

　　西松哥在多單試撮發現刪不掉後，想用空單去救，但空單卻因為塞單來不及撮合，後面也來不及刪單，導致大單買在 26 元與賣在 22 元這兩個悲慘價格。

劇本 3

西松哥去上廁所,他們家的貓下了這幾筆。

以上劇情,各位覺得哪一個較有可能?

📊 小結

1. 平常大單玩試撮得多小心,小心會有停電或者無法刪單的風險。
2. 以上劇情是小哥看盤猜測得來,若與事實不符,請大戶見諒,歡迎來信指正。
3. 西松哥的停損意志與決心令人佩服。
4. 別擔心西松哥賠 2 千萬元,很快就賺回來了。
5. 沒有漲跌幅的現股當沖,真的很恐怖,一定要設好停損單。
6. 現股當沖最好盤中解決掉,不要去賭最後一盤,避免跟鳳山哥一樣。
7. 沒有一定要怎樣的走勢,溢價不管多高,散戶再瘋狂都能拉上去,疫情時的美德醫療(9103)與一堆 DR 股已經示範過了。

最後小哥納悶的是:00887 標借不足張數的 14,729 張,標借費這筆錢到底是付給了誰?

Note

第 6 章
權證小哥致勝百寶箱大公開

- 6-1 籌碼 K 線
- 6-2 全方位獨門監控
- 6-3 全方位獨門監控之「大戶搜密」
- 6-4 全方位獨門監控之「分點探索」
- 6-5 盤中當沖神器
- 6-6 地板天花板反轉價位監控表
- 6-7 挑選權證小幫手
- 6-8 個股事件獲利王

投資交易時若能活用工具軟體來彙整投資標的的相關資訊，可以帶來以下優勢：

1. 系統化作業：縮短自己摸索、做功課的時間，快速有效率的學習。
2. 透過軟體監控，即時了解主力當下的行為。
3. 有充足的數據資訊輔助，可以做更客觀的判斷，進行投資操作策略。
4. 有策略性的操盤，不會像無頭蒼蠅一樣盲目進出。

　　交易時，再多的資金，盲目操作，也很容易歸零；再少的儲蓄，只要有策略系統化進出，滾出千萬的勝算就高。操盤時使用軟體來幫助，更深入地觀察投資標的後，可提高勝率。

　　在這章節中，整理本書中提及在投資交易中運用的各軟體工具，這些軟體工具，能有效地幫助投資者快速解讀籌碼，並掌握即時投資資訊。為了讓投資朋友能夠迅速選擇軟體並有效運用，我們將從以下幾點進行詳細說明。

1. 適用對象：哪些類型的投資者最適合選用。
2. 適用時機：何時使用這些軟體能夠發揮最大效果。
3. 軟體功能：每種軟體的核心功用和主要特點。

6-1
籌碼 K 線：
了解籌碼 跟著主力大戶資金走

1. 適用對象：投入股市關心籌碼的每位投資者。
2. 運用時機：隨時隨地，盤前看數據，盤中看盤，盤後做功課。
3. 軟體功能：
   ① 了解大盤籌碼，以及關注外資、投信、自營商三大法人的買賣操作狀況。
   ② 了解主力買賣超、買賣家數差、大戶持股比率、散戶持股比率。
   ③ 觀察主力地圖，找出公司分點、波段常勝軍、重要神祕券商。
   ④ 追蹤券商過去的進出狀況，研究買賣點，找出關鍵大買（大賣）的券商分點。
   ⑤ 了解各種線型架構，以及5個成本線（均線、外資、投信、主

力線、融資）。

⑥ 策略制定，挑選出自選股，掌握買進的好時機，獲取投資報酬。

圖表 6-1-1　籌碼 K 線

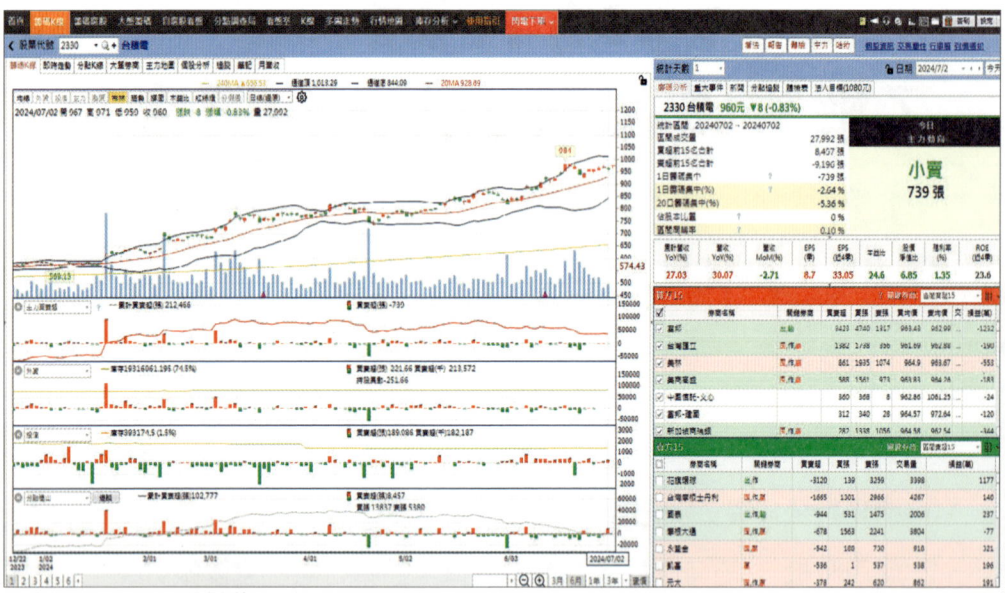

資料來源：CMoney 理財寶籌碼 K 線

6-2
全方位獨門監控：
即時掌控全市場主力做多空動向

1. 適用對象：想要掌握主力**盤中**即時資訊的投資者。
2. 運用時機：
    ① 盤前：觀察試撮數據，期貨變化。
    ② 盤中：獨門監控輔助看盤，以全方位掌控市場主力。
    ③ 盤後：多空動向，做功課研究籌碼。
3. 軟體功能：
    ① 即時權證、現股、股期大單同步監控，盤中大單、股價拉抬立刻知道。
    ② 提供即時資訊，盤中買賣一目了然，即時監控「盤中」主力動作，可以跟著主力，搭上順風車。用訊號快速判定主力操作標

的及動向。

③ 提供的數據及統計圖表見圖表6-2-1：

　A. 監控主力買賣動向訊號。多方訊號：買超認購權證金額（買購）、股票買進（股買）、股價創今日高點（創高）、買進股票期貨（期買）、賣出認售權證金額（賣售）、主力數字（正為佳）。空方訊號：買超認售權證金額（買售）、股賣、創低、期賣、賣購。

　B. 盤中即時權證做多、空排行榜；股票、股期正逆價差比排行；漲跌幅排行。

　C. 個股股票、期貨走勢與權證雙向統計圖。

　D. 大盤與台指走勢、成交量、多空量能圖。

④ 可以利用資訊數據，來進行以下投資策略：

　A. 短多：利用股票的多方訊號，找尋機會，進場做短多操作。

　B. 短空：藉由「前日隔日沖的買盤，會造成今日權證隔日沖的賣壓」來進行短空操作。

　C. 從股票和期貨之間，找尋套利機會。

　D. 利用盤中的一些訊號，來進行台指期當沖。

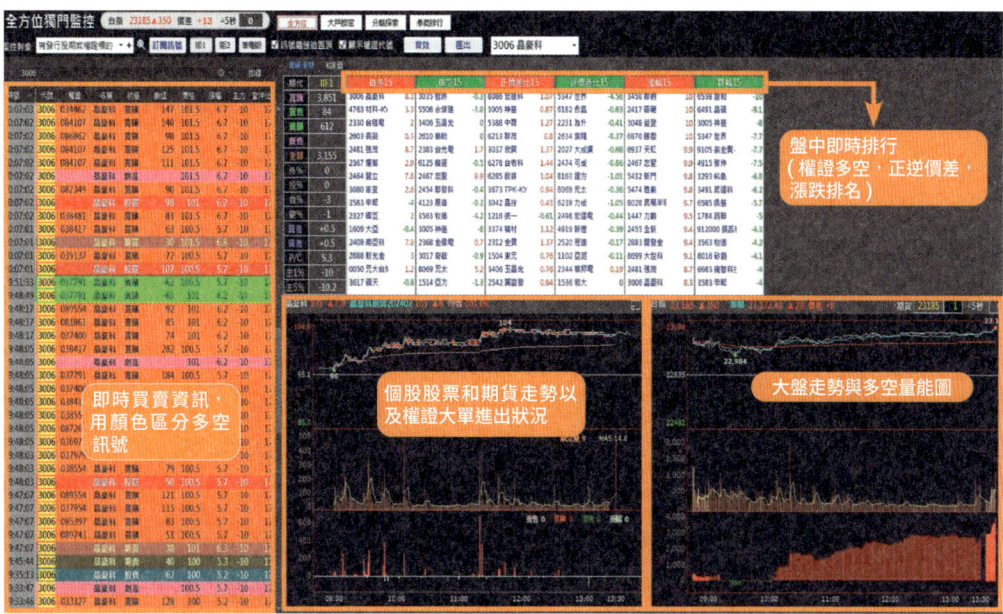

6-2 | 全方位獨門監控：即時掌控全市場主力做多空動向

圖表6-2-1 全方位獨門監控

盤中即時排行
（權證多空，正逆價差，漲跌排名）

即時買賣資訊，用顏色區分多空訊號

個股股票和期貨走勢以及權證大單進出狀況

大盤走勢與多空量能圖

資料來源：權證小哥 - 全方位獨門監控

股市全方位盤中監控（手機App）

1. 適用對象：想利用權證提高勝率的投資人，想跟單低買高賣權證大戶的人，喜歡做穩健投資的投資人。
2. 運用時機：盤中即時掌握，盤後做功課。
3. 軟體功能：
    ① 主力大單流水牆，盤中5大訊號以顏色區分，一眼看出主力動向。
    ② 權證大戶大搜密，找出權證贏家券商：

359

A. 盤中：權證做多做空即時排名

B. 盤後：認購（售）權證買（賣）超排行，可查詢券商分點進出狀況。跟著關鍵券商進出場，搭上權證主力順風車。搭配權證多空能量圖，大戶動向輕鬆掌握。

③ 每日必看的主力進出數據，可大幅提高當沖勝率。

④ 期貨價差即時運算，套利機會不漏接。

4. 軟體操作及圖表說明：

① 盤中大單訊號。

圖表6-2-2 全方位監控 盤中大單訊號

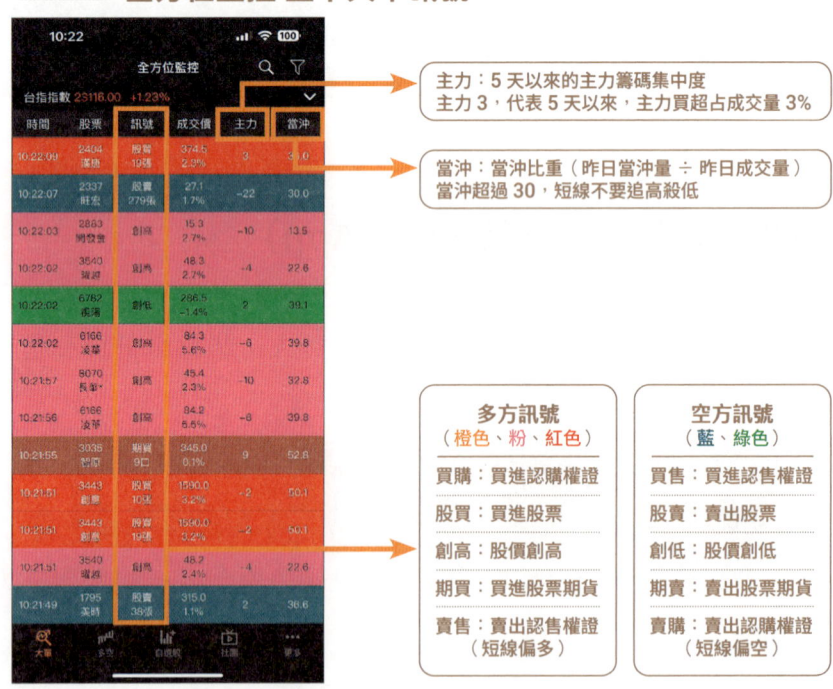

主力：5 天以來的主力籌碼集中度
主力 3，代表 5 天以來，主力買超占成交量 3%

當沖：當沖比重（昨日當沖量 ÷ 昨日成交量）
當沖超過 30，短線不要追高殺低

多方訊號	空方訊號
（橙色、粉、紅色）	（藍、綠色）
買購：買進認購權證	買售：買進認售權證
股買：買進股票	股賣：賣出股票
創高：股價創高	創低：股價創低
期買：買進股票期貨	期賣：賣出股票期貨
賣售：賣出認售權證（短線偏多）	賣購：賣出認購權證（短線偏空）

資料來源：權證小哥 - 股市全方位盤中監控

6-2 | 全方位獨門監控：即時掌控全市場主力做多空動向

② 盤中即時多空排行（權證做多與做空）。

圖表6-2-3 全方位監控 盤中即時多空排行

資料來源：權證小哥 - 股市全方位盤中監控

③ 盤後主力收購表（有認購權證的買賣超排行以及認售權證的買賣超排行）。

圖表6-2-4 全方位監控 盤後主力收購表（認購權證）

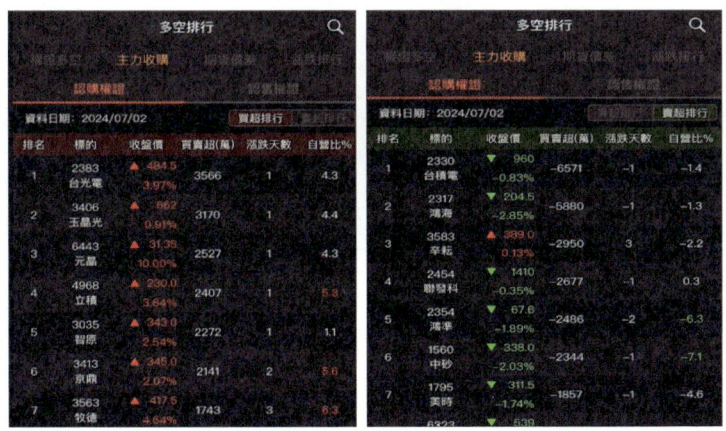

資料來源：權證小哥 - 股市全方位盤中監控

權證小哥短線終極戰法

圖表 6-2-5　全方位監控 盤後主力收購表（認售權證）

資料來源：權證小哥 - 股市全方位盤中監控

圖表 6-2-6　全方位監控 查看券商分點買賣金額和 K 線圖

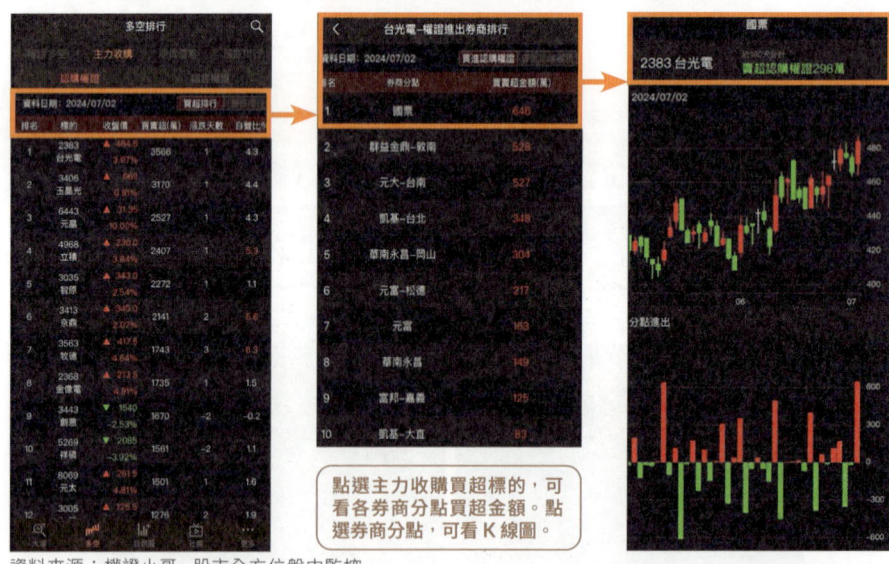

點選主力收購買超標的，可看各券商分點買超金額。點選券商分點，可看 K 線圖。

資料來源：權證小哥 - 股市全方位盤中監控

| 6-2 | 全方位獨門監控：即時掌控全市場主力做多空動向

④ 盤中期貨正逆價差排行。

圖表6-2-7 全方位監控 盤中期貨正逆價差排行

資料來源：權證小哥 - 股市全方位盤中監控

⑤ 盤中漲跌排行，看盤面強弱勢族群。

圖表6-2-8 全方位監控 盤中漲跌排行

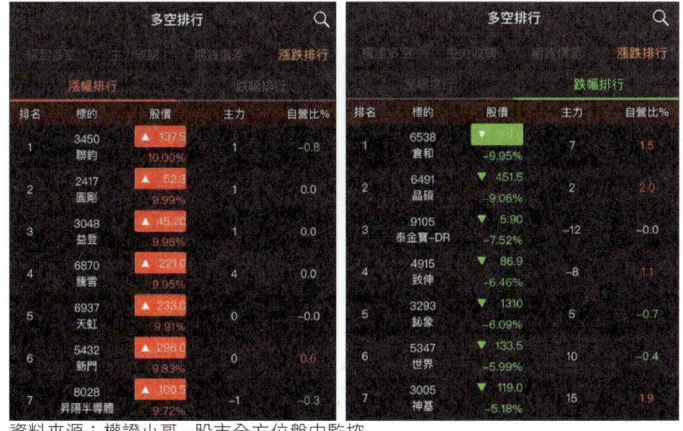

資料來源：權證小哥 - 股市全方位盤中監控

363

⑥ 即時關注大盤。

圖表6-2-9 **全方位監控 總覽大盤概況**

資料來源：權證小哥 - 股市全方位盤中監控

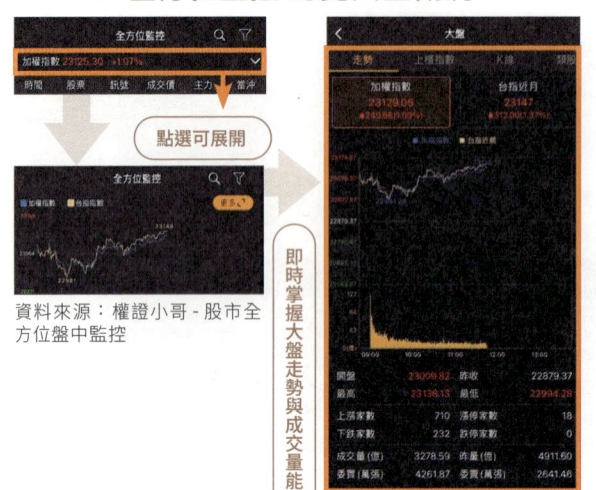

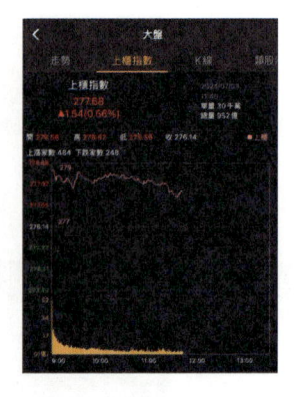

即時掌握大盤走勢與成交量能

圖表6-2-10 **全方位監控 大盤K線、類股漲跌、國際股市**

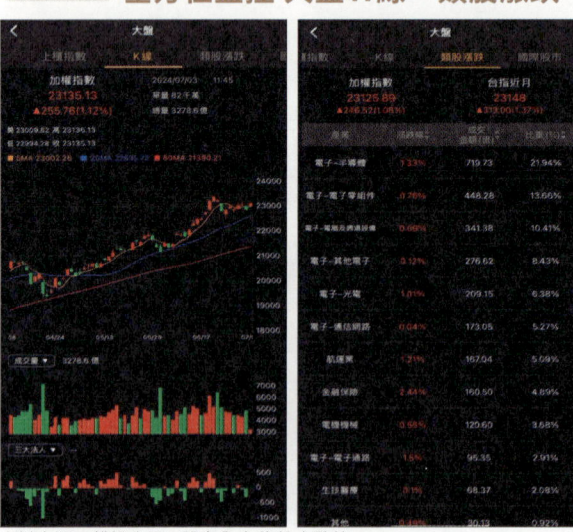

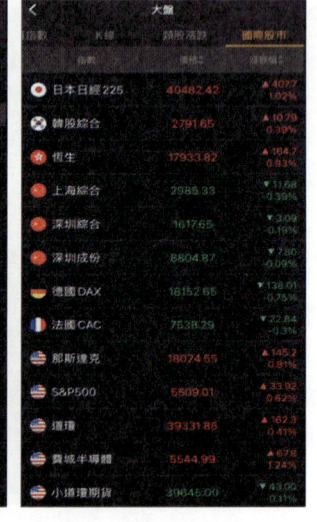

資料來源：權證小哥 - 股市全方位盤中監控

⑦ 個股相關資訊也可掌握。

圖表6-2-11　全方位監控 個股資訊詳情

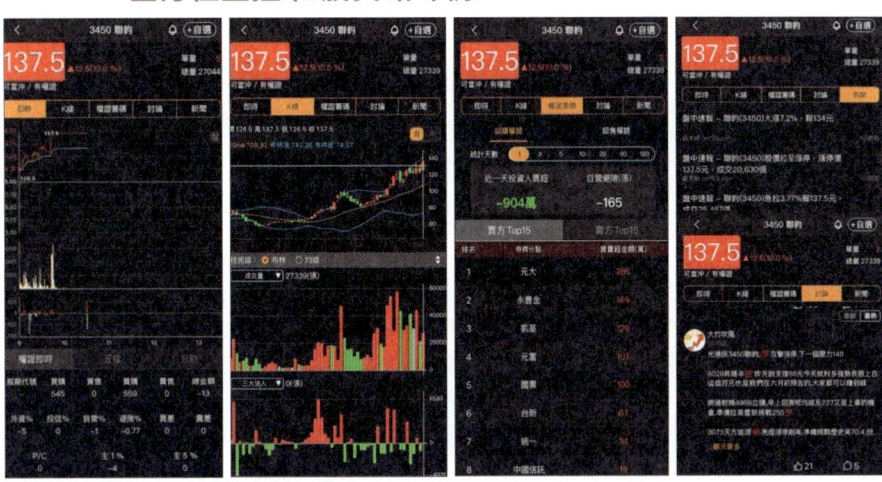

資料來源：權證小哥 - 股市全方位盤中監控

1. **買購**：買超認購金額（萬）；**買售**：買超認售金額（萬）。
2. **賣購**：賣超認購金額（萬）；**賣售**：賣超認售金額（萬）。
3. **總金額**：買購＋賣售－買售－賣購。
4. **外資**（％）：外資買超 ÷ 成交量；
   投信（％）：投信買超 ÷ 成交量；
   自營（％）：自營買超 ÷ 成交量。
5. **避險**（％）：自營避險買超 ÷ 成交量。
6. **買差**：期貨買盤－股票買盤，**賣差**＝期貨賣盤－股票賣盤。
7. **P/C**（多空比）：數值1代表中立，1.2以上偏多，0.8以下偏空。
8. **主（1%）**：1日主力買超％數；**主（5%）**＝ 5日主力買超％數。
9. 股買、股賣數值代表張數；期買、期賣數值代表口數。
10. 買購、賣購、買售、賣售數值代表金額（萬），是短時間內的累計。
11. 盤中一堆創高時，偏多思考；一堆創低時，偏空思考。

365

⑧可依看盤需求，自行設定要監控的內容。

圖表 6-2-12
全方位監控 自行設定要監控的參數項目

監控對象
有發行股期或權證標的 ▼

訂閱訊號

現貨大單	期貨大單
創日內高低	委託暴增減
權證大單	篩選金額 48萬

通知設定
大單推播 ⓘ
訊號音效 ⓘ
震動提示
螢幕恆亮

資料來源：權證小哥 - 股市全方位盤中監控

6-3
全方位獨門監控之「大戶搜密」：掌握隔日賣壓股和主力波段權證

▎掌握隔日賣壓

1. 適用對象：想掌握今天到底是誰大買特定權證，以及想快速掌握主力買賣權證行為的投資者。
2. 運用時機：盤後研究功課。
3. 軟體功能：
   ① 是每日盤後都值得深入研究的重要數據。
   ② 可以了解今天主力買賣權證前 15 名標的。
   ③ 能從數據資料分辨權證市場中的當日買家是波段還是隔日沖。遇到波段買家，股票抱起來比較安心。若是遇到隔日沖的買

家,則應避開隔日的開盤賣壓。

④ 雖然認售權證的數量較少,但有些消息精通人士,預期市場有壞消息之前,會先布局認售權證,也有些權證高手會搭配認購認售權證,來進行鎖住獲利,可以進行風險管控操作。

⑤ 可以依據下列2項指標來挑選潛在的分析對象:
   A. 投資人買超金額大於1,000萬元以上。
   B. 自營比超過10%以上(自營比→自營商個股買賣超張數占個股成交量的比重)。

⑥ 評估最近1日,前五大買進權證的券商是自營商?還是一般券商?自營商只有總公司名稱,例如:元大、凱基、統一、群益金鼎、永豐金等;而一般券商會有分公司的名稱,例如隔日沖大戶的群益-上新莊、群益-丹鳳、群益-大興、凱基-板橋、元大-新盛等。若是自營商買回的話,代表由投資人賣回給自營商。

⑦ 觀察前五大券商的買進習性,是隔日沖,還是抱波段,「賣出權證的券商」是否大多是自營商,如果是自營商賣出的籌碼,才具備推升股價上漲的力道。

⑧ 觀察分點過去180天的進出狀況,如果為波段大戶則可以觀察過去的戰績如何。如果是隔日沖大戶,要避開明日盤中獲利了結的賣壓。如果是波段大戶,可以觀察圖表6-3-1中的交易明細,了解主力成本價位。

| 6-3 | 全方位獨門監控之「大戶搜密」：掌握隔日賣壓股和主力波段權證

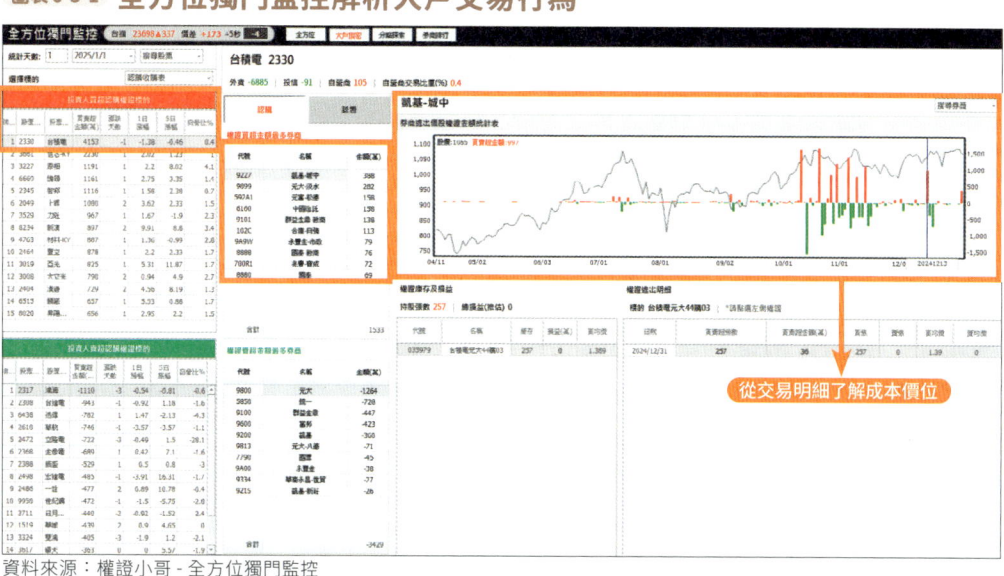

圖表 6-3-1　全方位獨門監控解析大戶交易行為

資料來源：權證小哥 - 全方位獨門監控

▌掌握主力波段權證

1. 適用對象：想快速掌握波段權證大戶獲利狀況及持有部位成本的投資者。

2. 運用時機：盤後做功課。

3. 軟體功能：

    ① 尋找大戶玩家的輔助工具。可以選擇不同類型的排名：

    　A. 認購收購表。

    　B. 認售收購表。

    　C. 市場多空表。

    ② 可以自行設定交易統計天數選擇想觀看的區間，查看這期間的

權證交易進出狀況,了解誰是賺錢高手、誰是庫存大戶。

③ 可以找出波段權證大戶的券商分點以及其庫存損益來追蹤。案例:挑選出認購買最多中的台積電(2330),統計150天的數據,發現國泰-敦南分點買超金額1,143萬元,持股張數3,684張,推估損益有1,068.4萬元,如圖6-3-2:

圖表6-3-2 用全方位獨門監控掌握主力波段權證

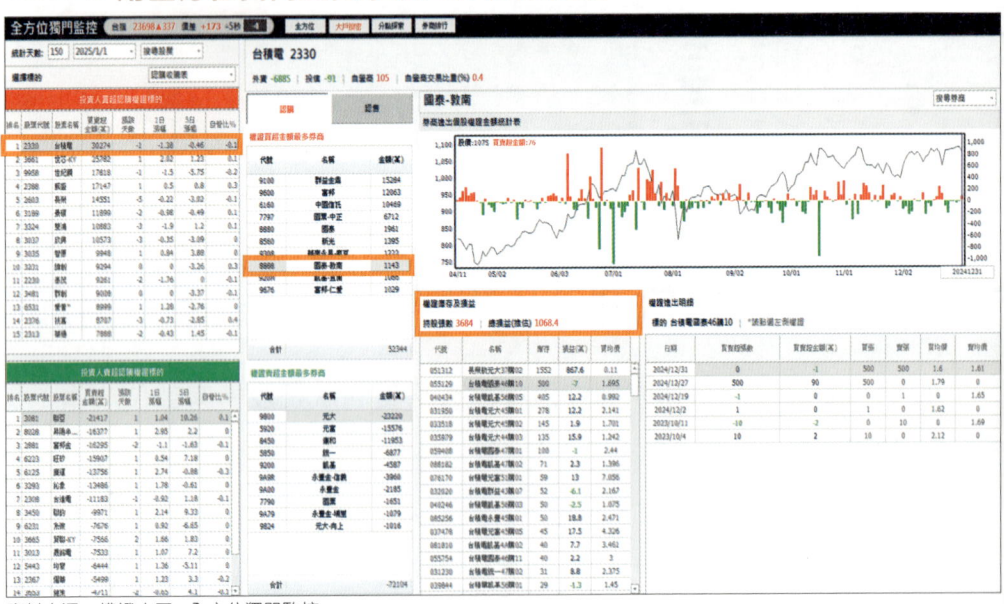

資料來源:權證小哥-全方位獨門監控

6-4
全方位獨門監控之「分點探索」：監控神祕權證大戶動向

1. 適用對象：需要更深入分析大戶行為的投資者。
2. 運用時機：盤後研究功課。
3. 軟體功能：
   ① 可以用來搭配「全方位獨門監控」的「大戶搜密」使用。
   ② 從「全方位獨門監控」的「大戶搜密」找出大戶，再用「分點探索」進行分析。
   ③ 只要輸入券商代號、統計天數、日期後，系統會自動幫你算出區間損益。
   ④ 可以選擇要觀察個股或權證明細。表格如下：

圖表6-4-1 用全方位獨門監控的分點探索觀察權證

資料來源：權證小哥 - 全方位獨門監控

圖表6-4-2 用全方位獨門監控的分點探索觀察個股

資料來源：權證小哥 - 全方位獨門監控

⑤ 當我們挖掘到權證大戶時，就可以利用「分點探索」的加入自選，來追蹤這個大戶。

⑥ 每天就可以快速查看大戶的交易內容，輕鬆掌握大戶最新動向。

⑦ 找出權證大賺錢的分點，盤中也可以利用全方位獨門監控，來觀察學習大戶賺錢的手法

4. 軟體應用：

① 我們可以透過「券商排行」功能的「買超金額最多」來推估「庫存最多」的押很大玩家。

② 查看目前「獲利」最多和推估目前「庫存」最多的權證，要留意是否還有庫存及損益狀況，再決定進出場策略。

③ 進場前，要記得確認大戶的持股成本。

6-5
盤中當沖神器：
破解主力手法不再追高殺低

1. 適用對象：想要掌握即時交易資訊，當沖轉折資訊，快速多空選股的投資者。
2. 運用時機：盤中時它是當沖神器，利用當沖神器抓住股價轉折，盤後是選股利器，可以多功能選股，籌碼、技術一次搞定。
3. 軟體功能：
   ① 快速選股，依照多空方需求，從籌碼、技術、即時面進行條件篩選（見圖表6-5-1）。
   ② 可以自行設定選股策略篩選條件（見圖表6-5-2）。
   ③ 提供極詳細的籌碼數據（見圖表6-5-3）。

| 6-5 | 盤中當沖神器：破解主力手法不再追高殺低

圖表6-5-1　用盤中當沖神器快速選股

資料來源：權證小哥 - 盤中當沖神器

圖表6-5-2　盤中當沖神器 設定選股策略

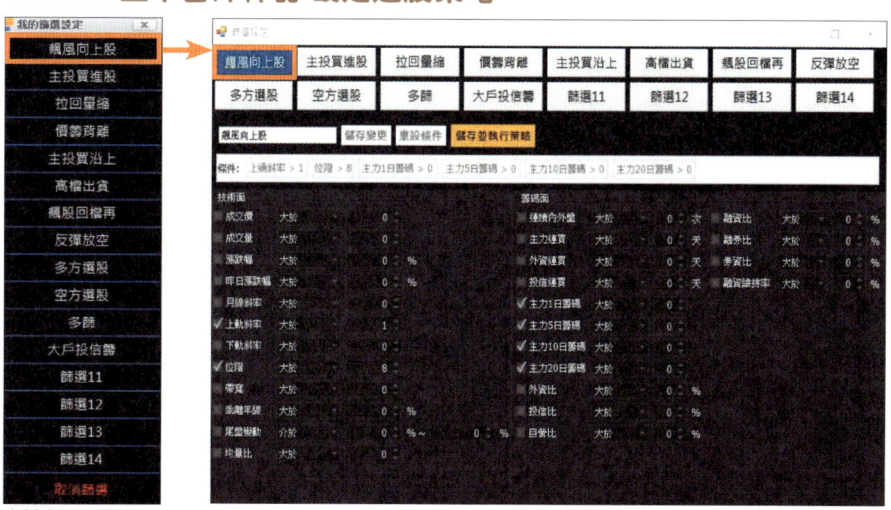

資料來源：權證小哥 - 盤中當沖神器

375

圖表 6-5-3 用盤中當沖神器一次掌握豐富相關資訊

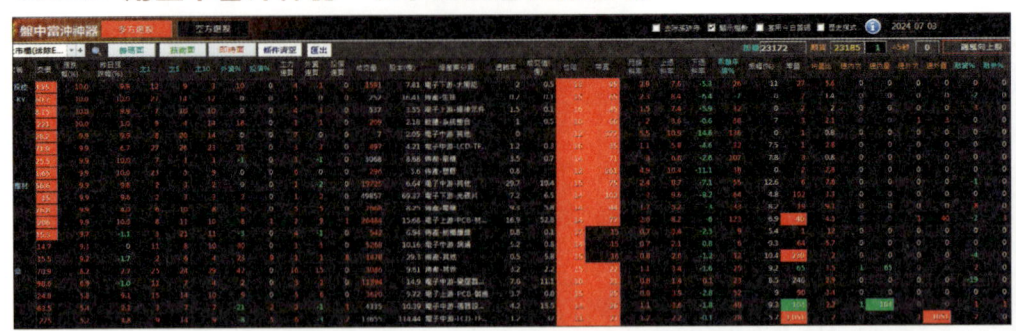

資料來源：權證小哥 - 盤中當沖神器

1. **主 1**：1 日主力買超 ÷ 成交量；**主 5**：5 日主力買超 ÷ 成交量；**主 10**：10 日主力買超 ÷ 成交量。小波段看主 10。

大於 20	10～20	0～10	-10～0	-20～-10	小於 -20
主力大買	主力中買	主力小買	主力小賣	主力中賣	主力大賣

2. **外資（％）**：外資買超 ÷ 成交量；**投信（％）**：投信買超 ÷ 成交量；**自避（％）**：自營避險買超 ÷ 成交量。

3. **主力連**：連買天數，負值代表連賣。**外資連買**：連買天數，負值代表連賣。**投信連買**：連買天數，負值代表連賣。

4. **位階**：將布林上通道定義 10、下通道定義 –10，中軌定為 0。

5. **月線斜率**：〔月（今）÷ 月（昨）－1〕×100；**上通斜率**：〔上通（今）÷ 上通（昨）－1〕×100；**下通斜率**：〔下通（今）÷ 下通（昨）－1〕×100。

6. **乖離年線**：股價 ÷ 年線－1。

7. **單量**：每筆金額超過一定數字會亮底顯示，紅色大買、綠色大賣。

8. **均量比**：預估成交量和過去 20 日平均成交量比較。

9. **連次**：連續內盤（綠色）或外盤（紅色）成交次數，連 10 次有音效。

10. **連量**：連續內盤（綠色）或外盤（紅色）成交量，數量過大會反轉。

11. **融資（％）**：融資增加張數 ÷ 成交量；**融券（％）**：融券增加張數 ÷ 成交量；**券資比（％）**：融券餘額 ÷ 融資餘額。

12. **融資維持率**：低於 120 有破底危機。

4. 利用資訊數據，找出短線放空最佳點位：
   ① 研究籌碼，找出前一天有大量隔日沖股票。
   ② 開盤後，股價急拉，連外次、連外量亮燈，轉內盤大量；或者連兩次內盤，或者內→外→內，就是買盤竭盡點。買盤竭盡點後放空。
   ③ 建議分 3 批資金放空，3 批資金都空完後，找好停損點。
   ④ 股價急跌，連內次、連內量亮燈時，轉外盤大量；或者連兩次外盤；或者外→內→外，就是賣盤竭盡回補點。
5. 找強勢股：
   ① 點選依「月線斜率」排序，可以看出目前最火紅的股票。
   ② 點選依「上通斜率」排序，可以找到剛發動的股票，再看位階有亮燈的，是持續強勢的個股。
   ③ 「帶寬」可看股票的活潑度。帶寬排序選擇由大到小，就可以找到大波動的股票。
   ④ 只要熟悉布林通道的斜率、帶寬，就可以藉由軟體輔助，延伸出各種獲利招式。

當沖飆股神手（手機 App）

1. 適用對象：無法用電腦盯盤的投資者；想掌握當沖訊號的投資者；想追隨贏家策略的當沖者。
2. 運用時機： 盤中即時當沖訊號監控，盤後選股。

3. 軟體功能：

① 多空選擇17種交易選股邏輯，讓投資朋友也能跟著主力提高勝率（圖表6-5-4）。

② 抓出股價轉折點：連次量增加，代表主力正在攻擊。連次量亮燈，表示量能即將竭盡。連次量熄燈，股價極可能出現反轉。看著燈號抓轉折，找出黃金進場點（見圖表6-5-5）。

圖表 6-5-4
當沖飆股神手 多項選股策略

圖表 6-5-5
當沖飆股神手 抓出盤中轉折點

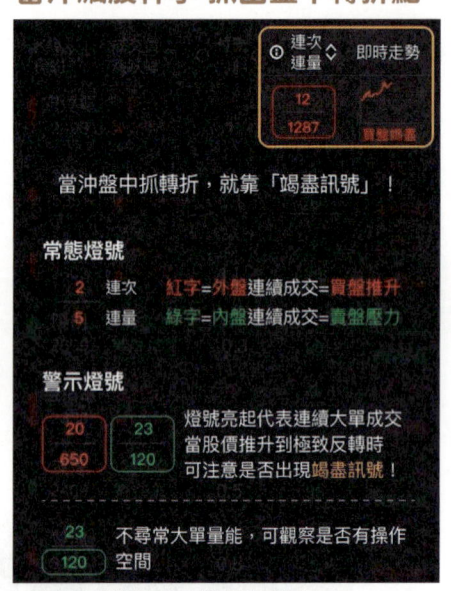

資料來源：權證小哥 - 當沖飆股神手

資料來源：權證小哥 - 當沖飆股神手

③ 可以觀察隔日沖，也可以依據強弱勢指標，來觀察策略選項挑選出的個股。

| 6-5 | 盤中當沖神器：破解主力手法不再追高殺低

圖表6-5-6　當沖飆股神手 觀察隔日沖和強弱股

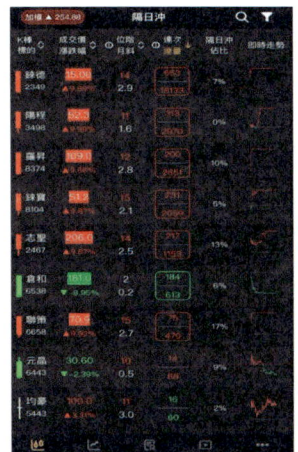

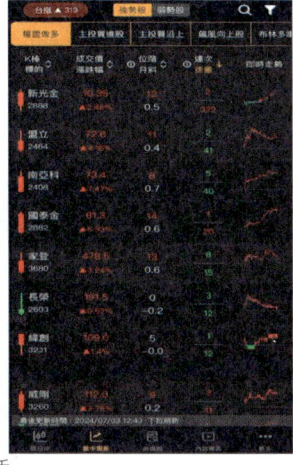

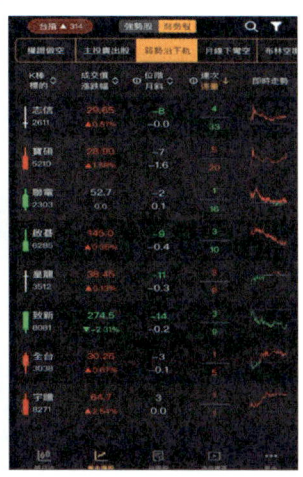

資料來源：權證小哥 - 當沖飆股神手

④ 見圖表6-5-7中的欄位，「位階」是Ｋ棒在布林通道內的相對位置，「月斜」則是月線斜率。

圖表6-5-7　當沖飆股神手 用位階、月斜協助判斷

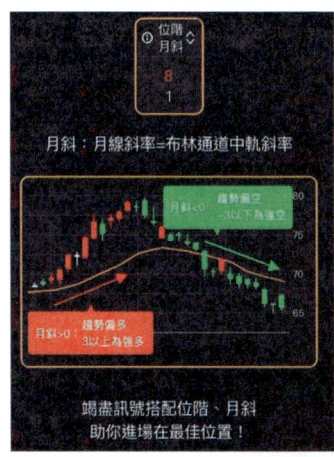

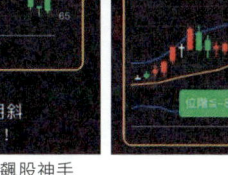

資料來源：權證小哥 - 當沖飆股神手

⑤ 可以設定監控條件，也可以設定通知，是輔助當沖即時資訊好幫手。

圖表6-5-8 當沖飆股神手 進階篩選與通知設定

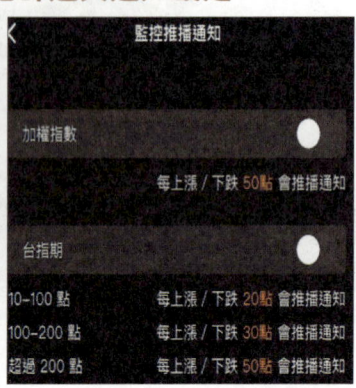

資料來源：權證小哥 - 當沖飆股神手

⑥ 透過「周轉率」（股票交易量÷股票發行總量）搭配「連次、連量」，判斷多空趨勢。

圖6-5-9 當沖飆股神手 資金關注焦點、大量換手高危

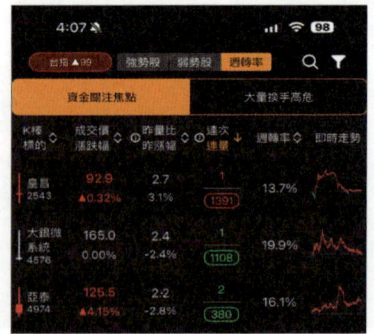

資料來源：權證小哥 - 當沖飆股神手

6-6
地板天花板反轉價位監控表：
找出跌深高機率反彈的標的

1. 適用對象：想制定搶短線反彈策略的投資人。
2. 運用時機：盤後，搶反彈。
3. 軟體功能：

    ① 提供協助掌握股票極短線的轉折時機，避免情緒性的追高殺低操作。

    ② 適用於股票和權證極短天期（1～3天）的操作。

    ③ 利用基本統計方法（極端價格）所繪製出的3條曲線。分別為「正乖離門檻線」、「20日均線」、「負乖離門檻線」，透過這3條曲線，便可以簡單地掌握一檔股票所謂的「股性」。

    ④ 每當股價觸碰到「正乖離門檻線」時，股價就會拉回或進入整

理；而當股價觸碰到「負乖離門檻線」時，股價就會反彈或整理。

⑤ 股價觸碰到「乖離門檻線」時，雖然短線容易出現反向走勢，但長線走勢則不受影響，**適合用來掌握股價短線的波動特性，而不是用來判斷長線趨勢。**

4. 軟體應用：挑選搶反彈之高勝率股票標的性質，通常是有發行權證，本業有賺錢，股票前一陣子沒有非基本面的飆漲。

圖表6-6-1 **地板天花板反轉價位監控表**

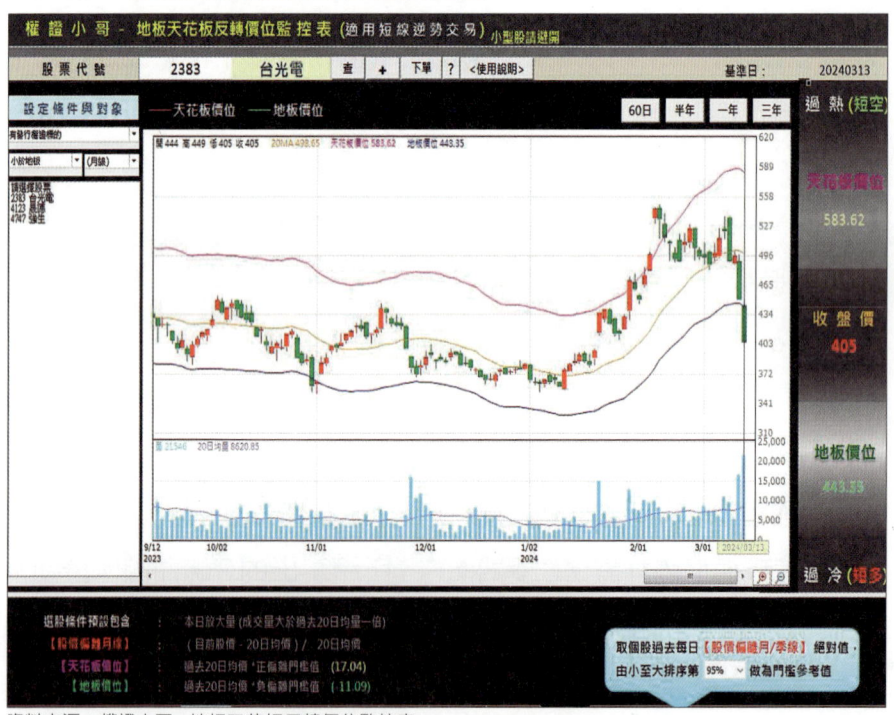

資料來源：權證小哥-地板天花板反轉價位監控表

6-7 挑選權證小幫手：幫你一鍵挑出好權證

1. 適用對象：想入門權證而不知如何下手的股市新人，及想快速精選好權證的投資者。
2. 運用時機：盤中篩選想要入手的權證，是挑選權證的好幫手。
3. 軟體功能：
   ① 權證檔數多，陷阱也多，不曉得如何挑選，讓軟體來幫你。挑選權證3大條件：A.差槓比低的權證容易賺錢。B.控制風險要選偏價內權證。C.選擇好的發行商以避免降隱含波動率。
   ② 說明表格如圖表6-7-1。
   ③ 可自行設立篩選條件（見圖表6-7-2）。

權證小哥短線終極戰法

圖表 6-7-1 挑選權證小幫手

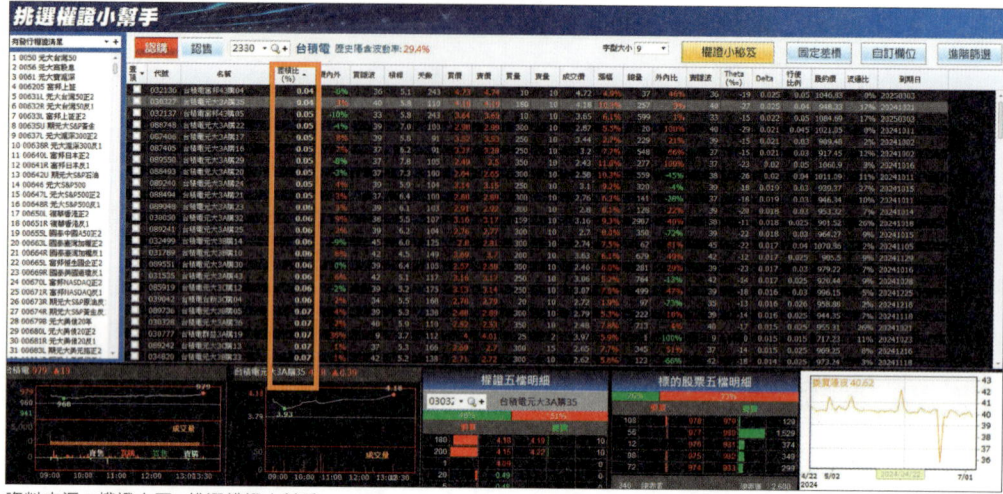

資料來源：權證小哥 - 挑選權證小幫手

圖表 6-7-2 挑選權證小幫手 篩選條件

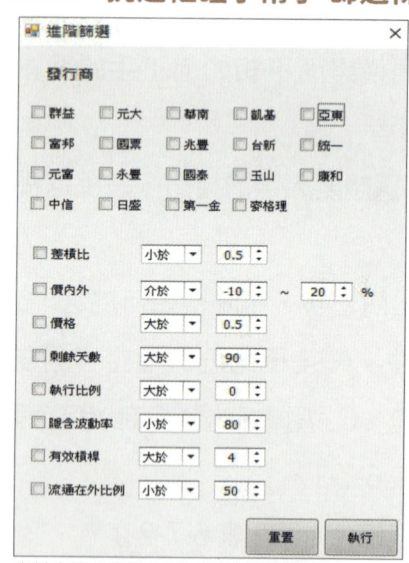

資料來源：權證小哥 - 挑選權證小幫手

④應用軟體挑選好權證方法：

A. 挑選差槓比越低，勝算越高：認購權證＜0.3、認售權證＜0.5。

B. 要隱含波動率穩定，才是好券商。

C. 隱含波動率會影響權證的賺賠損益。隱波高，權證就貴；隱波低，權證就便宜。賣出權證時只能賣內盤價，要選擇穩定的隱含波動率。

D. 歷史波動率大於委買波動率的權證就值得買。

E. 協助用戶挑選權證同時可監控該標的所有權證進出狀況及走勢。

F. 可以設定自己專屬的看盤資訊，利於現股和權證同步觀看。

6-8
個股事件獲利王：
抓出除權息行情必漲股票

1. 適用對象：想參與個股大事件如除權息、法說會等，想要掌握勝率的投資者。
2. 運用時機：除權息日，法說會。
3. 軟體功能：

    ① 網羅股市近期重要事件，透過大數據統計，幫助投資者提前布局，找到事件當日最會漲的個股。

    ② 提供當日開盤狀況、開高機率、開盤折扣及預期報酬率。

    ③ 提供當日收盤狀況、收高機率、預期報酬率。當平均收高機率越高，表示開盤通常還會漲，如果已經提前持有，可以考慮延後出場。

④ 利用歷年行情統計，透過歷史的報酬統計，最好的買賣時機點一目了然。

⑤ 觀察處置股票，處置期間籌碼越集中的股票，在出關門越有多方機會。要留意確認被處置的細節，軟體可提供月線斜率及位階及籌碼集中度參考。

4. 軟體運用：

① 法說會：通常法人說明會是在盤後，隔天法人會對持股做大幅度的加減碼，會導致現股有比較巨幅的波動，此時就很適合在法說會當天布局權證。若法說會當天個股走勢很強的，法說會好消息的機率就會增加，若法說會當天個股走勢很弱的，法說會就比較有可能出現壞消息，若無法判斷好或壞消息的話，可以盤中低點買差槓比小的認購，高點買差槓比小的認售，來參與法說會的大行情。

② 股東會：一般來說，股東會行情並沒有像法說會及除權息那樣，對股價影響比較大，但還是有少數個股，股東會當天走勢常常不錯，可觀察。

③ 除權息：有些股票，容易在除權息當天開高，但當天走勢就得看大股東的買盤對抗自營商的賣盤了，因為這種股票會有一堆投資人買權證參與除權行情，通常在早盤就會湧現賣壓，造成自營商避險賣壓。交易者還是得多分析籌碼流向，對交易做出正確的判斷。

④ 處置股的短線操作。

5. 軟體介面與功能參考圖表6-8-1。

圖表6-8-1　個股事件獲利王

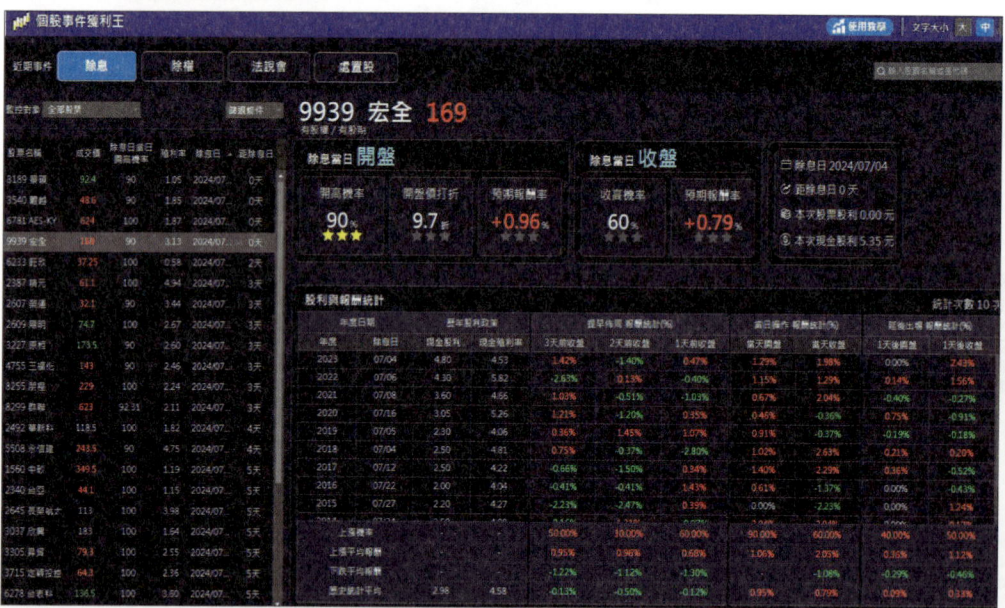

資料來源：權證小哥-個股事件獲利王

Note

結語

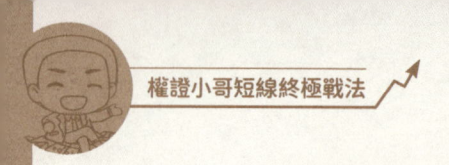

不斷精進的投資之路

賺錢要衝，賠錢要縮是做短線的祕訣，投資交易要常檢視自己的投資績效，適時修正。在投資市場上，交易不是賺到就是學到。不是每次交易都會賺錢，當投資失利時，很多投資朋友會拗單，不懂得停損，這是個不好的習慣。

虧損是交易中不可避免的一部分，我們必須克服心理障礙，將停損視為交易過程中自然且必要的一部分。正如呼吸是生命的基礎，及時停損是健康交易的基礎。在短線交易中，及時停損往往比追求高收益更為重要，只有學會坦然面對較小的虧損，我們才能避免巨大的損失，才能在交易市場上生存，以實現長期的盈利。

投資一定要有紀律，投資有風險，要嚴守投資策略及進出場原則。

市場瞬息萬變，隨時監測市場的變化和風險，視情況進行調整自己的持股。保持對投資市場的敬畏態度並控管風險，當投資不如預期時，別猶豫，停損要像呼吸一樣自然。出現虧損時，要面對現實，接受策略失誤，適時減碼止損以保護資金，分析檢討原因以修

正策略,並放下負面情緒,等待時機再出發。在每次交易時嚴守紀律遵循停損策略,而如果頻繁觸發停損機制,那就意味著制定的交易策略可能有問題,需要重新檢視調整,這也是讓投資精進的好方法。

短線交易充滿機會和挑戰,很多人利用投資交易來實現財務自由。只要付出時間去學習,用謙遜和開放的態度去應對市場的變化,熟悉投資交易技能,嚴守紀律,我們就有機會在投資領域中成功獲利。

本書中反覆強調的是,「**成功的投資不是靠運氣,而是靠系統性的方法和持續的學習。**」

每一個成功的交易者都曾經是初學者,他們的成功是源於持續的學習和實踐。

市場永遠在變化,只有不斷學習、不斷調整,才能在競爭激烈的交易市場中保持優勢。

無論是籌碼分析、技術分析,還是風險管理,每一個環節都需要用對方法。只有掌握了好方法,我們才能在瞬息萬變的市場中保持優勢,實現獲利。建立個人的交易日誌,記錄每次交易的細節和心得,這也是提升交易技能的好方法。

投資朋友在投資前要建立明確的投資目標、下足功夫充分研究,並了解個人風險承受能力、做好資金控管、制定策略分散投資。建議每個投資朋友在進行投資操作前,先試著檢視是否確認了以下5點:

1. 明確的投資目標：我的投資目標是什麼？我要選擇哪些投資工具進行投資？進場前掌握了哪些知識和經驗？投資工具是否符合對投資目標的期望？投資工具是否具有足夠的流動性？

2. 下功夫充分研究：我為何投資這檔股票？投資進場的理由是什麼？是否是進入市場的最佳時機？哪些資訊可以幫助我做出更好的投資決策？在投資之前，進行充分地研究是非常重要的。包括對投資項目進行數據分析、標的產業的現況、未來發展狀況，以及可能的風險評估等。同時也要了解市場趨勢、全球經濟情勢和相關政策。做足研究可以幫助投資人做出明智的投資決策，降低不必要的風險。

3. 了解個人風險承受能力：我的投資會受到哪些風險因素影響？可承受的投資風險程度如何？能忍受股票波動和市場不穩定性帶來的風險嗎？

4. 做好資金控管：有多少資金可以投資？懂得資金配置很重要，只要資金分配的好，持有的部位就不會出現太大的危機。當投資報酬率不如預期時，怎麼辦？是否有充分的生活預備資金，即使發生意料之外的事件，也不會影響生活家計？資金控管是投資很重要的課題，要記住能留在市場上，才有翻本的機會。

5. 制定策略分散投資：分散投資不同類型的產品，以降低風險；配置不同的投資策略，面對市場的變化，能快速應對，能多空操作才能持盈保泰。

| 結語 | 不斷精進的投資之路

　　挑選出適合自己的操作模式，不論是短線布局、波段操作、當沖交易、或是跟著權證隔日沖大戶進出場，只要能穩健獲利的都是好方法。股市中漲漲跌跌是常態，我們要隨時關注市場動態，並記住「**漲時重勢、跌時重質**」。

　　尋找投資標的，可以參考低買高賣的關鍵分點持股，來低檔布局，也可以跟著波段權證主力，找機會進場賺一波。有進行多方評估的好理由才當沖，找出跌深高機率反彈的標的來操作，並隨時檢視自己的投資績效，適時修正，專注檢討自己的看法是否正確，禁不禁得起市場考驗，並依此建立專屬於自己的投資系統。

　　現在，隨著這本書的結束，你的短線交易精進之旅才剛剛開始。希望這本書能夠為你指明方向，幫助你在短線交易的道路上走得更好。只要能夠運用正確的方法，保持學習的熱情，並在必要時果斷止損，你就有機會成為下一個短線交易的贏家。

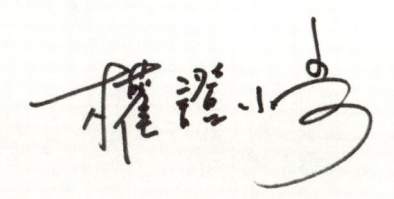

　　預祝你在投資道路上一帆風順，收穫滿滿！

權證小哥短線終極戰法：

4 大策略 ×6 種工具 ×68 個實戰案例，手把手教你賺

作　　者：權證小哥

總 編 輯：張國蓮
副總編輯：李文瑜
責任編輯：周大為
資深編輯：袁于善
插　　畫：李如婷
書腰照片：張家禎
封面設計：姚思安
美術設計：楊雅竹

董 事 長：李岳能
發　　行：金尉股份有限公司
地　　址：新北市板橋區文化路一段 268 號 20 樓之 2
電　　話：02-2258-5388
傳　　真：02-2258-5366
讀者信箱：moneyservice@cmoney.com.tw
網　　址：money.cmoney.tw
客服 Line@：@m22585366

製版印刷：緯峰印刷股份有限公司
總 經 銷：聯合發行股份有限公司

初版 1 刷：2025 年 3 月
初版 9 刷：2025 年 10 月
定價：480 元

國家圖書館出版品預行編目（CIP）資料

權證小哥短線終極戰法：4 大策略 X6 種工具 X
68 個實戰案例手把手教你賺 / 權證小哥著 . -- 初版 .
-- 新北市：金尉股份有限公司 , 2025.03
　面；　公分
ISBN 978-626-7549-17-9(平裝)

1.CST: 股票投資 2.CST: 投資技術 3.CST: 投資分析

563.53　　　　　　　　　　　　　114001780

金尉出版　Money錢

金尉出版　**Money**錢